U0362003

教育部人文社会科学研究一般项目"新时代高校教师道德责任建构研究"（18YJA710030）资助

新时代高校教师道德责任建构研究

廖启云　　焦聪聪　　解倩文

晁启人　　赵佳欣　　陈雯雯　著

南开大学出版社

NANKAI UNIVERSITY PRESS

天　津

图书在版编目(CIP)数据

新时代高校教师道德责任建构研究 / 廖启云等著.
天津：南开大学出版社，2024.12. — ISBN 978-7-310-
06676-6

Ⅰ.G645.16

中国国家版本馆 CIP 数据核字第 2024CG3123 号

新时代高校教师道德责任建构研究
XINSHIDAI GAOXIAO JIAOSHI DAODE ZEREN JIANGOU YANJIU

南开大学出版社出版发行

出版人：刘文华

地址：天津市南开区卫津路 94 号　　邮政编码：300071

营销部电话：(022)23508339　营销部传真：(022)23508542

https://nkup.nankai.edu.cn

河北文曲印刷有限公司印刷　全国各地新华书店经销

2024 年 12 月第 1 版　　2024 年 12 月第 1 次印刷

240×170 毫米　16 开本　16 印张　2 插页　223 千字

定价：86.00 元

如遇图书印装质量问题，请与本社营销部联系调换，电话：(022)23508339

前　言

　　随着中国社会的快速发展，高等教育领域的教师道德责任问题逐渐成为社会各界广泛关注的议题。在新时代背景下，高校教师不仅肩负着传授知识的任务，更是承担着塑造学生思想、品格和价值观的重要责任。他们不仅是知识的传播者，还是道德的引领者和社会风气的建设者。因此，高校教师的道德责任，不仅关乎个人的职业操守和师德师风，还关乎整个社会的伦理风貌和未来的发展方向，一定程度上已成为一个关乎教育质量、社会风气和国家未来发展的重要课题。

　　在这样的时代背景下，我们科研团队的研究重点逐渐转向高校教师道德责任的建构问题。长期从事思想政治教育理论与实践研究的我们，深知高校教师道德责任的重要性。教师的言行举止和价值观，直接影响着受教育者的思想形成过程，进而影响到整个社会的道德水平和行为规范。然而，近年来一些高校教师的道德失范行为屡见不鲜，高校教师的实际表现与社会对高校教师的期望值之间的差距逐渐显现。这让我们不得不重新审视高校教师道德责任的现状，并思考如何在新时代背景下更好地培养和提升教师的道德责任意识与实践能力。

一、时代背景与研究动机

　　党的十九大报告明确指出，中国特色社会主义进入了新时代。这一新的历史时期，赋予了高校教师更为明确的使命和更高的道德要求。教师的职责不仅仅局限于课堂教学，他们还应当在学生思想引领、学生品德养成以及社会风尚塑造中发挥更为重要的作用。习近平总书记在全国高校思想政治工作会议上提出，高校要"坚持教书和育人相统一，坚持言传和身教相统一，坚持潜心问道和关注社会相统一，坚持学术自由和学术规范相统一，引导广大教师以德立身、以德立学、以德施教"①。这些指示不仅为高校教师的工作提出了新的要求,也为高校教师的道德责任提供了理论依据。

在当前社会环境日益复杂、多元价值观冲突加剧的背景下,如何平衡学术自由与道德规范之间的关系,如何在教学科研的过程中保持职业操守和道德底线,成为教师们面临的严峻挑战。近年来,高校教师道德失范事件频发,给高校教师群体的道德形象蒙上了一层阴影。这些事件不仅引发了公众的强烈关注,也促使我们开始反思现有的教师道德责任教育体系是否足够完善。正是基于这样的现实背景,我们决定开展关于高校教师道德责任建构的研究,希望通过对现状的分析,找到提升高校教师道德水平的有效途径。

二、研究目标与内容概述

本书的研究目标是基于新时代的时代背景,系统探讨高校教师的道德责任问题。希望通过理论分析和实证研究相结合的方式,能够构建一个完整的高校教师道德责任体系,并提出可行的责任培育机制及路径。

在具体的研究过程中,我们将高校教师的道德责任分为四个层次:国家层面、社会层面、家庭层面和学校层面。首先,高校教师作为国家人,肩负着传承文化、推动国家发展的责任;其次,作为社会人,他们需要在社会生活中起到道德示范的作用,树立良好的社会风尚;再次,作为家庭人,他们应该创新家风文化内涵,践行优秀的家风精神,引领家庭成员养成优良的品行;最后,作为学校人,他们需要在教学和科研中,展现出严谨的学术态度和高尚的师德情操。通过对这四个层次的分析,本书力图为高校教师的道德责任建构提供更加全面的理论支持。

除了理论研究外,我们还对高校教师道德责任现状进行了实证调查。通过从教师和学生两个不同视角对教师群体的道德行为和责任意

---

① 习近平. 把思想政治工作贯穿教育教学全过程[EB/OL]. 新华网 http://www.xinhuanet.com/politics/2016-12/08/c_1120082577.htm

识的研究，揭示当前高校教师道德责任问题形成的深层次原因。通过这些研究，我们希望能够为高校教师道德责任的提升提供科学的依据和有效的政策建议。

三、理论贡献与实际应用价值

在理论上，本书尝试将高校教师道德责任置于新时代的历史背景下，系统分析了新时代对高校教师提出的新要求和新规范，丰富和完善了高校思想政治工作理论体系。

在实际应用方面，本书的研究成果为高校教师道德责任的培养提供了切实可行的路径建议。通过对高校教师道德责任现状的实证分析，揭示了当前高校教师在道德责任方面存在的主要问题，并提出了有针对性的解决方案。

四、研究方法与结构框架

在研究方法上，本书采用了文献研究法、实证调查法、个案研究法等多种方法相结合的方式。在理论部分，本书通过大量文献的梳理，对道德责任、高校教师道德责任的相关概念进行了深入的阐释和分析；在实践部分，本书设计了针对高校教师的问卷调查，并结合大数据分析，全面揭示了当前高校教师在道德责任方面的现实表现。

本书共分为五个部分：第一部分主要对新时代高校教师道德责任建构国内外研究现状进行了分析；第二部分通过实证调查揭示了新时代高校教师道德责任建构状况和问题；第三部分对新时代高校教师的政治责任、社会责任、家庭责任和职业责任进行了剖析；第四部分着眼思政课教师素质养成，对新时代高校教师道德责任建构进行个案解析；第五部分提出了高校教师道德责任的基本原则和建构实现机制。

五、展望与期许

随着社会的进步和教育的改革，高校教师在国家发展和社会进步中的作用愈发重要。他们不仅是知识的传递者，更是社会道德的守护者。在这样一个充满挑战和机遇的时代，高校教师必须具备更高的道德素养和责任意识，才能更好地肩负起教育与引导社会的重任。

通过本书的研究，我们希望能够为高校教师道德责任的提升贡献一份力量，更希望本书能够引起学术界和社会各界对高校教师道德责任问题的更多关注，为推动高校教师队伍建设和道德教育的进一步发展提供有力的支持。

本书是在教育部人文社会科学研究一般项目"新时代高校教师道德责任建构研究"（18YJA710030）的支持下完成的。衷心感谢我的家人、同事及所有帮助过我的朋友们，还有我的研究生焦聪聪、陈雯雯、晁启人、赵佳欣、解倩文、李华、王薇、左娇芳、孙佳妮、申雨欣、杜彦齐、韩天宇、刘煊月、王玮嘉、张海婷、呼宇田、贾卉瑶、秦艺蓉，正是他们的支持与鼓励，才使得这项研究得以顺利完成。愿我们携手共同推动高校教师道德责任建设的进一步完善，为中国教育事业的美好未来贡献智慧与力量。

由于作者水平有限，书中难免有疏漏和不足之处，敬请读者予以指正。

目 录

绪　论

一、新时代高校教师道德责任建构国内研究现状

和西方相比，我国对道德责任研究起步较晚，但是目前研究硕果累累。我国学者不但对西方国家道德责任理论的研究成果作出系统的介绍，比如徐向东编译的《自由意志与道德责任》、杨绍刚翻译的《责任与控制——一种道德责任理论》，还勇于发出自己独特的声音，对道德责任理论各抒己见，如田秀云和白臣著有《当代道德责任理论》、程东峰著有《责任伦理导论》、郭金鸿编著了《道德责任论》，这些都是该领域比较有影响力的论著。对道德责任的研究呈现出广泛的维度。例如，郭金鸿曾作了道德责任判断研究，指出道德责任的判断与责任主体、社会价值和主体规范尺度都有着密切关联；鲁洁教授在《关系中的人：当代道德教育的一种人学探寻》中提出从人作为社会人的"关系性存在"入手，探究道德责任的可能性①；曹凤月对道德责任的归因、责任冲突进行了研究②。

（一）道德责任内涵研究

《世界伦理道德辞典》中将道德责任界定为"人们对自己的行为的善恶所应承担的责任"。③比较有代表性的是郭金鸿的观点，他认为道德责任是指具有自由能力和认知能力的责任行为主体（包括个体、团体与国家），基于一定的道德认识，在社会客观道德评价标准的参考体系中，履行社会赋予的其对他人、社会、自然等的责任，以及对于自我行为或由其控制的行为所导致的有利于或有害于他人和社会的行为

---

① 鲁洁. 关系中的人：当代道德教育的一种人学探寻[J]. 教育研究，2002（01）：3-9.

② 曹凤月. 解读"道德责任"[J]. 道德与文明，2007（02）：84-87.

③ 赵文静. 试论责任与责任教育[D]. 济南：山东师范大学，2001：15.

后果而承担相应的责任，包括自觉自愿履行责任所形成的良好道德品质，并且认为，"道德责任本质上就是一个关系范畴，是一种隐藏在人与人之间、人与物之背后的抽象存在，每个人或团体都可以真切地感受到这种责任要求，以及违背责任要求所要承受的责备与良心的折磨"①。

（二）教师道德责任研究

何为教师道德责任？教师应该具有哪些道德责任？在教师伦理中，"责任"一词在我国教师法律法规中由无到有，可看出教师"责任"和"道德责任"在教师道德责任中所占的分量越来越大，人们也越来越注重教师行业的道德责任。

1. 教师道德责任内涵研究

早在 1988 年，王正平老师就开始涉猎该领域的研究，在其出版的《教育伦理学》《高校教师伦理学》等学术论著中多次探讨了教师道德责任行为的意义、选择标准等，形成对后人研究有影响的一家之言。目前，越来越多的学者涉猎教师道德责任的研究。檀传宝在《教师伦理学专题：教育伦理范畴研究》一书中指出，包括教师在内的所有人，都必然要承担职业角色要求的义务，承担社会和教育事业明确提出要求的责任。②他还用通俗易懂的语言描述了教师在进行教育活动时，最基本、最主要的道德责任的正反两方面：正面为教书育人，反面为"误人子弟"。他指出教师遵守《教师职业道德规范》所提出的教书育人、爱岗敬业等规定，对这些教学义务的践行就是对道德责任的履行。叶澜在《教师角色与教师专业发展新探》中提到，教师的责任是社会及其群体对教师个人职业角色的期望，教师对这种期望的满足就是教师的责任感，其中重要的一点就是教师具有道德责任感，比如在教师职业道德要求下帮助学生发展学习动机、关注学生发展、开发学生潜能

---

① 郭金鸿. 道德责任论[M]. 北京：人民出版社，2008：40.

② 檀传宝. 教师伦理学专题：教育伦理范畴研究[M]. 北京：北京师范大学出版社，2003：133.

等。①台湾学者詹栋梁这样归纳了教师道德责任的内容：教师应具有对"社会""教学""教材选择"及"价值传递"几个方面的道德责任意识。②赵虹元在《论教师道德责任的有限性及其尺度》中指出，教师道德责任就是在教育客观伦理关系下，教师应该遵守的道德信仰、价值观念、职业态度和行为规范等。③何秋敏在《高校教师的道德责任》一文中理解高校教师的道德责任，主要从工作与教学对象两个方面进行思考：一方面，教师要对自己的工作负责，要尽最大的努力去完成教育教学工作，用认真负责的态度、突出工作的能力，最大限度地实现自己的职业价值；另一方面，教师要每时每刻考虑学生的实际需要，不压迫学生，全身心地关注学生成长的需要，以足够的耐心与无限的爱心对待学生，协调好"教书"与"育人"的关系，力争最大程度地体现自己的人生价值④。王辉在《中小学教师在教育教学中的道德责任与法律义务》中认为，尽责教师的道德态度和行为主要体现在以下几个方面：期望责任；职业界限；行为责任；评价责任；权利责任；自制责任。⑤

2. 教师道德责任内容研究

黎琼锋的《价值引领：教师的道德责任》一文指出，教师的道德责任要求其在教育过程中，承担起对学生的教育引导和道德示范作用。尤其是在价值多元的现代社会，教师的道德责任的践行提倡教师在教育教学过程中应该以尊重、理解以及召唤等方式澄清和引导价值的生成，从而发挥教育引导的作用，引领学生价值的生成。⑥匡小明在《教师必须履行人格示范的道德责任》中指出，学校教育价值实现离不开教师的人格示范，由于教师职业的劳动特点和学生身心发展的年龄特征，教师必须承担人格示范的道德责任，从而帮助学校教育目的达

---

① 叶澜. 教师角色与教师发展新探[M]. 北京：教育科学出版社，2001：55.

② 詹栋梁. 学校伦理研究[M]. 台北：台湾书店，1985：372.

③ 赵虹元. 论教师道德责任的有限性及其尺度[J]. 当代教育科学，2018（4）：38-41.

④ 何秋敏. 高校教师的道德责任[J]. 求实，2004（S4）：252.

⑤ 王辉. 中小学教师在教育教学中的道德责任与法律义务[J]. 教学与管理，2016（06）：63-65.

⑥ 黎琼锋. 价值引领：教师的道德责任[J]. 教育科学研究，2007（12）：50-53.

成。①赵丽萍的《论多元文化时代教师的道德责任》强调，教师在对学生践行价值引领的道德责任同时，要对学生自己的道德自由——道德判断与道德选择给予一定的尊重，要明白对学生的道德教育不仅关乎学生主体的自由成长，也关乎学生个人幸福，其基本价值旨归是为了人，为了人的发展，为了人的幸福。总的来说：教师教育的道德责任应该是"育人"，促进学生心灵的完美，提升学生的道德人格。在多元文化交织时代背景下，教师的道德责任更要侧重对学生的成人教育或做人的教育。②

3. 教师道德责任建构的意义研究

教师承担道德责任，不仅提高了教师的道德水平，也提高了教师的工作水平。大多数学者普遍认为：教师对职业责任的高度重视和认真履行，对教师的教学实践和道德行为有指导约束作用，是对教师职业精神的引领。

4. 教师道德责任困惑研究

社会对教师职业角色的期待是：希望教师既可教书育人，又可担当社会楷模。社会把教师角色设定成完美的存在，无论是在教学中，还是在社会生活中，都要求教师承担各种道德责任，这令很多学者感到困惑。檀传宝教授曾指出，教师对道德责任的承担，应当遵守几种基本限定：需要教师承担的责任必须是教育事业和机构明确提出的，并且还要考虑是否超出教师的能力范围等③。对教师职业道德的要求"可能是什么""应该是什么""师德的要求不能是社会道德要求的最高点"是探讨的热点。针对此，很多学者提出疑问：教师职业的属性是生命的献祭还是生命的张扬？尹慧又指出，传统教师道德片面强调奉献精神、提倡自我牺牲、刻意塑造"道德家"形象，给教师带来困惑。④

---

① 匡小明. 教师必须履行人格示范的道德责任[J]. 甘肃广播电视大学学报，2001（02）：6-8.
② 赵丽萍. 论多元文化时代教师的道德责任[J]. 教育探索，2009（08）：87-88.
③ 檀传宝. 教师伦理学专题：教育伦理范畴研究[M]. 北京：北京师范大学出版社，2003：133.
④ 尹慧. 从奉献主义到生命本位：论我国中小学教师职业道德价值取向的转换[D]. 武汉：湖北大学，2012：30.

现代师德要求中存在忽视教师人性发展的一面,引起学者的反思。大多研究者意识到,教师只是普通人,不可漠视教师作为人的基本特性和需求,用过高的道德期待来规范他们,更不可把教师当超人、神人来使用。教师首先不能自私自利、唯利是图,更不能毫不利己、专门利人。杨翠娥提出,教师道德责任应体现"师"性与"我"性的统一,教师有维持个人发展的需要,肯定个人价值的需要。所以,在教育教学中,教师在关注学生、关爱他人的同时也要关注自己、关爱自己。①就是说教师道德发展要实现奉献与发展的统一、否定和超越的统一。在奉献自己的同时,也要发展自己,教师才能在现实中不断地完善自己,生成"新"的自己。学者们随即开始思索解决的策略,使教师道德责任研究由理论层面上升到实践层面,主流观点为:营造"尊师重教"的宽松环境,降低对教师的苛刻要求,给教师"松绑",创造一种宽松的育人环境。其中,李清雁提到教师道德发展的逻辑起点是教师的身份,要提高教师的身份认同。②

5. 教师履行道德责任现状及归因分析

随着新时代、新形势的不断变化,大多数学者认为,高校教师在推动社会进步的同时,其履行道德责任的道路也颇为曲折。例如,杨岭、杨佳婷从新自由主义的背景出发,提出高校教师道德责任的履行差强人意。具体表现为:人才培养中,市场逻辑压倒教育逻辑,企业文化代替大学文化,追名逐利超过对优秀人才的培养;科学研究中,资本逻辑超越知识逻辑,教师难以静心探求高深学问;社会服务中,个人权利和自由淹没教师道德责任和义务,教师社会服务责任意识淡薄;文化引领上,功利算计胜过精神坚守,教师忽视良知道义与社会精神文化的引领。③杨阳在 2012 年提出教师履行道德责任的情状不容乐观,在对该现状进行追因分析的过程中其发现造成这一结果的重要

---

① 杨翠娥. 生命道德:教师专业伦理的重要维度[J]. 教育学术月刊, 2011, (01):68-71.

② 李清雁. 教师是谁[D]. 重庆:西南大学, 2009:31.

③ 杨岭,杨佳婷. 论新自由主义背景下高校教师的社会责任与担当[J]. 当代教育科学, 2017, (08):84-88.

因素包括教师个人、社会环境、学校管理制度和评价体系。①朱松节在《新时期高校思想政治理论课教师的社会责任浅析》指出多元文化与社会主义核心价值观的冲突、社会的浮躁之风以及学生思想政治教育课程的难点挑战成为教师履行道德责任的阻碍。②赵聪在《新时代高校教师道德责任问题探究》中从教师的职业道德方面分析新时代教师在履行道德责任的问题,指出该问题主要表现在学术道德失范与职业行为失准两个方面。③

6. 教师道德责任建构的对策研究

目前我国学者对教师履行道德责任的对策研究较少,已有研究主要包括两大方面,即内在生成机制与外在培育机制。如杨阳在《试析教师的社会责任》中提出从社会、学校以及教师个人三个方面着手来提高教师的道德责任意识。④首先,完善校外问责机制,让公众参与教育与管理教育的实践。其次,探索合理的激励机制,推进教师管理的校内制度建设。最后,教师自身要加强个人修养。赵聪、赵彦宏在2021年探究了高校教师践行道德责任的路径与对策。从教师内在培育角度,他们提出要加强教师个人的价值观建设并增强教师的责任与使命意识。在外在机制方面,他们提出建立多种激励与约束机制和以人为本的教学、科研评价制度。⑤孙琦在《教师的社会责任:使命与负荷》中提到要通过教师群体以及更广范围的大众的联合的力量来消解异化的教师道德责任。⑥郑树文在《试论高校教师的道德责任及师德体系》中提出教师道德责任的构建策略:加强道德责任教育,将他律的消极的道德责任转化为自律的积极的道德责任、提高道德责任主体自主选择

---

① 杨阳. 试析教师的社会责任[J]. 徐州师范大学学报(教育科学版),2012,3(01):84-86.

② 朱松节. 新时期高校思想政治理论课教师的社会责任浅析[J]. 思想理论教育导刊,2013(10):85-88.

③ 赵聪,赵彦宏. 新时代高校教师道德责任问题探究[J]. 黑龙江高教研究,2021,39(02):87-91.

④ 杨阳. 试析教师的社会责任[J]. 徐州师范大学学报(教育科学版),2012,3(01):84-86.

⑤ 赵聪,赵彦宏. 新时代高校教师道德责任问题探究[J]. 黑龙江高教研究,2021,39(02):87-91.

⑥ 孙琦. 教师的社会责任:使命与负荷[J]. 教育科学论坛,2023,(19):60-65.

的能力、加强对教师道德责任的控制。①王磊在《论教师的道德责任》中提到教师道德责任的实现途径有以下几条：加强教师道德建设；制订实践性的教师职业道德规范；提高教师的道德自律意识；提高教师的法律素养；完善教师道德责任的评估体系。②总的来看，目前仍需要更多的研究者运用更综合的视角来探索教师道德责任建构的路径。

二、新时代高校教师道德责任建构国外研究现状

（一）教师道德责任理论研究

英国著名的教育家洛克认为，教师的责任在于培养学生良好的习惯，使学生怀抱德行拥有智慧，在学生向善的时候，可以给他力量、活力和勉励。卢梭，这位法国教育家、资产阶级启蒙思想家，十分重视教师道德品质的培养，并且对教师的责任提出过很高的要求。他认为教师在敢于承担他的责任前，本人就应该是一个值得社会尊敬的模范。

第斯多惠被誉为"德国教师的教师"，是著名的资产阶级民主主义教育家，他曾经指出，教师不仅应该教育自己，让自己达到理想的境地，并且应能够很好地教育他人。在他眼中，教师承担的责任是激发学生对真、善、美的追求，在学生的人生道路上给予指引，最终达到培养学生能力、提高学生的素质的目的，并指出教师应当首先具有发展自己的优秀品质。

加拿大教育家伊丽莎白·坎普贝尔在《伦理型教师》中论证了教师要有更加特殊化的责任，并列举了诸多学者的观点。其中提到 Soder（索德）的观点：教师对学校中孩子的生理健康和心理健康负有责任，具有道德义务来确保孩子不受到伤害。Barry Bull（巴里·布尔）的观点和其类似：教师的行为、动机十分容易影响受教育者，因此他们对学生应有特殊的道德责任。另外德拉特论证了教师具有道德责任的原因，指出和一般的公众相比，教师与警察拥有更多的公共信任，就更

---

① 郑树文. 试论高校教师的道德责任及师德体系[J]. 黑龙江高教研究, 2009,（06）：101-103.
② 王磊. 论教师的道德责任[D]. 上海：上海师范大学, 2015.

有责任满足更高的道德要求。卡佛特进一步论证，无论教师是否处于工作场合，我们总是以更高的标准期待他们的行为表现，他们有坚守道德规范的责任，但是其他非教师群体可以不用遵守。①

（二）教师道德责任实践研究

综观国际层面，联合国教科文组织倡导的教师职业伦理规范得到世界各国的广泛认同，在西方发达国家，此方面的研究已达到相当高的水平，如法国、美国关于教师道德责任的规范与要求，都能保证有规定可循、便于实施操作。下面以法国、美国为例进行分析：

1. 法国教师道德责任规范与要求

1994 年出台的小学教师能力标准规定：小学教师能承担教师的教育责任和遵守职业道德的责任。1997 年颁布的中学教师能力标准规定了教师在不同情境中所应承担的责任和使命，突出了教师要行使自己的责任。

2007 年 1 月，法国国民教育部颁布了《教师培训大学学院的教师培训管理手册》，指出了教师作为国家公务员的道德和职责。教师应该了解国家价值观，即自由、平等、博爱、政教分离，反对任何形式的歧视，男女平等。能够发现学生的特殊困难，能和家长以及校内外的伙伴合作，解决学生的具体问题。在合法的情况下，有判断力地使用惩戒手段。教师要维护学生平等、公平的地位，使每个学生都能用积极的心态来看待自己和他人。②

总之，法国的小学教师专业标准清晰地表述了教师应有的教育责任、道德责任。并且中学部分更加详细，从教学具体行为出发规定了教师在学校、课堂上应具有的具体道德责任范围。

2. 美国教师道德责任规范与要求

美国当代教育家古德拉德在其教师教育理念中提到：学校的精神

---

① 伊丽莎白·坎普贝尔. 伦理型教师[M]. 王凯，译. 上海：华东师范大学出版社，2011：104.

② 胡淼.21 世纪法国中小学教师专业能力标准探析[J]. 比较教育研究，2011，33（08）：40-44.

文化中应体现对教师道德责任的培养，强调奠定教师道德责任感与基础的道德使命之间的内在联系。①美国教师的师德规范中也阐释了教师要承担的道德责任，并且美国师德规范要求的主要内容可分为两方面：对学生的责任和对教育的责任。1977 年，美国全国教育协会通过了《教育专业伦理守则》，该守则详细规定了教师必须履行的对学生及教育的要求和承诺，并且强调了"教育工作者承担了维护最高伦理标准的责任"②。另外，美国联邦教师职业标准评定委员会 NBPTS（National Board for Professional Teaching Standards）认为优秀教师的标准之一是"教师为学生及他们的学习承担责任"，具体呈现了教师应履行的道德责任。

　　综观国外研究，可得出两方面结论。首先，对尽职教师的责任和行为给予细致的描述。无论是教师的课上教学行为，还是生活中与学生的相处行为，都有法律法规给予明确的说明，使教师清楚自己的道德责任，并做到有法可依。其次，强调责任的同时保障权利。出于欧美国家的人权意识传统，人们在对待各行各业时更加注重对权利的保障。教师应该具有道德责任，但是教师道德绝不能只是泯灭教师人性的单向付出，他们会有法律法规保障教师的权利。

---

① L. W. 安德森. 教师教育[M]. 周钧，译. 重庆：西南师范大学出版社，2011：141.

② 美国全国教育协会. 教育专业伦理守则[R]. NEA Handbook, 1977-1978, Washington, DC; National Educarion Associarion, 1975.

第一章 新时代高校教师现状描述

为辅助开展"新时代高校教师道德责任建构"的课题研究，了解新时代高校教师对于道德责任建设重要性的态度和看法，深入推进高校教育工作高质量发展，构建行之有效的长效机制，本书采用网络问卷的形式面向山西省内 15 所高校的教师和学生发放"新时代高校教师道德责任建构研究调查问卷"（见附录）进行相关专题问卷调查。本次调研主要针对高校教师和学生进行，调查时间从 2024 年 9 月 12 日到 10 月 5 日。截至调查结束，共有 578 名教师和 6810 名学生参与提交有效问卷，问卷回收率 100%，问卷涵盖教师和学生两个群体，分别发放教师卷和学生卷两份问卷调查并作出相应的分析。

第一节 新时代高校教师道德责任现状——教师方面

一、问卷设计

本次问卷涵盖了高校教师的基本信息、教学实践中的引导与交流情况、对社会责任的认知、道德责任的构建等多个方面。问卷内容包括单选题、多选题和矩阵量表题，以全面了解高校教师对遇到的责任建构的观点和态度。

在分析调查结果时，结合受访者的性别、年龄、工龄、职称等基本信息，探讨不同群体在教育责任与道德建构方面的差异。同时，本节针对受访者对于高校教师道德责任建构中存在的问题、管理方面的挑战、外部环境的影响以及加强建构的措施和建议，将进行深入分析和总结，为高校教师道德责任建构提供有益的参考和倡导。

本节将从问卷调查结果出发，探讨高校教师在当下社会中的责任与使命，为促进高校教师师德师风的建设和提升提供理论支持和实践建议。

二、样本基本情况

教师基本情况如下。首先，性别和年龄分布：调查对象中女性占比较高，占 70.42%，年龄主要集中在 34—50 岁，其中 31—40 岁和 41—50 岁的比例较高。其次，教师背景信息：大部分教师工龄在 1—20 年，中级职称的教师人数最多，占 50%；教师所在的学科大类以法学类、理学和管理学为主。（见图 1-1 至图 1-6）

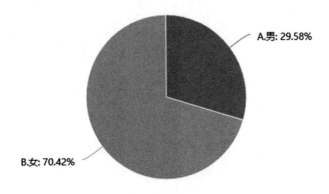

图 1-1 教师男女比例

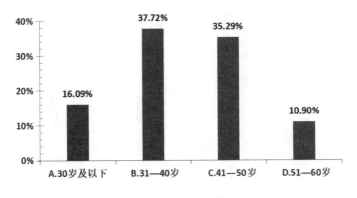

图 1-2 教师年龄

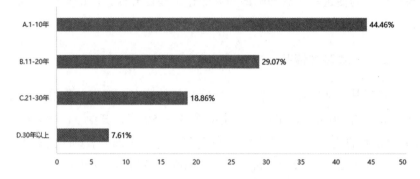

图 1-3 教师工龄

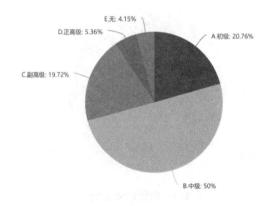

图 1-4 教师职称

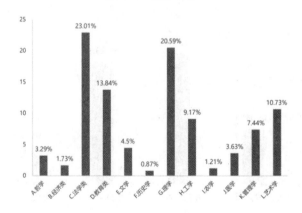

图 1-5 教师所在学科大类

三、调研结果分析

信度分析-1 ⓘ 2024-10-09 18:56:42　　　　　　　　　　　　　　　　编辑　删除

样本量	项目数	Cronbach.α系数
578	8	0.652

图 1-6

对问卷的 8 个单选题变量进行信度分析，如图 1-6 所示，变量的 Cronbach.α 系数大于 0.6，说明本研究的量表信度良好，本研究的数据真实可靠。

从图 1-7 来看，首先，"有很大关系"的比例高达 55.88%，这表明超过一半的被调查者认为高校教师的教育培养对学生社会责任感的形成有着重要且显著的影响。其次，"有一些关系"的比例为 40.66%，这也说明相当多的人认可高校教师在学生社会责任感形成过程中发挥了一定的作用。而"关系不密切"的比例仅为 3.29%，"没有关系"的比例更是低至 0.17%。

综合以上数据，学生社会责任感的形成与高校教师的教育培养有内在关系，且多数人认为这种关系较为密切和重要。

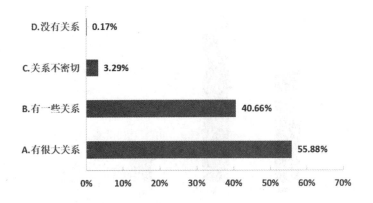

图 1-7　学生的社会责任感的形成与高校教师的教育培养内在关系

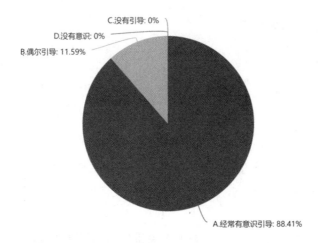

图 1-8　教师在教学过程中引导学生形成正确的人生态度、价值观念情况

从图 1-8 来看，选择教师在教学过程中"经常有意识引导"学生形成正确人生态度和价值观念的教师占比为88.41%，人数达到511人。这表明绝大多数教师在教学中非常重视对学生这方面的引导。选择"偶尔引导"的教师占比 11.59%，人数为 67 人。这说明也有一部分教师会在某些时候进行引导。而选择"没有引导"和"没有意识"的比例均为 0%。

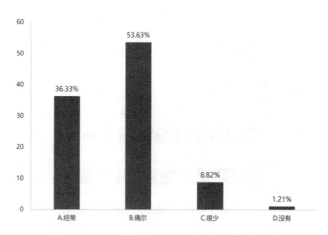

图 1-9　在教学过程中与学生思想动态交流情况

在参与调查的教师中，几乎所有教师都在不同程度上对学生的人生态度和价值观念进行了引导，这是一个非常积极的现象，反映出教师们普遍认识到在教学中培养学生正确人生态度和价值观的重要性。

从图1-9来看，选项A"经常"有210人选择，占比36.33%，这表明超三分之一的学生经常与老师交流思想动态。选项B"偶尔"有310人选择，占比53.63%，超过了一半，说明大部分学生偶尔和老师交流思想动态。选项C"很少"有51人选择，占比8.82%，占比较小。选项D"没有"仅有7人选择，占比1.21%，占比极小，反映出几乎没有学生完全不和老师交流思想动态。

大部分学生是偶尔与老师交流思想动态，经常交流的也有一定比例，而很少和没有交流的学生相对较少。

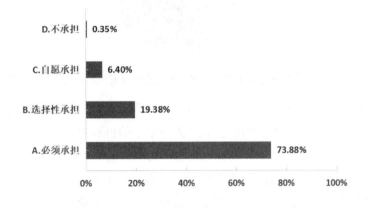

图 1-10　高校教师是否应承担社会责任

从图1-10来看，大部分人（73.88%）认为高校教师必须承担社会责任，这表明了一种主流观点，即高校教师在社会中有着重要的职责和使命，应当积极主动地为社会的发展和进步贡献力量。选择"选择性承担"的人数比例为19.38%，这部分被试可能认为高校教师在承担社会责任时，需要根据具体情况和自身能力进行选择，有一定的灵活性。选择"自愿承担"的人数比例为6.4%，这意味着有少部分人觉得高校教师承担社会责任应基于个人的意愿。而选择"不承担"的人数比例仅为 0.35%，这反映出几乎没有人支持高校教师不承担社会责任的观点。

绝大多数人都认可高校教师应当在社会中发挥积极作用，承担相应的责任。这也符合高校教师作为知识传播者和社会引领者的角色定位。

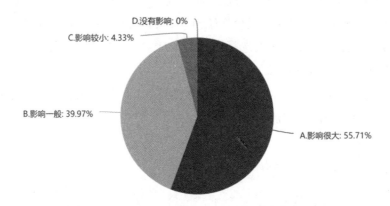

图 1-11　高校教师行为对学生的世界观、人生观和价值观的形成产生的影响情况

从图 1-11 来看，选择选项 A "影响很大" 的为 322 人，占比 55.71%，这表明超过一半的人认为自己的行为对学生的世界观、人生观和价值观的形成有很大的影响。选择选项 B "影响一般" 的为 231 人，占比 39.97%，即接近四成的人觉得自己的行为对学生的世界观、人生观和价值观的形成影响处于一般程度。选择选项 C "影响较小" 的人数占比为 4.33%，说明极少人认为该影响较小。选项 D "没有影响" 的占比为 0%，即没有人认为自己的行为对学生的世界观、人生观和价值观的形成没有影响。

从图 1-12 来看，选项 A 认为高校教师与其他社会人群的社会责任相同，有 245 人选择，占比 42.39%。选项 B 认为高校教师的社会责任更大，有 299 人选择，占比 51.73%，这是选择人数最多的选项。选项 C 认为其他社会人群的社会责任更大，只有 33 人选择，占比 5.71%。选项 D 认为二者都不应承担社会责任，仅有 1 人选择，占比 0.17%，这个选项的选择人数极少。

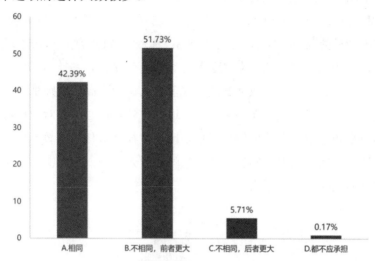

图 1-12　高校教师与其他社会人群社会责比较状况

大部分人（51.73%）认为高校教师与其他社会人群相比，社会责任是不相同的，且高校教师的社会责任更大。这可能是因为高校教师承担着教育和培养未来社会人才的重要职责，对社会的发展和进步有着重要的影响和引领作用。

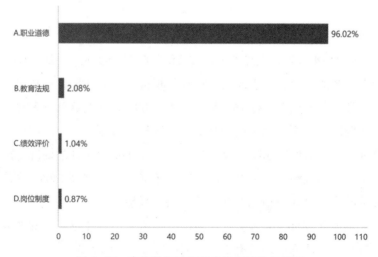

图 1-13　高校教师承担社会责任的动机来源

从图 1-13 来看，高校教师承担社会责任的动机主要源于职业道德，其选择比例高达 96.02%，即 555 人选择。相比之下，选择教育法规作为动机的仅有 12 人，占比 2.08%；选择绩效评价作为动机的有 6 人，占比 1.04%；选择岗位制度作为动机的有 5 人，占比 0.87%。这表明在这些选项中，职业道德被绝大多数人认为是高校教师承担社会责任的主要动机。这可能是因为职业道德是教师内心深处对于自身职业的尊重和追求，促使他们积极主动地承担社会责任。而教育法规、绩效评价和岗位制度虽然也可能对教师的行为产生一定影响，但相对来说不是主要的驱动因素。

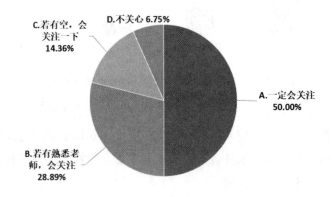

图 1-14　对开展新时代带高校教师道德责任先进标兵评选关注情况

从图 1-14 来看，选择"一定会关注"的有 289 人，占比 50%，这表明有一半的人对评选表现出了很高的积极性和关注度。选择"若有熟悉老师，会关注"的有 167 人，占比 28.89%，说明这部分人对评选的关注取决于是否有熟悉的老师参与。选择"若有空，会关注一下"的有 83 人，占比 14.36%，反映出这部分人在时间允许的情况下可能会给予一定的关注。选择"不关心"的有 39 人，占比 6.75%，这是相对较少的一部分人，他们对此次评选缺乏兴趣。

大部分人（50%）对新时代高校教师道德责任先进标兵评选表现出了较高的关注意愿，只有少数人（6.75%）表示不关心。

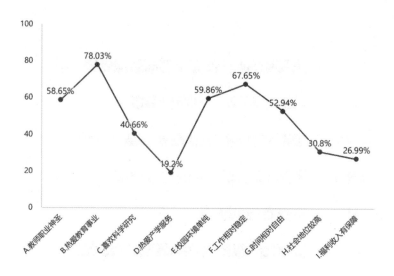

图 1-15　选择成为高校教师的原因

　　从图 1-15 来看，首先，我们可以看到占比最高的选项是 B 选项"热爱教育事业"，比例达到 78.03%。这表明大部分人认为热爱教育事业是成为高校教师的一个重要的因素。其次，F 选项"工作相对稳定"占比为 67.65%，说明稳定的工作性质也是吸引人们的重要方面。E 选项"校园环境单纯"占比 59.86%，显示出单纯的校园环境对不少人有吸引力。A 选项"教师职业神圣"占比 58.65%，反映了教师职业在人们心中的神圣地位。G 选项"时间相对自由"占比 52.94%，说明相对自由的时间也是一个影响因素。C 选项"喜欢科学研究"占比 40.66%，表明有一部分人是因为喜欢研究而选择这一职业。D 选项"热爱产学服务"占比 19.2%，相对较低，可能在这些因素中不是特别突出。I 选项"福利收入有保障"占比 26.99%，虽然也是一个考虑点，但相对其他因素比例较低。H 选项"社会地位较高"占比 30.8%，说明社会地位在选择教师职业时不是最主要的考虑因素。

　　综上所述，在这些选项中，"热爱教育事业""工作相对稳定""校园环境单纯"等因素相对更受重视。"福利收入有保障"的选择比例较低，说明福利收入固然重要，但是却不是选择教师职业的重要影响因素。

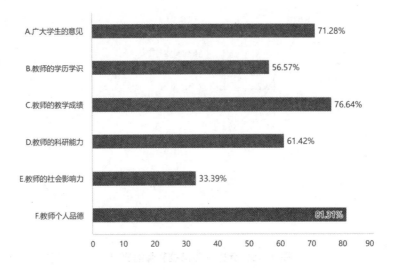

图 1-16　高校对教师考核最主要应考虑

从图 1-16 来看，选项 F"教师个人品德"比例高达 81.31%，显示出大部分人认为这是一个关键的考核方面。其次是 C 选项"教师的教学成绩"，占比为 76.64%，也是被重视的考核因素。选项 A"广大学生的意见"，比例为 71.28%，说明有相当多的人认为学生的意见在高校对教师考核中较为重要。选项 D"教师的科研能力"，比例为 61.42%，表明很多人认可科研能力在考核中的地位。选项 B"教师的学历学识"，比例是 56.57%，说明也有超过半数的人觉得这是一个重要的考核因素。选项 E"教师的社会影响力"，比例是 33.39%，相对其他选项比例较低。

在这些选项中，"教师的个人品德"被认为是最主要的考核因素。由于认为教师的社会影响力作为考核主要因素的比例较低，所以可以考虑提升教师的社会影响力来增加对其的认可度。学生的意见在考核中也占有一定比例，但相对其他因素来说略低，可以加强与学生的沟通和反馈机制。教师的学历学识和科研能力在考核中的比例相对较低，可以考虑在综合考量中适当提升这两个方面的权重。

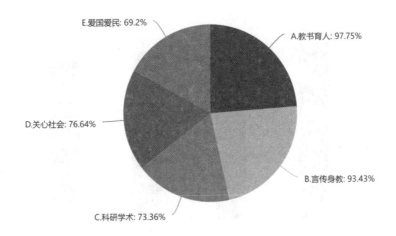

图 1-17　新时代高校教师主要承担的道德责任

从图 1-17 来看，关于新时代高校教师主要承担的道德责任，比例最高的是"教书育人"，有 565 人选择，比例高达 97.75%。这是高校教师最核心的责任，因为教师的首要任务就是向学生传授知识和技能，培养他们的思维能力和创新精神，引导学生树立正确的价值观和人生观。其次是"言传身教"，540 人次选择，比例为 93.43%。教师不仅要通过言语教导学生，更要以自身的行为和品德为学生树立榜样，让学生在潜移默化中受到良好的影响。"科研学术"也很重要，有 424 人次选择，占比 73.36%。高校教师需要通过科研活动推动知识的创新和发展，为学术领域作出贡献，同时将科研成果融入教学，提升教学质量。"关心社会"也被认为是一项重要责任，443 人次选择，比例为 76.64%。高校教师应当关注社会问题，运用自己的专业知识为社会的发展提供智力支持，积极参与社会服务。最后是"爱国爱民"，有 400 人次选择。爱国爱民是对每一个公民的基本道德要求，对于高校教师来说更是如此，其要将爱国情怀传递给学生，培养学生的家国情怀和社会责任感。

综上，新时代高校教师需要在教书育人、言传身教、科研学术、关心社会和爱国爱民等方面发挥重要作用。

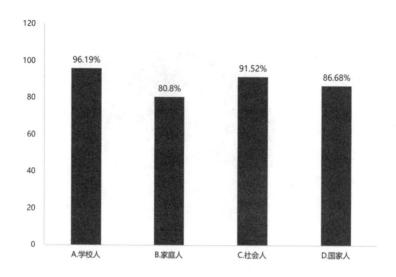

图 1-18　新时代高校教师应该承担的责任人的角色

对于新时代高校教师应该承担的责任人的角色的调研结果如图 1-18 所示。首先，"学校人"这一角色比例为 96.19%。高校教师在学校中承担着教育教学、指导学生、参与学术研究等重要职责。他们需要为学校的发展和学生的成长贡献力量，所以是重要的"学校人"。其次，"家庭人"角色比例达 80.8%。教师在家庭中也有着为人子女、为人父母等责任，良好的家庭关系和角色担当对其个人的身心健康和工作状态有着积极影响。再次，"社会人"角色，比例为 91.5%。高校教师作为社会的一员，有责任参与社会服务、传播知识、引领社会风尚，为社会的进步发挥作用。最后，"国家人"这一角色，比例较高。在新时代，高校教师肩负着为国家培养人才、推动科技创新、传承文化等重大使命，是国家发展的重要力量。

综上，新时代高校教师在学校、家庭、社会和国家中都承担着重要的责任角色，这些角色相互关联、相互促进，共同推动着教师的全面发展和社会的进步。

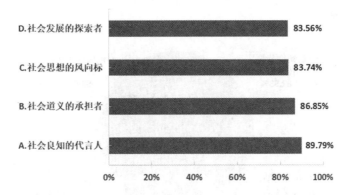

图 1-19　新时代高校教师在社会中应承担的道德责任

　　关于新时代高校教师在社会中应承担的道德责任的调研结果如图 1-19 所示。"社会良知的代言人"选项占比 89.79%。高校教师具备较高的知识水平和道德素养，能够以理性和公正的态度看待社会问题，传播正确的价值观和道德观念，成为社会良知的代表和发声者。他们的言行对学生和社会公众具有引导作用，促使人们坚守道德底线，追求真、善、美。"社会道义的承担者"选项占比 86.85%。教师有责任遵守和维护社会的道德规范和正义原则。高校教师可通过自身的行为示范，积极参与社会公益活动，倡导公平、正义、诚信等道义价值，为社会的道德建设贡献力量。"社会思想的风向标"选项占比 83.74%。高校教师在学术研究和教育教学中不断探索和创新思想，能够引领社会思潮的发展方向。他们的学术成果和教育理念可以影响社会的思维方式和价值取向，推动社会的进步和发展。"社会发展的探索者"选项占比 83.56%。高校教师凭借其专业知识和研究能力，能够对社会发展中的各种问题进行深入研究和探索，为解决社会面临的挑战提供理论支持和实践方案，促进社会的可持续发展。

　　综上，新时代高校教师在社会中应当同时承担以上四个方面的道德责任。他们不仅要作为社会良知的代言人，传播正能量；也要维护社会道义，维护社会公平正义；还要成为社会思想的引领者，推动社会观念的更新；更要积极探索社会发展的路径，为社会的进步贡献智慧和力量。

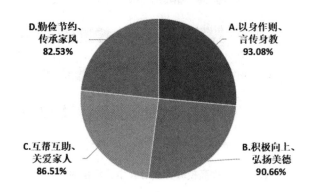

图 1-20　新时代高校教师在家庭中应该承担的道德责任

在新时代，高校教师在家庭中承担着重要的道德责任。如图 1-20 所示，首先，"以身作则、言传身教"是非常关键的。高校教师自身具备较高的知识和素养，在家庭中以自身的行为和言语为家人树立榜样，能够引导家庭成员形成正确的价值观和行为方式，所以有 93.08% 的人选择此项。其次，"积极向上、弘扬美德"也很重要。高校教师以积极的态度面对生活，弘扬社会中的美好品德，为家庭营造充满正能量的氛围，有助于家庭成员的身心健康和良好品德的培养，因此有 90.66% 的人认同。再次，"互帮互助、关爱家人"是家庭和谐的基础。高校教师在工作之余，关心家人的需求，与家人相互支持和帮助，能增强家庭的凝聚力，这也是 86.51% 的人选择此选项的原因。最后，"勤俭节约、传承家风"同样不可忽视。通过倡导勤俭节约的生活方式，传承优良的家风，为后代树立良好的家庭传统，故而有较高比例的 477 人次选择。

新时代高校教师在家庭中应综合履行上述道德责任，为构建和谐美满的家庭环境发挥积极作用。

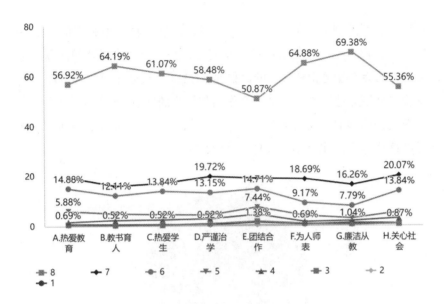

图 1-21 高校教师道德责任打分状况

从图 1-21 来看,在高校教师道德责任评价中,高校教师的整体表现处于中等偏上的水平。

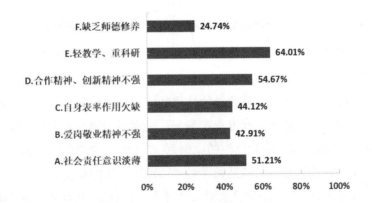

图 1-22 高校教师对新时代高校教师道德责任建构中存在的主要问题分析状况

对新时代高校教师道德责任建构中存在的主要问题调研结果如图1-22 所示。选项 E"轻教学、重科研"的比例最高,达到 64.01%,这表明在新时代高校教师道德责任建构中,"轻教学、重科研"这一问题相对来说最为突出。选项 D "合作精神、创新精神不强"的比例为54.67%，也占据了较高的比例，说明这也是一个较为显著的问题。选项 A "社会责任意识淡薄"的比例是 51.21%，反映出这方面存在一定程度的问题。选项 C "自身表率作用欠缺"的比例为 44.12%，同样不可忽视。选项 B "爱岗敬业精神不强"的比例是 42.91%。选项 F "缺乏师德修养"的比例相对较低，为 24.74%。

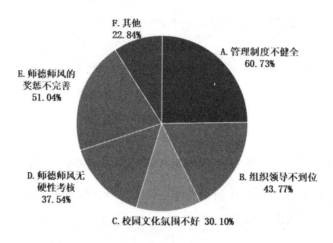

图 1-23　新时代高校教师师德师风管理方面的主要问题

　　对新时代高校教师师德师风管理方面的主要问题的分析结果如图1-23 所示。"管理制度不健全"这一选项的比例最高，达到 60.73%。这表明很多人认为当前高校教师师德师风管理中，制度的不完善是一个突出问题，可能存在制度存在漏洞、规定不明确或者执行力度不够等情况。"组织领导不到位"的比例为 43.77%，说明在组织和领导层面存在一定的不足，可能是领导对师德师风工作的重视程度不够，或者领导方式方法不当，导致管理效果不佳。"校园文化氛围不好"的比例是 30.1%，这反映出校园文化在塑造教师师德师风方面没有发挥应有的积极作用。"师德师风无硬性考核"的比例为 37.54%，意味着缺乏明确严格的考核机制来规范和衡量教师的师德师风表现。师德师风的奖惩不完善比例为 51.04%，说明在奖励优秀和惩罚不良行为方面存在缺陷，不能有效激励教师保持良好的师德师风。

综上，管理制度不健全被认为是新时代高校教师师德师风管理方面存在的主要问题，但其他几个方面也都在一定程度上存在问题，需要综合考虑和改进。

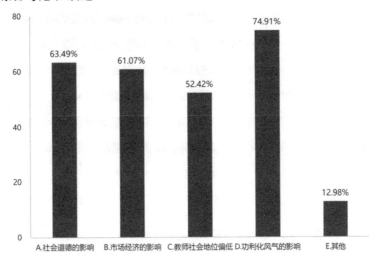

图 1-24　新时代影响高校教师道德责任建构的外部环境

对新时代影响高校教师道德责任建构的外部环境主要问题的分析结果如图 1-24 所示。选项 A "社会道德的影响"，有 367 人选择，比例为 63.49%。这表明社会道德对高校教师道德责任建构存在较大影响，社会整体的道德状况可能会对教师的道德观念和行为产生引导或干扰。选项 B "市场经济的影响"，353 人选择，比例达 61.07%。市场经济的一些特性，如竞争、利益追求等，可能会影响教师在道德责任方面的认知和实践。选项 C "教师社会地位偏低"，303 人选择，占比52.42%。相对较低的社会地位可能会影响教师的职业认同感和责任感，从而对其道德责任的建构产生一定阻碍。选项 D "功利化风气的影响"，433 人选择，比例高达 74.91%。这说明功利化的风气在很大程度上影响着高校教师道德责任的建构，可能导致教师过于追求个人利益而忽视道德责任。选项 E "其他"，75 人选择，比例为 12.98%，但由于被试没有明确说明具体的其他内容，难以进行具体分析。

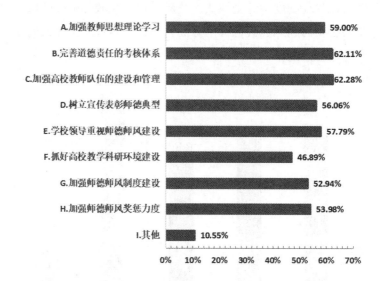

图 1-25　加强高校教师道德责任建构应采取的措施

对加强高校教师道德责任建构应采取的措施的分析结果如图1-25 所示。首先，"加强教师思想理论学习"很重要。通过学习，教师能够提升自身的理论素养，深刻理解道德责任的内涵和重要性，为履行道德责任奠定坚实的思想基础。"完善道德责任的考核体系"也必不可少。明确的考核体系可以为教师提供清晰的行为准则和评价标准，激励教师积极践行道德责任。"加强高校教师队伍的建设和管理"有助于整体提升教师队伍的素质和水平，营造良好的工作氛围，促进教师道德责任的落实。"树立宣传表彰师德典型"能够为广大教师树立榜样，激发他们向榜样学习，积极承担道德责任。"学校领导重视师德师风建设"能够为相关工作提供有力的支持和保障，进而推动各项措施的有效实施。"抓好高校教学科研环境建设"表明，良好的环境有助于教师专注于教学和科研工作，同时也有利于培养教师的责任感。"加强师德师风制度建设"亦不可或缺，制度是保障，能够规范教师的行为，确保道德责任的履行有章可循。"加强教师师德师风奖惩力度"意义重大，奖励可以激励教师积极表现，惩罚可以起到警示作用，促使教师遵守道德规范。

综上所述，这些措施对于加强高校教师道德责任建构都具有重要意义，应综合运用，多管齐下，共同促进高校教师道德责任的提升。

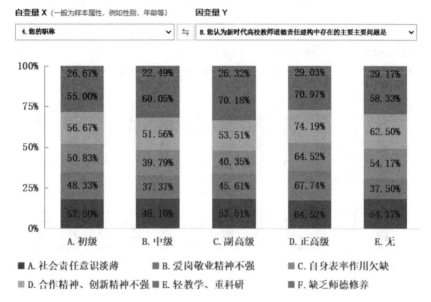

图 1-26 交叉分析

在多种变量中，我们选择了教师职称作为自变量，教师在道德责任建构中的问题作为因变量，对两者进行交叉分析，从图 1-26 中可以看出：初级教师认为社会责任意识淡薄、合作与创新精神不强是主要的问题，而中级和副高级教师认为轻教学、重科研是主要问题，正高级教师认为合作精神、创新精神不强是主要问题。

教师在以往职称的评定中通常会综合考虑教师的教学能力、科研成果等多方面因素。然而，道德责任在其中也起着至关重要的作用。具有良好道德责任的教师，往往能够以更高的标准要求自己，在教学中展现出更强的责任心和敬业精神，这有助于提升其教学质量和效果，从而为职称晋升创造有利条件。相反，如果教师在道德责任方面存在缺失，如缺乏爱岗敬业精神、不注重自身表率作用等，可能会影响其在同事和学生中的声誉，对职称评定产生不利影响。最后，职称的晋升也应该促使教师进一步强化自身的道德责任，以更高的标准规范自己的行为，为学生树立良好的榜样。总之，教师职称与道德责任相互关联、相互影响，共同促进教师的专业发展和教育事业的进步。

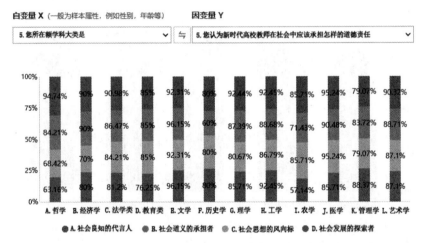

图 1-27   交叉分析 2

在多种变量中，我们选择了教师所在学科作为自变量，教师认为的在道德责任建构社会中应该承担的问题作为因变量，对两者进行交叉分析，从图 1-27 中可以看出：在探讨文科和理科老师在教师社会道德责任建构上的异同时，我们可以看到无论是文科还是理科老师，他们均承担着社会思想道德教育的基本职责。

其中，文科教育强调批判性思维、文化理解、道德判断等。因此，文科老师在道德责任建构上可能更侧重培养学生的人文素养、道德判断力和责任感。理科教育强调逻辑推理、实证分析、客观事实等。理科老师在道德责任建构上可能更侧重培养学生的科学精神、批判性思维和创新能力。理科老师可能会更多地关注科学研究的伦理问题，如诚实报告研究结果、避免数据造假等。

文科老师可能更注重对学生个性的培养和情感的关怀，他们在道德责任建构上可能会更多地关注学生的心理健康和社会适应能力。理科老师可能更注重对学生逻辑思维和问题解决能力的培养，他们在道德责任建构上可能会更多地关注学生的科学素养和未来职业发展。

总的来说，文科和理科老师在教师道德责任建构上既有共同点，也有差异。他们都需要在遵守基本职业道德的基础上，根据学科特性和学生需求，进行适合自己学科的道德责任实践。同时，教育政策、学校文化和社会期望也会对他们的道德责任建构产生影响。

通过分析结果可以看出，绝大部分教师认为学生的社会责任感的形成与高校教师的教育培养有很大关系，且大部分教师在教学中也有意引导学生形成正确的人生态度和价值观念，积极承担社会责任，教师也普遍认同新时代高校教师应该承担的道德责任，包括教书育人、言传身教、关心社会等。此外，调查问卷可能还揭示了一些高校教师面临的问题和挑战，例如教师认为高校教师责任意识淡薄、学术道德素养欠缺、创新精神不足等。教师需要从个人层面提高对职业道德的重视，高校需要加强教师思想理论学习，建立和完善教师多维度评价机制，建立教师职业道德建设长效机制，完善学术评价体系。

综上所述，通过问卷调查可以看出高校教师都认为高校教师应该承担社会责任和道德责任，但也仍然存在一些问题，高校应重视提升教师的职业道德素养和责任担当精神，进而推动新时代高校教育事业的科学发展。

第二节　新时代高校教师道德责任现状——学生方面

一、问卷设计

本次问卷调查旨在了解大学生对高校教师承担社会责任以及对学生思想、价值观和道德标准的影响的看法，通过对性别、年级、学科大类等基本信息的了解，结合对教师社会责任、道德影响、学术风气等方面的调查，探讨当前高校教师在学生心目中的形象和作用。问卷涵盖了教师社会责任的认知、道德影响的评估、学生对教师行为的模仿、教师对学生道德品行的培养等多个方面的内容。通过多选题、单选题和矩阵量表题等形式，全面了解了受访者对高校教师道德责任的认知和期望，以及对教师在学生成长中的重要性和影响的看法。

在分析和总结调查结果时，本研究将结合不同年级、学科大类、性别等因素的差异，探讨高校教师在新时代应承担的道德责任、对学生成长的重要影响以及如何更好地发挥其作用，为高校教师的职业发展和学生教育提供参考和建议。

二、样本基本情况

本次调研主要针对山西省内 15 所高校在校本科学生进行，调查时间从 2024 年 9 月 12 日开始到 2024 年 10 月 5 日结束。共有 6810 名学生参与提交有效问卷，问卷回收率 100%，有效率 100%。

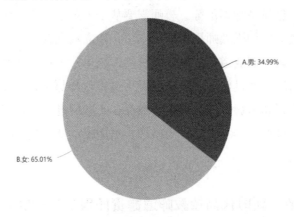

图 1-28　学生性别分布

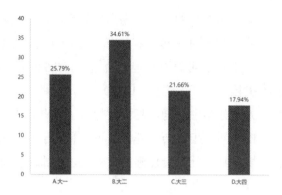

图 1-29　学生年级分布

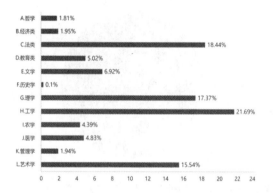

图 1-30　学生学科分布

三、调研结果分析

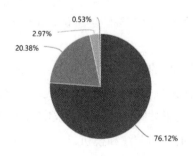

图 1-31　高校教师除了教书育人外，是否应该承担社会责任

　　调查结果显示，76.12%的学生认为高校教师应该承担社会责任，20.83%的学生认为高校教师应该承担一部分社会责任，2.97%的学生认为高校教师可以承担也可以不承担社会责任，0.53%的学生认为高校教师不应该承担社会责任。（见图1-31）

　　由此可见，大部分学生认为，高校教师除了教书育人外，应该承担社会责任。高校教师承担社会责任，这不仅有助于提升教师自身的价值，也有利于培养具有社会责任感的优秀人才，推动社会的进步与发展。

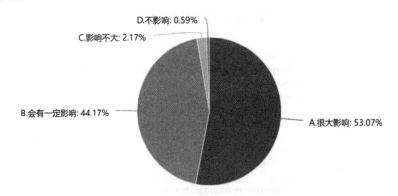

图 1-32　教师在教学过程中的行为是否会对你人生观、价值观和道德标准的形成产生影响

　　图1-32显示，在教学过程中，关于教师对学生的人生观、价值观和道德标准产生的影响方面，53.07%的学生认为有很大影响，44.17%的学生认为会有一定影响，2.17%的学生认为影响不大，0.59%的学生认为没有影响。

　　由此可见，超过半数的学生认为教师对自己的人生观、价值观和道德标准的形成影响很大。教师在学生眼中通常具有较高的权威性，从进入学校起，学生就将教师视为知识的权威来源和行为的楷模，教师的言行举止会被学生密切关注和模仿。

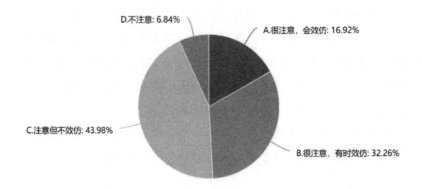

图 1-33　平时是否注意或有意无意模仿老师的言行举止

图 1-33 显示，关于学生是否注意或有意无意模仿老师的言行举止方面，16.92%的学生表示很注意也会效仿，32.26%的学生表示很注意且有时效仿，43.98%的学生表示注意但不效仿，6.84%的学生表示不注意。

由此可见，大部分学生不效仿或较少注意或效仿老师的行为。每个学生都有自己独特的个性，且学生的认知发展水平也没有达到能够完全理解或模仿老师行为的程度，并且随着年龄的增长，学生可能会更倾向于发展自己的行为模式。

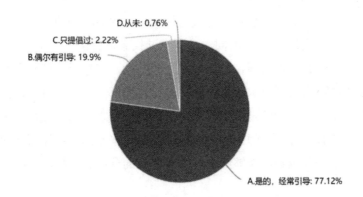

图 1-34　教师是否有意培养你们良好的道德品行，引导你们承担社会责任

　　图 1-34 显示，关于在学习过程中教师是否有意培养学生的良好道德品行，引导学生承担社会责任方面，77.12%的学生认为教师经常引导，19.9%的学生认为教师偶尔有引导，2.22%的学生认为教师只提倡过，0.76%的学生认为教师从未引导。大部分学生认为教师在有意培养学生的良好道德品行，引导学生积极承担社会责任。

　　由此可见，教师在对学生的个人发展、社会和谐、责任感等方面扮演着关键角色，从而促进学生成为对社会有贡献的成员。

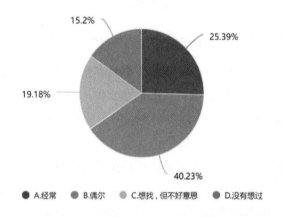

图 1-35　在生活学习中面临挫折与压力时是否会找老师交谈

　　图 1-35 显示，在面临挫折和压力时，25.39%的同学选择经常找老师交谈，40.23%的同学偶尔选择找老师交谈，19.18%的同学想找但不好意思找老师交谈，15.2%的同学没有想过找老师交谈。大部分同学会在遇到压力时找老师交谈，想要寻求老师帮助，但也有一部分同学在面临压力时不会选择寻求老师帮助，说明在大部分学生心目中，在面临挫折与压力时，老师是可以依靠、值得信任和求助的。教师与学生相处时间较长，并且教师的和善性格以及更加丰富的人生经历使学生容易产生信任和依赖，能够给予学生更客观的分析、支持与鼓励。

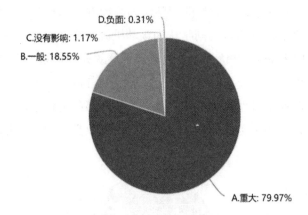

图 1-36 高校教师道德责任的承担对社会经济发展和精神文明进步的作用

图 1-36 显示，79.97%的同学认为高校教师道德责任的承担对社会经济发展和建设文明进步的作用是巨大的，18.55%的同学认为该作用一般，仅有 1.17%和 0.31%的同学认为没有影响或存在负面影响。

由此可见，大多数的同学认为高校教师道德责任的承担对于社会经济发展和精神文明是有作用的并且作用巨大。教师具有教书育人的作用，并且与学生群体联系密切，可以为学生培养良好的品行，从而影响社会经济发展和精神文明进步。并且高校教师在社会中具有较高的地位和影响力，他们承担责任对社会经济发展和精神文明进步有着重要的引领作用。

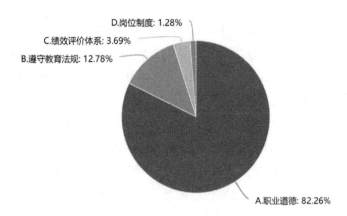

图 1-37 高校教师承担社会责任的动机来源

图 1-37 显示，82.26%的同学认为高校教师承担社会责任的动机源于职业道德，12.78%的同学认为该动机源于遵守教育法规的需求，3.69%和1.28%的同学认为该动机来源于绩效评价体系和岗位制度。

由此可见，高校教师承担社会责任多来自自身的职业道德要求。教师这一职业本身就赋予了从业者一种使命感和责任感，他们秉持着职业道德，认为承担社会责任是履行自己职业义务的一部分。

2.8%

97.2%

● A.很伟大，应该传承有借鉴意义   ● B.很伟大，但过时了都是糟粕，要摒弃

图 1-38　中国传统教育思想是否应该传承

图 1-38 显示，97.2%的同学认为中国传统教育思想很伟大，应该传承且有借鉴意义，只有 2.8%的同学认为中国传统教育思想很伟大，但过时了都是糟粕，要摒弃。

由此可见，大部分学生认为中国的传统教育思想是可以被借鉴和传承的，学生对于传统思想比较认同。如诲人不倦、有教无类等传统教育思想蕴含着古人智慧的结晶，是中华民族宝贵的精神财富，对当今社会也有着重要的借鉴意义。

图 1-39 显示，62.47%的同学认为当前高校教学风气和学术氛围积极浓厚，有 34.11%的同学认为风气和学术氛围良好或一般，仅有2.63%和0.79%的同学认为不好或一般和都很糟糕。过半的同学认为高校教学风气和学习氛围比较积极浓厚，但依旧有一部分同学认为高校教学风气消极和学术氛围不足。因此，高校应重视教学和学术风气建

设，强调学术道德和规范，构建健康的学术生态。

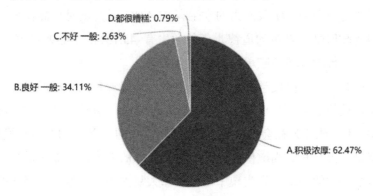

图 1-39　当前高校教学风气和学术氛围如何

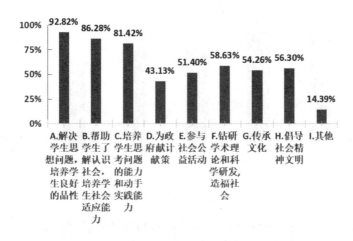

图 1-40　新时代高校教师应承担哪些道德责任

图 1-40 显示，92.82%的同学认同新时代高校教师应承担解决学生思想问题、培养学生良好的品行的道德责任；86.28%的同学认同当代高校教师应承担帮助学生了解认识社会、培养学生社会适应能力得到的责任；有 51.4%的学生认为当代高校教师应承担参与社会公益活动的责任；58.63%的学生认为新时代高校教师应承担钻研学术理论和科学研发、造福社会的道德责任；54.26%的学生认为新时代高校教师应承担传承文化的道德责任；56.3%的学生认为新时代高校教师应承

担倡导社会精神文明的责任；认同新时代高校教师应承担培养学生思考问题能力和动手实践能力的学生有 81.42%；认为新时代高校教师应承担为政府献计献策的道德责任的学生有 43.13%；14.39%的学生认为，新时代高校教师应承担其他社会责任。

由此可见，高校学生正处于人生观、价值观和世界观形成的关键时期，教师的言行举止对学生有着深远的影响，新时代高校教师承担道德责任，能够为社会树立良好的道德风尚，推动社会的进步和发展，只有培养出具有高尚道德品质和社会责任感的人才，才能满足社会对高素质人才的需求，为实现中华民族伟大复兴的中国梦提供坚实的人才支撑。

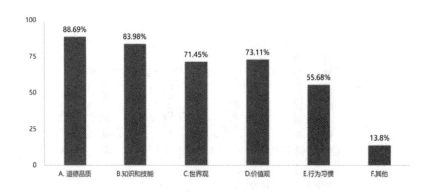

图 1-41　高校教师对学生的影响方面

图 1-41 显示，88.69%的学生认同高校教师在道德品质方面对学生影响大，83.98%的学生认为高校教师在知识和技能方面对学生影响大，71.45%的学生认为高校教师在世界观方面影响着学生，73.11%的学生认为高校教师影响学生的价值观，55.68%的学生认为高校教师影响着学生的行为习惯，13.8%的学生认为高校教师在其他方面影响着学生。

由此可见，高校教师影响着学生道德品质、知识和技能、世界观、价值观、行为习惯等方面。在高校中，教师通常被学生视为知识和智慧的象征，具有较高的权威性。学生往往会对教师的言行进行观察和模仿。教师的道德品质和在学术上的严谨和追求真理的精神，也会激励学生对知识的渴望和探索，引导学生树立正确的价值观和道德观。

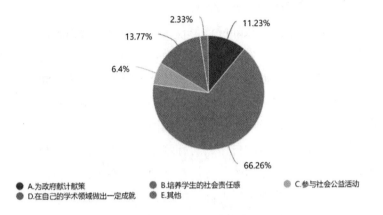

图 1-42　高校教师承担社会责任的体现方式

图 1-42 显示，关于高校教师承担社会责任的方式，11.23%的同学认为体现在为政府献计献策，66.26%的同学认为体现在培养学生的社会责任感，6.4%的同学认为体现在参与社会公益活动，13.77%的同学认为体现在在自己学术领域作出一定的成就。过半的同学认为培养学生的社会责任感是高校教师承担社会责任的主要方式，此外还有为政府献计献策、参与社会公益活动、在自己的学术领域作出一定的成就。

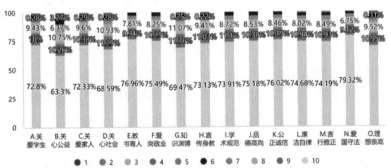

图 1-43　以下"作为一名新时代的高校教师应该承担的道德责任"的重要程度
（最高为 10 分）

图 1-43 显示，从学生对"作为一名新时代的高校教师应该承担的道德责任"的重要程度打分情况来看，在图示 15 个方面学生打分均达

到了 9 分以上，可以看出大家对这些方面都很重视。这些因素共同构成了高校教师应具备的修养与责任。

通过对新时代高校教师应该怎样承担道德责任等问题回收的问卷进行数据分析发现，学生们认为高校教师应该承担相应的社会道德责任，因为高校教师在道德品质、知识技能、世界观、价值观和行为习惯等方面影响着学生，因此，高校教师需要关爱学生、关心公益、关心社会、教书育人、爱岗敬业、知识渊博、言传身教、学术规范、品德高尚、公正诚信、廉洁自律、言行雅正、爱国守法等高校教师应解决学生思想问题，培养学生品行；帮助学生了解认识社会，培养学生社会适应能力；培养学生思考问题的能力和动手实践能力，为政府建言献策；钻研学术理论和进行科学研发，造福社会；等等。在高校中，教师通常被学生视为知识和智慧的象征，具有较高的权威性，因此，学生往往会对教师的言行进行观察和模仿。教师在学术上的严谨和追求真理的精神，也会激励学生对知识的渴望和探索。教师在教学过程中，不仅传授知识技能，还会通过课程内容和教学方法，引导学生树立正确的价值观和道德观。高校教师与学生之间的互动和交流较为频繁，这为教师影响学生提供了机会。高校学生正处于人生观、价值观和世界观形成的关键时期，教师的言行举止对学生有着深远的影响。

社会对高校教师寄予了很高的期望，认为他们不仅要传授知识，还要培养学生的品德和社会责任感，积极承担社会责任。高校教师积极承担道德责任和社会责任，这有助于促进教育资源的公平分配和教育机会的平等。高校教师作为知识的传播者和创新者，具有较高的社会地位和影响力，他们承担道德责任，能够为社会树立良好的道德风尚，推动社会的进步和发展。新时代对人才培养提出了更高的要求，不仅要注重学生的知识和技能培养，更要关注学生的品德修养和综合素质。高校教师承担道德责任，是适应新时代教育发展要求的必然选择，只有培养出具有高尚道德品质和社会责任感的人才，才能满足社会对高素质人才的需求，为实现中华民族伟大复兴的中国梦提供坚实的人才支撑。

第二章　新时代高校教师道德责任——政治责任

在教育过程中，教师加强专业能力与提升政治觉悟相辅相成，后者尤为关键。党的二十大报告强调，要坚定道路自信、理论自信、制度自信、文化自信。①这不仅为我国教育的发展指明了方向，也对教师提出更新的、更高的要求。在当前的教育背景下，教师不仅需要具备扎实的专业知识和出色的教学能力，更要在思想政治方面提升自身的觉悟。文化自信不仅关乎教师个人的价值观和世界观，也直接影响到学生的思想形成与价值观构建。文化自信是高校教师履行政治责任的必由之路，加强思想政治工作和提高政治觉悟已成为首要条件。

在新时代的背景下，教师必须勇担政治责任。在传授知识的过程中，教师不仅要维护正确的意识形态，还需坚定自己的政治立场，积极履行应有的政治责任，将责任意识应转化为更为广泛的大局意识和全局意识，使教师在教育工作中更具前瞻性和系统性。在塑造学生正确价值观的过程中，教师扮演着思想传播者和引导者的重要角色。为了更有效地履行角色所带来的义务，教师需要准确分析学生的政治思想动态，关注他们的心理变化和社会环境，以便提供更具针对性的教育指导。教师的言行对学生的影响是深远而潜移默化的，正面的政治教育不仅是一场思想的洗礼，更是学生人格和价值观形成的重要基石。教师通过自身的榜样作用，引导学生理解国家的方针政策和社会的发展方向，激发他们对社会的责任感和使命感，使他们在面对纷繁复杂的社会现实时，能够理性、冷静思考，作出明智的选择。同时，教师还应鼓励学生脚踏实地，实现自己的理想与抱负，鼓励他们为社会发

---

① 习近平. 高举中国特色社会主义伟大旗帜 为全面建设社会主义现代化国家而团结奋斗——在中国共产党第二十次全国代表大会上的报告[M]. 北京：人民出版社，2022：19。

展贡献力量。

党的十八大以来，关于高校教师政治责任培育的问题更加受到重视，习近平总书记对此作出过多次重要论述，政治责任是培养高校教师的重要一环，提升教师政治责任感势在必行。中国正处于世界百年未有之大变局中，机遇与挑战并存，各国之间的联系也越来越密切，外来思潮对我们的冲击也越来越大。高校作为人才培养的主阵地，是培养学生思想观念和规范学生行为的重要一环，高校教师能否在培养过程中让学生受到良好正确的教育至关重要。2016 年，习近平总书记在全国高校思想政治工作会议中提出：高校思想政治工作关系高校培养什么样的人、如何培养人以及为谁培养人这个根本问题。①这一背景的提出为高校指明了培养人才的方向以及目标，同时也对高校教师在政治责任方面提出了更高的要求。教育的目标是培养为社会主义事业奋斗的有用之才，培养一批又一批拥护中国共产党领导和社会主义制度的当代青年。在 2019 年 3 月 18 日，习近平总书记在学校思想政治理论课教师座谈会上提出，办好思想政治理论课关键在教师。②高校教师承担着重大的使命与任务。要培育国家发展所需要的人才并且起到模范带头作用，就要努力提升自己的政治责任，让有信仰的人讲信仰，引导学生走好正确的道路。面向新时代，党和国家的发展对高校教师提出了更高的要求，我们对人才的需要比以往任何时候都强烈。高校教师要承担起立德树人的根本任务，完成党和国家赋予的光荣使命，就要勇于自我革命，努力提升自己的政治责任回应人民的热烈关切，担负起思想引领的重任，真正地培养一批又一批拥护社会主义事业、充满荣誉感与使命感的青年一代。

---

① 把思想政治工作贯穿教育教学全过程开创我国高等教育事业发展新局面. 载中华人民共和国教育部政府门户网站：http://www.moe.gov.cn/jyb_xwfb/s6052/moe_838/201612/t20161208_291306.html. 访问时间：2022 年 3 月 14 日.

② 办好思想政治理论课关键在教师. 载中华人民共和国教育部政府门户网站：http://www.moe.gov.cn/jyb_xwfb/s5148/201903/t20190326_375290.html. 访问时间：2022 年 4 月 14 日.

第一节　概念界定

一、政治责任

要提升自身的政治责任意识需要首先对政治责任的概念进行全面的把握。常规来说政治责任可以进行如下细分：政治理论层面，即个人对于政治理论的知识的认知程度；政治信仰层面，这是对于政治理论知识的进一步深化，从而形成的内心的真正的认同感，是内心底层最真实的想法；政治水平层面，这是关于个人处理政治事务的能力问题，可以客观反映个人对于政治责任的真实把握情况。此外，除了这主要的几项内容还包括政治心理、政治价值观等方面的内容。具体的内容可以根据不同的标准进行不同划分。良好的政治责任意识对于人的培育具有重要的意义，政治责任感的提升可以带动人的其他素养的提升，进而提升人的整个综合能力。

二、高校教师政治责任

学校是传播教育理论的主战场，是培养国之栋梁的主阵地。而教师则直接面对学生、影响学生，是传播思想文化知识的战士，是学生成长道路上的引路人。高校教师在政治上的独特性显而易见。这就要求高校教师引导学生树立起正确的三观，对学生进行爱国主义教育，通过教学把全面建设社会主义现代化强国、坚定对社会主义的信仰深深刻入学生的脑海中。高校教师的政治责任突出表现在育人的整个过程中，即坚定地在思想上和行动上同党中央保持高度一致，坚持"两个确立"、增强"四个意识"、坚定"四个自信"、做到"两个维护"。高校教师的政治责任直接影响着最终的教学成果，一个没有政治责任感的高校教师是不能承担起立德树人这项根本工作的，因此，高校教师要努力提升自身的政治责任，为培养社会主义新人作出积极贡献。

第二节　研究意义

一、有助于推动教育现代化，落实立德树人的根本任务

党的二十届三中全会明确指出，教育、科技、人才是中国式现代化的基础性、战略性支撑。教育的高质量发展离不开教师的积极参与与努力。作为学校教育发展的中坚力量，教师应准确把握教育政策的方向和战略目标，推动课程设置、教学方法和授课方式的科学调整，从而提高教学的现代化水平。

在教学治理和管理中，教师拥有直接的发言权，能够根据学生和社会的需求优化教育资源配置，改善教学环境，提升整体教学质量。硬实力得到满足的情况下，教师还应充分发挥软实力的作用，将爱国主义、集体主义和社会主义核心价值观融入所教课程中，使学生在获取专业知识的同时，受益于深刻的思想政治教育。这不仅有助于学生形成正确的价值观和道德观念，也为他们未来的道德责任感和历史使命感奠定了基础。因此，教师在教育现代化进程中的政治责任显得尤为重要，教师只有不断提升自身的政治意识和专业能力，才能更好地引领学生成长成才，助力实现教育的根本任务。

高校教师是直接面向教学工作的第一人，承担着育人工作的重要使命，高校教师应该时刻规范自身的言行，以身作则，在教学与生活中做到严于律己，给学生传递正确的价值观。政治责任的提升，会激发整个教师队伍的潜力，激励队伍去主动寻找差距并且想办法去解决问题，增强队伍的自觉性与积极性，更好地将高校教师的政治责任要求内化于心、外化于行，自觉地去履行自身的职责。

二、有利于维护校园稳定与社会和谐

教师的政治责任提升对于维护校园稳定与社会和谐具有重要意义。作为辛勤的园丁，教师在学生成长成才的道路上不断清扫障碍，

其以自身的行为态度展现出对道德责任的坚定承诺以及对校园稳定的深切关怀。高校教师应尊重学生的多样性，包容并理解他们所处的现实环境，利用自己的知识和经验识别潜在的问题，帮助学生洞察事物的本质，从而创造一个更加和谐的校园氛围，促进学生的积极发展。

政治安全是社会稳定的基石，教师需要高度关注这一问题，紧跟时代潮流，妥善处理校园内外的矛盾与冲突，积极传播正能量，引导学生以理性和健康的方式参与校园生活及社会事务。通过开展丰富多彩的主题活动和社会实践，教师不仅可以增强学生的道德责任感，还能帮助他们建立正确的价值观与人生观。此外，教师应成为学生与社会之间的桥梁，鼓励他们关注社会发展、参与公共事务，从而培养出更具责任感和担当精神的新时代人才。只有这样，教师才能更有效地维护校园的稳定，促进社会的和谐发展。

高校是学生价值观确立的关键一步，一个良好的课堂环境和老师的言传身教对于学生的成长成才至关重要。高校教师政治责任感的提升对于学生确立正确的人生方向和目标具有导向作用，有利于学生坚定对全面建设社会主义现代化强国的信心。高校教师可以进一步让学生把个人理想与祖国的客观实际相结合，增加学生的课程认同感，真正为学生树好德，提升课堂的教学效果与质量。

三、有利于提升自我素养和政治觉悟

教师的政治责任感的提升有利于自我素养和政治觉悟的全面提升。在面对复杂多变的外部环境时，教师需要不断增强自身的政治责任意识和专业能力，确保在教学、科研以及社会活动中与国家政策保持高度一致。

政治责任感的提升与自我成长是密不可分的。教师应在实践中不断锤炼自己，坚守务实的工作风格和赤诚的爱国情怀。教师应积极提出具有前瞻性的建议，为教育改革和社会发展贡献智慧和力量；同时勇于探索新知，追求真理，努力在日常工作中展现出更高的专业水准和道德标准。通过深入学习党的方针政策和相关理论，教师能够在不

断"自我否定"与反思中实现自我蜕变，焕发出全新的面貌和活力。

　　自我提升不仅有助于教师更好地履行其教育使命，也有助于教师为学生树立良好的榜样。教师通过自身的成长，能够更有效地引导学生树立正确的价值观和人生观，从而促成在整个教育过程中形成积极向上的氛围。总之，教师在政治责任提升的过程中，不仅提升了自我的素养和觉悟，也为教育事业的长远发展奠定了坚实的基础。当前部分教师由于对政治责任的把握不够全面，不能很好地完成党和国家对高校教师提出要求，因此需要进一步对照政治责任的要求，找到自身存在的差距。而且时代的不断发展对高校教师的发展提出了更高的需求，这需要高校教师进一步提升自身政治素养。为高校教师政治责任的提升提供积极的解决途径，可以强化高校教师职业认同。

第三节　高校教师政治责任的主要内容

　　教师政治责任的体现可以通过"政治三力"这一概念来具体化，其中包括政治判断力、政治领悟力、政治执行力。2020 年习近平总书记在中央政治局民主生活会上强调了这三种能力的重要性。

　　无论是在治国理政的层面，还是在教书育人的过程中，我们都必须始终不忘初心、牢记使命，以赤诚之心对待他人和事务，始终保持我们的政治本色。这种责任感不仅体现在决策和执行上，也要贯穿于教育工作中，以确保培养出具有坚定政治立场和良好道德品质的人才。

　　全面贯彻系统思维，提升教师的政治高度，确保在教学中也能够引导学生树立正确的价值观和世界观，这不仅是对教师个人能力的要求，更是为教育事业和社会发展的长远考虑。只有这样，才能真正实现教育与政治的有机结合，使教育工作在培养学生的同时，也为国家的未来发展奠定坚实的基础。

一、教师政治判断力的内涵及表现

政治判断力在教师的角色中尤为重要，其指的是教师对政治形势和教育相关问题的准确分析与判断能力。教师需具备这种能力，以理解和应对快速变化的社会环境，以及把握国家政策的动向。通过培养政治判断力，教师能够更有效地引导学生理解社会问题，激发他们的批判性思维和责任感，从而在课堂上营造出积极的讨论氛围，促进学生的全面发展。在教育过程中，教师承担着引导学生思想的重要责任，不仅要识别和分析学生的思想动态，还需要及时发现和纠正学生的思想偏差，帮助学生树立正确的世界观、人生观和价值观。政治判断力的传递不仅是思政教师的专责任务，而且是每位教师在教学过程中都应当贯彻的原则。

教师应在理论学习中追求真理，在实践中检验真理，时刻把握当下的政治局势，为教育的高质量发展开辟新的路径。政治判断力的具体表现包括对政策、社会问题及其影响的深刻理解。在面对复杂的教育问题时，教师必须保持冷静思考，避免被表象迷惑，逐一攻克各类难题。增强政治意识、坚持正确方向、明确责任担当是提升教师政治判断力的关键所在。教师在做好本职教学工作的同时，也应强化使命感，牢记习近平总书记提出的"三个务必"和"两个维护"，承担起科教兴国、人才强国的重任。教师作为教育的引领者和承担者，必须提升自身的政治判断力，以增强"四个意识"、坚定"四个自信"、做到"两个维护"，在这一过程中，修好这门必修课，给党和人民交上合格的答卷。

政治判断力体现在大局思维的培养上。大局思维要求教师在行动之前对局势进行深刻分析和理性思考，准确把握事物的发展规律。张桂梅作为2020年度感动中国人物，展现了优秀的大局意识。她为数以百计的山区孩子提供教育机会，尽管身患疾病，她始终把学生和党的教育事业放在心中。她以实际行动诠释了大局思维下的责任担当，承担4个毕业班的政治课教学任务，不仅教会学生人生道理，还深度解读课本知识，传递信仰的真谛。在艰苦的学习条件下，她坚持不让任何一位学生掉队，她的理想和信念最终绽放出美丽的花朵，充分展现了在平凡岗位中酿造伟大的精神。

政治判断力体现在问题导向上。习近平总书记指出："要深入分析，全面权衡，准确识变、科学应变、主动求变。"①这句话提醒我们，教师要善于发现问题，主动寻找解决方案，以一叶知秋的视野和见微知著的洞察力来观察和剖析问题。只有这样，才能准确把握大势，及时捕捉普遍规律，从而更好地解决面临的各种困难和挑战。

政治立场是信仰确立的前提条件，立场不同我们的价值选择也会不同。"共产党人不是同其他工人政党相对立的特殊政党，他们没有任何同整个无产阶级的利益不同的利益。"②要紧紧围绕在党中央的周围，高校教师要落实好为党育人、为国育才的政治责任，要与党中央和人民保持高度一致。我们的党是马克思主义政党，思政课教师只有具备鲜明的政治立场才能将理论方针政策转化为实际行动，并通过教学活动，引导学生树立正确的思想意识。

（一）站稳为党育才的正确方向

我们的教育最终是要为党和人民的事业培育合格建设者与接班人，并围绕立德树人这一教学的中心环节开展教学工作。党和国家的未来依靠的是有崇高信仰的青年一代，我们的教育必须认准这一趋势，历史和实践的经验表明，任何国家要维系社会的稳定都要按照自身的政治需要进行人才教育。思政课教师的主要任务就是培养一批合格的马克思主义践行者，这就要求他们必须具有坚定的政治立场。思想上自觉地与党中央保持一致，坚决贯彻和执行党的路线、方针、政策等，积极了解当前世情、国情、党情的变化对教学工作提出的新要求。高校教师要承担起自身的教育责任，完成自身教书育人的重要使命。尤其是在今天的教育环境中，相对于中小学教育来讲，高校的专业细分

---

① 王子晖，程瑶. 习近平浙江考察，这 6 个细节释放出什么信号？[EB/OL]. 新华网 http://www. xinhuanet.com/politics/xxjxs/2020-04/02/c_1125806515.htm

② 马克思，恩格斯. 马克思恩格斯全集（第 2 卷）[M]. 北京：人民出版社，1972.

程度高，专业化突出，很多教师在教学的过程中只关注了自身的课程教育，对于高校的育人工作有一定的忽视。我们必须要纠正这样的错误，不管在任何时候，我们绝对不能忘记教育的初衷。我们的立场非常明确，就是要为了中华民族的未来进行人才的培养。广大的高校教师必须从这个观点立场出发来解决高校的培养问题，高校教师在教学的过程中首先要注意的就是方向问题，要引导学生树立正确的人生方向，不能只专注于课堂知识的讲授，要培养学生的爱国热情和担当意识，把自身的理想与伟大祖国的实践相结合。培养出合格的建设者和接班人是站稳立场的衡量标准，只有坚定地为祖国的教育事业服务，为祖国的发展需要培养人才，才能为社会主义的建设事业添砖加瓦。

（二）保持自身绝对的政治清醒

高校教师的站位方向直接影响着教学的培训效果和育人的最终结果。教师个人的站位会对整个课程的发展具有导向作用，会影响学生的价值观念的确立过程。高校教师的站位必须清晰明确，要站在马克思主义的立场上去思考问题解决问题，要与社会上出现的各种错误观点划清界限，保持自身的立场坚定性，勇敢地质疑错误观点，引导学生从国家和人民的角度出发去看待身边的事件。当前我们的社会环境越来越复杂，会出现各种不同的声音，高校教师要加强自身的辨别力，坚定社会主义的信仰，坚持马克思主义的世界观与方法论，善于运用马克思主义的观点去解决问题，从政治的高度去把握问题，看问题要抓住事物的重点，分析事物背后的本质，采用辩证的观点去审视问题。始终保持自身的政治清醒，对待热点事件要有自身的政治灵敏度，及时更新政治理论观点，善于运用这些观点应对未知的风险与挑战，勇敢对不良的社会思潮进行批判，对符合社会价值观的观点进行称赞，时刻保持自己的政治鉴别力。要保持自身的政治清醒还要对中国特色社会主义永不质疑。我们必须认识到只有适合自己的才是最好的，没有一种完美的主义是可以直接去套用的，中国特色社会主义是属于我们自己的主义，是经过实践检验的，是适合当下我们的发展的，当下它就是最优的选择。而且，随着实践的不断变化和发展，我们会一步一步地完善我们的理论，以适应发展的节奏，我们的中国特色社会主义具有与时俱进的独特优势，是我们必须坚持下去的。实践充分表明，中国特色社会主义是不容置疑的，是符合人民的意愿，也切合了时代的具体要求，思政课教师要把这些观念贯穿在自己的课堂教学中。从上述的观点可以看出，教师必须要站稳自身的政治立场，保持足够的政治清醒，不断为祖国培育需要的青年一代。让学生形成正确的价值观念，把专业知识与祖国的前途命运相结合，从而达到真正的育人效果。

二、教师政治领悟力的内涵及表现

政治领悟力指的是教师对党的理论及其政治决策的深刻理解和实际意义的把握能力。具备这种能力的教师能够准确解读国家政策，将其融入教学内容，帮助学生理解理论与现实之间的联系。教师通过提升自身的政治领悟力，能够更好地引导学生树立正确的价值观，培养他们的道德责任感，从而在教育过程中发挥更大的影响力。在教育领域，教师需深刻领会和科学把握党中央决策部署及施政纲领，将自身的工作与组织的意图在结构和内容上有机结合。无论是在课程研究的准备阶段，还是在课程实施的执行阶段，教师都应不断优化教学思路，制定科学合理的策略。

教师要在思想上紧跟党的步伐，在认识上不断进步，在学习上主动促进，做务实而真诚的教育者。习近平总书记多次强调，教师要积极把握"政治上的主动"，避免陷入"政治上的被动"。这意味着教师需要主动学习政治知识，而不是被动接受那些强硬灌输的理论。被动学习不仅容易导致对政治理论的肤浅理解，还可能中断个人的政治判断力的发挥；在教学中，教师需要深入理解党的理论和政策，将其有效地融入课程内容中，帮助学生全面理解和掌握中国特色社会主义理论体系。教师应从理论出发，帮助学生弄明白、搞清楚，从而确保他们的理想信念始终鲜明，政治信仰始终坚定。通过多元化的渠道，让学生了解、解读和落实党的政策，确保他们的政治立场始终坚定，政治方向不偏离；在学术研究过程中，教师还应指导学生将党的理论方针作为研究的主题，确保科研成果与国家和社会发展的需要相一致。教师要在思想上要不偏离，在行动上要不脱轨，准确理解和把握党的政策精神，并将其贯彻到教学和科研的各个环节，支持国家的战略目标与发展方向。

作为政治立场的延续，高校教师必须在这里打好坚实的基础。这一信仰首先指的就是坚定马克思主义信仰。习近平总书记说："马克思给我们留下的最有价值、最具影响力的精神财富，就是以他名字命名的科学理论——马克思主义。这一理论犹如壮丽的日出，照亮了人类探索历史规律和寻求自身解放的道路。"[①]

（一）树立对马克思主义信仰的高度认同

马克思主义是我们前进道路上的宝贵财富，是我们坚持走中国特色社会主义道路必须坚定的根本信仰。心中有信仰，脚下有力量。[②]历史和实践已经表明，我们必须永远坚持马克思主义思想的指导地位，要不断加强马克思主义与中国具体实际的结合，把马克思主义的思想内涵不断发扬光大。回看过去才能更好地走好未来，马克思主义自传入中国就不断改变着这片土地，它指导着中国的具体实践，带领党和人民越过一座座艰难的"大山"，从新中国的成立到完成社会主义的伟大革命，再到改革开放以来40多年的历史巨变，它不断回答着怎么发展社会主义的历史问题。而且在新时代的今天，马克思主义依然能够与时俱进，为我们的中华民族伟大复兴增添无尽的动力，我们可以从中清楚地看到正是我们怀揣着对共产主义的信仰，因为我们坚定走中国特色社会主义道路，我们才能取得现在伟大的历史成就。高校教师要在思想认识层面坚定对共产主义的信仰，在实际行动中也能够将对共产主义的信仰落到实处。马克思主义内涵丰富且意义重大，要成为马克思主义信仰的追随者，高校教师必须要坚定正确的前进方向，保证自身的政治立场不会动摇，在关键问题上保持理性思考，做到不被

① 李颖，陈郝杰. 党的全国代表大会与马克思主义中国化[J]. 中共党史研究，2018（06）：11.
② 习近平. 在"七一勋章"颁授仪式上的讲话[M]. 北京：人民出版社，2021：2.

错误的观点带跑偏，只有这样才能培养出国家需要的人才，才能为我们国家走好新时代的长征路奠定扎实基础。高校教师要不断提升对理论的认识程度，提升自己的思想政治理想修为，做好学生的指明灯，充分利用时间阅读马克思主义经典著作，学习党的最新重要精神，不断增强自身的学习能力，夯实理论基础，坚定政治信仰。可以清楚地看到，正是因为党和人民的接续奋斗，因为我们始终坚定共产主义信仰，我们的国家才取得了现如今伟大的历史成就。信仰的力量是无穷的，是支撑人民不断走向进步的不竭动力，只要我们沿着马克思主义的信仰坚定前进，我们定会在新的历史时期中取得瞩目的成就。

（二）坚定对中国特色社会主义道路的信心

中国特色社会主义道路是我们在实践中不断探寻所得到的，我们的社会主义道路是一条适合自己的道路，不是简单地套用别的国家的道路，这不是简单的"复制与粘贴"，而是依据自己国家的国情，在实践中经过一次次的调整与纠正才探索出的社会主义道路。我国的发展道路具有自身的独特性，结合了马克思主义基本原则和我国的具体实践过程，同时还在我国的优秀传统文化中汲取营养，最终发展而成。对于中华民族来说，没有选择中国特色社会主义道路就不会有中华民族的伟大飞跃，必须在时代的发展中坚持选择中国特色社会主义道路，中国特色社会主义道路是在中国特色社会主义的实践过程中被总结出来的，被广大人民群众接受的科学的发展道路。一个国家的公民如果对自己国家的发展道路都充满疑惑的话，那这个国家的发展是不能持久下去的。高校教师坚定的信仰就必然包含了对中国特色社会主义发展道路的自信，要培育起学生对于发展道路的充分信任，要理清楚为谁培养人这个重大问题。我们是为了中华民族伟大复兴培养社会主义的建设者和接班人，不是为其他什么培养人才，只有育人的方向对了才能育出人、育好人。"教育须有信仰，没有信仰就不成其为教育，而是教学的技术而已。"[①]高校教师要用严格的政治纪律来要求自己的

---

① 雅斯贝尔斯. 什么是教育[M]. 邹进，译. 北京：生活·读书·新知三联书店，1991：44.

一言一行，在教学过程和自身生活中，坚守政治防线，严守政治纪律，对于各种言论和意识形态要有很强的判断力，在各种错误观念中要保持自身的坚守，保持头脑的政治清醒，坚持崇高的社会主义信仰，筑牢高校在政治意识领域的思想阵地。要突出社会主义的建设方向，不断加深学生的信仰教育，从个人到集体，只要有坚定的理想信念就会愈战愈勇，不论是现在还是将来我们都要坚定信仰，这是我们能够取得中国特色社会主义伟大胜利的精神力量所在。

三、教师政治执行力的内涵及表现

政治执行力是指教师在贯彻落实党的决策和部署方面的能力，涉及如何高质量完成本职工作，并在新的起点上不断发现和解决新问题。在此过程中，责任意识的强化是不可或缺的。教师应积极配合学校的各项政策措施，确保党的教育方针和政策在校园内得到有效实施。

执行力的提升不仅体现在理论学习上，更需落实到实际行动中。正如古语所云："纸上得来终觉浅，绝知此事要躬行。"教师的坚定政治立场是政治执行力的重要体现，特别是在坚定中国特色社会主义道路的信念方面，教师应与党中央保持高度一致，在教学任务中融入思政元素，使学生深刻理解中国特色社会主义道路的历史必然性。在传递书本知识的同时，教师还需引导学生从政治的高度思考问题，培养他们的国家认同感和历史责任感。这种教育不仅是思政课老师的职责，而是每位教师的共同使命。每位教师都应成为中国传统文化及校园文化建设的积极推动者，通过开展主题教育、举行红色经典朗读等方式，号召学生积极参与。

教师的政治执行力还体现在日常教学的细节之中。例如，教师在课堂上讨论社会热点问题时，应引导学生分析这些问题的政治背景，鼓励他们从多角度思考，培养批判性思维。这种教学方式不仅加深了学生的思维深度，也增强了他们对国家和社会的责任感。此外，教师还应积极参与学校的各类活动，推动学校文化建设，营造良好的教育氛围。通过组织爱国主义教育活动、参观红色教育基地等方式，教师能够让学生在实践中感受和理解中国特色社会主义的核心价值观。这种潜移默化的教育方式，将对学生的成长产生深远的影响。

教师的政治执行力不仅是个人素养的体现，更是教育使命的要求。通过强化责任意识、坚定政治立场，并将思政教育贯穿于日常教学中，教师能够在新时代背景下，肩负起更为重要的历史使命，培养出更多有理想、有本领、有担当的社会主义建设者和接班人。只有这样，才能真正实现教育的根本任务，为中华民族伟大复兴贡献力量。

政治担当即关于政治责任怎么落实的问题，是政治责任的最终落点，具体体现在高校教师如何完成党和人民交给我们的使命和任务，如何担负起我们当前教育的任务和使命，如何培养出社会主义的建设者和接班人。

（一）担负起巩固社会主义意识形态的重任

要做到这一点就要帮助学生树立正确的价值观念。价值观是人在较长时间内形成的对人影响深远的一种思维或取向，价值观对人的成长发展有重要作用。有什么样的价值选择就有什么样的价值行为。社会主义核心价值观的出现是由于新的历史条件对我们的社会发展提出了新的要求，它可以在一定程度上回答我们今后发展的相关问题，是激励我们全党人民共同前进的一面精神旗帜。当下的社会环境中出现了一些不稳定的因素，国外的反动势力和意识形态通过各种各样的方式对我国进行渗透，而且青年学生正处于思维方式与思考方式确立的关键节点，这些价值观念会对学生的价值观念造成巨大的冲击，这在很大程度上阻碍着我国意识形态的发展。面对这种挑战，我们有必要对学生进行社会主义核心价值观的教育，确保社会主义意识形态的主导地位。再者社会经济的快速发展也带来一些突出的矛盾，我们很难平衡发展的速度与质量之间的关系，经济发展速度的提升相对会导致思想观念的落后，这是我们不愿意看到的现象。利己主义和功利主义在青年学生中传播开来会带来不好的影响，影响学生的健康成长。为了完成我们立德树人的根本任务，高校和高校教师必须将社会主义核心价值观融入我们的教学活动中，不断引导学生担负起时代赋予当代青年的历史任务，在前进的路途中不迷失方向。高校教师要把自身的思想理论素养提高，做好学生的思想工作，树立起来学生对于祖国的热爱之情，发挥社会主义核心价值观的精神感召力，突出把个人工作寄予伟大的社会主义事业的重要性。将社会主义核心价值观的内容具体化，结合实际将社会主义核心价值观讲透，高校也要通过各种途径传播社会主义核心价值观，发挥高校对学生的熏陶作用，潜移默化改造学生的世界观，让学生把青春的汗水挥洒到祖国需要的每个角落，切切实实地把思政课教师的政治责任落到实处、干到实处。

（二）肩负起培养时代有为青年的使命

高校教师是理论阵线的直接传导者，高校是教学的第一阵地。我们在课堂上通过知识的传递教导引导学生树立正确的价值观，学习正确的科学文化知识，从而培养他们成人成才，这是我们教学的根本路径。教师自身要提升自我的业务水平，增强课堂的感染力和专业性，进一步丰富自己的教学手段，创新教学方法，提高自身的文化输出能力，通过寓教于乐的方式让学生感受课堂魅力，把教学知识和人生道理讲清楚讲明白，不断满足学生的成长需要和期待。实践给了高校教师最宝贵的养分和素材，因此，教师要努力学习最新的理论成果和知识，将实践成果与理论相结合，在教学实践中传递正确的价值观念，把实践中丰富的人物事迹和经验传递到课堂中，让学生真正树立起来爱国热情，真正理解党的方针政策。这样才能培养学生的社会认同感，让学生成长为具备责任感和使命感，为国家的繁荣昌盛而奋斗的坚实力量，做到与时代同命运、共呼吸。政治责任最终落脚点还是在实践中去感受它的力量，即让高校教师在丰富的实践内容中去感受政治责任。在自身的实践过程中，身为高校教师要时刻反省自身能不能做到言行一致，能不能做到知行统一，把自身的政治责任落到自己生活工作的每一处，从内心建立起对于政治责任的担当，做到言传与身教相统一，教师想让学生成为什么样的人，自身就先得成为什么样的人，不能仅停留于表面与口头的说教。教师要时刻自省，在关于党的最新理论成果与时代发展的重大课题自己是不是真懂、真信，并且愿意把思想层面的理论在实践当中践行。思政课教师要把爱党爱国爱社会主义深入自己的日常生活中去,课上课下的一言一行都要严格要求自己,规范自身的行为,承担自身的政治担当。

第四节　高校教师政治责任现状

政治责任是教育者应当具备的最基本的素质,是教育者素养的核心。高校教师要履行好自己的职能,就应该具备良好的政治素质①,要把高校的政治责任要求放在第一位,凸显政治责任的重要性。现采用问卷调查法进行数据收集,以求进一步探究目前高校教师的政治责任的培养工作。

一、高校教师政治责任现状调查

（一）高校教师政治责任的样本分析

为尽可能收集更多的数据,反映样本的真实情况,本次的问卷以网络问卷的形式进行收集。本次调查以高校教师为选定的调查对象,高校选择范围为 Y 省。Y 省有本专科层次高校 78 所,其中本科层次较少,有 33 所。本次的问卷调查以本科层次的思政课教师为主,问卷覆盖 9 所本科院校,共发放问卷 411 份,回收问卷 391 份,问卷回收率 95%。再对收集的调查问卷进行甄别,剔除无效问卷后,获得有效样本 382 份,有效率 98%。

这次的调查所选样本限定在高校教师这一层级,是基于以下考量。高校教师是我国专业技术人才队伍的重要组成部分,是新时代推动党和国家教育事业发展,也是助力高层次人才培养的重要力量。为选择更加具有合理性的样本,增强数据的可靠性,现需要对调查主体进行背景调查。高校教师为高素质专业化强的教师队伍,相对于高校其他专业教师来讲,层级划分明显,因此采取针对性问题进行调查。结合

---

① 陈万柏,张耀灿. 思想政治教育学原理（第三版）[M]. 北京：高等教育出版社,2015.

这次问卷的需要，本研究从教龄、职称、党龄这三个方面进行样本分析。

表 2-1　高校教师样本统计情况

单位：人

教龄	0—5 年	6—10 年	11—15 年	16—20 年	20 年以上
人数	67	128	114	37	36
职称	助教	讲师	副教授	教授	—
人数	81	157	105	39	—
党龄	0—5 年	6—10 年	11—15 年	16—20 年	20 年以上
人数	13	135	176	27	31

在性别维度上，本次共采集到男教师 134 人，女教师 248 人。如表 2-1 所示，在教龄层次上，6—10 年教龄区间的教师人数最多，共128 人，其次是 11—15 年教龄的有 114 人，0—5 年教龄的共 67 人，16—20 年教龄的 37 人，20 年以上教龄的人数为 36 人。在职称层面上，讲师的人数最多有 157 人，其次是副教授 105 人，助教人数为 81人，教授人数为 39 人。从教师的党龄分布来看，党龄在 11—15 年的人数最多，为 176 人，分布最少的为 5 年以下党龄的教师。因此，从收集的样本数据中可以看出，采集的信息符合高校教师的一般特征，而且所得到的样本数据的分布情况也基本符合从中间向两端缩小的样本分布趋势。这与实际教学活动中，高校教师的人员构成分布相符。而且样本的突出特征为都为党员身份，党员教师的政治敏锐性强，这使得问卷的调查更能反映现状凸显问题，有助于对高校教师政治责任展开研究。

综上所述，在选定样本的控制发放下，所采集的调查样本具有较高的代表性，且 382 份样本的数量具有统计意义。针对样本人群所开展的相关调查及其调查结果，也能够在一定水平上很好地反映高校教师的政治责任现状。

（二）高校教师政治责任现状分析

现状分析是分析问题解决问题的出发点，是帮助我们解决问题的重要一环。只有完成对目标问题的数据收集，对目前高校教师的现状发展进行研究，才能发现问题所在，并针对具体的问题展开调查与分析。可以从政治责任构成的三方面来对目前高校教师的政治责任现状进行分析，以政治责任的概念为切入点展开问卷调查，以便针对现状的具体发展情况，为接下来的原因分析提供依据。

1. 高校教师的政治立场情况

政治立场是思政课教师政治责任落实的关键一步，是素养落成的起点。高校教学目的不仅仅是培养合格的公民，更重要的是培养中国特色社会主义事业的合格建设者和可靠接班人。思政课教师要向学生充分讲述马克思主义立场、观点和方法，阐释中国共产党治国理政理念，就必须有坚定的政治立场，才能在大是大非面前保持清醒，始终站在党和人民的立场上，时刻同党中央保持高度一致。教师必须从意识形态上明确我国高等教育的指导思想、站稳政治立场，把握立德树人的新时代内涵和任务要求，系统学习并消化中国共产党的理论思想成果。尤其是现在，国际形势比较严峻，西方国家借助网络等各种力量和形式抹黑中国政治经济和文化，力图以意识形态干扰和破坏大学生的价值观，严重影响我国哲学社会科学的创新发展。作为思政课教师，要站稳政治立场，树立正确的人生观、价值观，在教书与育人中以身作则，引导学生站稳政治立场，坚持弘扬主旋律传播正能量，引导学生积极向上。所对应的问卷调查结果如表2-2所示。

表 2-2　高校教师政治立场调查情况

单位：人

问卷题目	非常符合	基本符合	大致符合	比较符合	不太符合
您有坚定的共产主义理想信念，能够以之作为行为准则和终身奋斗的目标	101	143	55	47	36
您非常了解高等教育的根本目标	92	138	77	45	30
总计	193	281	132	92	66

从表2-2可以得知，选择"非常符合"与"基本符合"的人数占

据数据的绝大部分，整个数据呈现从"基本符合"向两侧减少的趋势，其中，选择"非常符合"的人数总计为193人，选择"基本符合"的人数281人，有132人次选择了"大致符合"，排在最后的两项是"比较符合"的人群与"不太符合"人群，选择"不太符合"的占比最小，总共有66人次选择。若以"大致符合"这一项为分界线，整体来看高校教师的政治立场坚定，但需要注意的是选择"不太符合"选项的也有一定人群，说明有部分教师的立场不坚定，自身的政治立场处于摇摆状态。为直观表现高校教师的政治立场情况，绘制柱如下形图。

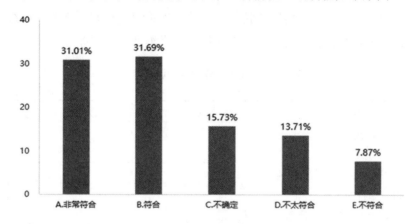

图 2-1　您深知高等教育的重要任务是"为党育人、为国育才"

如图 2-1 所示，在关于这一问题的回答上，思政课教师的整体认同感偏高。有六成以上的人选择的是"非常符合"与"符合"这两个选项，而且选择这两个选项的人数基本相当。结合以上图表可以发现，绝大部分高校教师的政治立场坚定，整体表现积极，只有很小一部分教师的政治立场不太明确。

2. 高校教师的政治信仰情况

信仰是行动的方向、力量的源泉。中国高等教育要回答"培养什么人、怎样培养人、为谁培养人"这一终极之问和根本问题，首先就要明确由谁来培养人。培养人才必须方向明确，这就要求教育者有坚定的信念和操守。坚持社会主义大学的办学属性，对于思政课教师而言，信仰是坚定其对职业及相关生活方式的执着认同，为他们提供强大力量，自觉抵制各种诱惑。高校教师是学生成长成才道路上的引路人，有什么样的教师就有什么样的教育。担负着塑造学生灵魂的时代重任，高校教师的信仰会极大地感染到学生。高校教师必须要拥有坚定的马克思主义信仰，能够在日常的教学与生活中运用马克思主义的观点与方法来解决问题，要在思想上不断树立崇高笃信的政治信仰，做一个拥有坚定政治信仰的好老师。

高校教师的信仰会反映到自身对于政治理论的认识程度，问卷采取五元素量表法进行问题的收集，对政治理论程度从非常符合、基本符合、大致符合、比较符合、不太符合 5 个维度进行测评。

表 2-3　高校教师政治信仰调查情况

单位：人

问卷题目	非常符合	基本符合	大致符合	比较符合	不太符合
您会经常地进行政治理论的学习与探索	104	124	82	45	27
您目前在政治理论层面拥有自己独特的见解	92	125	80	55	30
您的政治理论学习有计划、有系统，有广度有深度	129	97	77	47	32
总计	325	346	239	147	89

从表 2-3 可以得知，在政治信仰方面，数据大都集中在前两项的"非常符合"与"基本符合"。具体来看，"非常符合"的人数总计为 325 人，选择"基本符合"的人数为 346 人，接下来是"大致符合"的人数，排在最后的两项是"比较符合"与"不太符合"。从表格统计的数据来看，总体上高校教师的政治理论水平较高，大部分人掌握情况较好。信仰问题的归根结点要落在自身的实践过程中，为表现这一特质，设计如下问题，如图 2-2 所示。

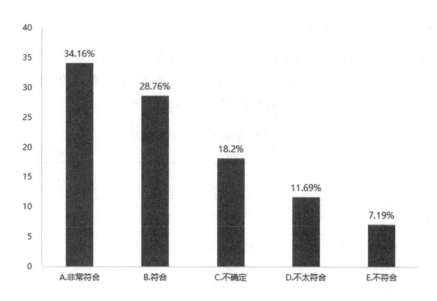

图 2-2 您在日常生活中会经常讨论政治和时事，具备政治敏锐性

结合图 2-2 可以直观地看出，有 34.16% 的思政课教师认为自身在日常生活中会经常讨论政治和实事，具备很强的政治敏锐性；有 28.76% 的教师在这一问题上选择了"符合"的选项；而只有 7.19% 的教师认为自身不能在日常生活中讨论政治和实事，不具备政治敏锐性。上图与表格反映的信息可以说明绝大部分高校教师对政治具有足够敏锐度，拥有较强的政治理论修养，政治信仰坚定。

3. 高校教师的政治担当情况

政治担当是一个长期的过程，需要的是思政课教师持之以恒的坚持，必须将信仰落实在行动中，才能担负起自身的政治责任。高校教师作为学生精神世界的领路人，不仅要在思想上坚定马克思主义，更要在行为上践行马克思主义，切实做到言行一致、表里如一。要坚持不懈传播马克思主义科学理论、坚持不懈培育和弘扬社会主义核心价值观，帮助大学生建立科学信仰，承担起国家、民族和时代赋予高校教师的光荣使命。

教师作为教书育人的第一线，需要对受教育者进行理想信念的教育，需要不断进行教育知识的输出，但这里需要注意一个问题，即思政课教师身为教育理论的传播者，自身能否做到言行一致，能否将课堂中的理论与课下的行为统一起来。要努力跨越知道与做到的鸿沟，如果教育停留在理论层面而不去实践，最终将无法达到教育的深化，本次的问题设计从实践的观点出发，设计问题如下。

表 2-4　高校教师政治担当调查情况

单位：人

问卷题目	非常符合	基本符合	大致符合	比较符合	不太符合
您能经常性地对学生进行理想信念方面的渗透教育	117	128	81	34	22
您深知自身肩负着开源活水、立德树人的政治担当	106	134	76	39	27
总计	223	262	157	73	49

从表 2-4 可知，选择"非常符合"与"基本符合"的人数占据数据的绝大部分。其中，选择"非常符合"的人数总计为 223 人，选择"基本符合"的有 262 人，有 157 人次选择了"大致符合"，排在最后的两项是"比较符合"与"不太符合"，选择"不太符合"的人数最少，为 49 人。以"大致符合"为中间分界线，可以看出数据大多集中在左侧区域，高校教师的整体水平较高。高校教师的担当具体还体现在教学活动中，下图即可以清晰地反映出思政课教师在教学活动中的政治担当情况。

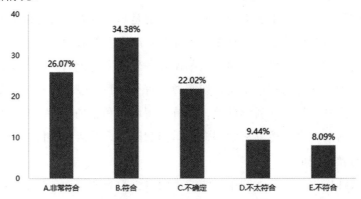

图 2-3　您会从中国特色社会主义的伟大实践中遴选课堂素材进行知识点的讲授

图 2-3 显示，"非常符合"这一选项占比达到 26.07%，其次是"符合"的选项，两者占比达到总数一多半，可以发现教师在课堂中运用的中国特色社会主义元素较多，从一定的侧面角度反映出高校教师的政治担当情况。但仍然有部分教师在课堂中与政治理论的元素结合较少，说明高校教师还需要在课堂中加强自身的政治担当的落实。

二、高校教师政治责任问题透视

根据调查问卷的结果分析得知，高校教师的政治责任中还存在一些问题，这些问题进一步阻碍着高校教师政治责任的提高，其中包括教师在理论层面的认识不足和信仰不坚定等问题。但问卷总体结果反映出高校教师的政治责任是积极的正面的，下一步要从反映的问题中寻找差距，根据问题提出相对应的解决办法。

（一）部分教师的政治立场需要加强

现在我们正处于历史转变的关键时期，在前进的道路上必然会遇到更多的困难和挑战，而且现在世界的局部动荡不安，一些不稳定的情况时有发生，这给我们党的执政带来了诸多考验。面对时代所提出的难题，教师必须将自身的政治立场站稳并且站牢固，在复杂的社会环境中看清我们的发展方向，看清楚中国特色社会主义的强大生命力，唯其如此才能在重大事件面前保持头脑清醒。教师承担着为社会主义培养时代新人的重要职责，要用清晰的站位对青年学生进行思想教育，为学生答疑解惑，帮助他们树立正确的世界观和人生观。通过高校教师的政治立场情况进行调查，可以佐证以上观点。

表 2-5　高校教师立场调查情况

分类	很多	较多	一般	较少	很少
您身边有出现过教师抱怨党和国家政治制度抹黑国家的行为	27 人	63 人	106 人	149 人	37 人
所占比例	7.19%	16.63%	27.87%	38.65%	9.66%
您身边部分教师有传播西方价值观念与民主思想的行为	28 人	71 人	115 人	125 人	43 人
所占比例	7.42%	18.65%	30.11%	32.81%	11.01%

由表2-5可以发现,针对上述两个问题的回答,大多数集中在"一般"与"较少"选项上。具体来看,在第一题的选项上,超六成的高校教师选择的是"一般"和"较少"这两者,第二题的表现与第一题一致。可以从上述两题的表现看出,在高校教师的队伍中,有极少数人存在行为不规范的问题,底线立场问题需要进行纠正。底线思维是每个高校教师都需要拥有的,守住底线是对于高校教师的基本要求。

（二）部分教师的政治信仰需要加强

高校教师自身必须具备扎实的理论基础。政治信仰来源于对于理论知识的充分认知,有认知的基础才有可能产生认同感,进而树立坚定的理想信念。在教育教学的过程中,高校教师作为主导,肩负着对学生的意识形态和思维方式建设培育的重任。要帮助树立学生的理想信念,思政课教师必须首先拥有信仰,要用马克思主义的信仰帮助学生去认识世界,探寻世界的规律,更好地理解我们选择社会主义道路的正确性,让理想信仰在心中生根发芽。但在实践的过程中,一些教师的理论素养还不够,信仰还未真正地筑牢。理论知识的不足不仅意味着教师在教育教学的过程中不能很好地传递正确的价值观,也意味着教育者本身就很难树立起对政治责任的充分担当。

表2-6 高校教师政治理论调查情况

分类	非常符合	基本符合	大致符合	比较符合	不太符合
您有每天看《新闻联播》的习惯	27人	78人	125人	115人	37人
所占比例	7.19%	20.45%	32.81%	30.11%	9.44%
除参加学校组织的学习外,您平时会主动抽时间学习政治理论知识	30人	76人	140人	98人	38人
所占比例	8.09%	19.78%	36.63%	25.62%	9.89%
分类	经常	有时	很少	偶尔	—
您会经常性阅读马克思主义理论方面的著作（相关专业课教参除外）	40人	115人	156人	71人	—
所占比例	10.56%	30.11%	40.67%	18.65%	—

从表 2-6 可以看到，在关于是否每天都有看《新闻联播》的习惯这一问题上，有 32.81% 的高校教师选择"大致符合"，有 30.11% 的高校教师选择"比较符合"，只有不到 30% 的高校教师表示有经常看新闻的习惯（选择"完全符合"与"基本符合"的选项）；对于在学校组织的学习外，主动抽时间学习政治理论知识这一问题上，有超过七成的高校教师表明会较少参与这一行动（除去选择"完全符合"与"基本符合"的高校教师）；有 58% 的教师不能经常性阅读马克思主义理论方面的著作（其中"很少"阅读的占比为 40.67%，表示"偶尔"阅读的占比为 18.65%），只有 10.56% 的思政课教师选择了"经常"阅读著作这一选项。由表 2-6 的数据可见，部分思政课教师的政治理论修养不够，未能很好地将自身的优势放大，这也意味着在日常的教学活动中高校教师很难把课堂的理论讲深，问题分析得不透彻就不能回答学生的困惑与社会关切。信仰的塑造是建立在相当的理论素养上的，要拥有一定的政治理论知识才能坚定自身的政治信仰。这要求思政课教师要进一步提升政治理论的认识，增强自身的政治信仰。

（三）部分教师的政治担当需要加强

高校教师的政治责任的实现依赖于行动上的落实。习近平总书记指出：传道者自己首先要明道、信道。[1]高校教师要在日常中的行为习惯中落实政治责任，让政治责任落实到自身的课堂与生活实践中。首先是在教学活动中。要保证课堂的教学质量，一方面需要教师自身夯实理论基础，这是由于课堂教学是一个不断输出的过程，教师需要大量的理论积累才能给与学生充足的养分；另一方面课堂质量的影响因素还表现在教师对于课堂整体方向的把控上，这要求教师课堂教学的方向必须正确，必须给学生灌输正确的思想观念，要坚持为社会主义培养人才的实际需要作贡献，这需要高校教师政治责任必须要强。另外，在自身的生活实践中，教师的一言一行都必须要符合对于教师的政治责任要求，要力争做到言行相统一，不能是只做理论的传播者而

---

① 习近平. 习近平谈治国理政（第二卷）[M]. 北京：外文出版社，2017：379.

忽视了自身的实践行动。马克思主义强调理论与实践的相结合，如果理论只是浮于表面没有深入实践，就不算对理论达到了深刻的认识。

表 2-7　高校教师政治责任落实情况调查

分类	非常符合	基本符合	大致符合	比较符合	不太符合
您在教学中有时只顾好教好书本知识，忽视育人的重要性	44 人	73 人	93 人	94 人	78 人
所占比例	11.69%	19.1%	24.27%	24.49%	20.45%
您的理论运用与实际脱钩，有时缺乏运用理论解决工作中问题的具体能力	52 人	70 人	95 人	92 人	73 人
所占比例	13.48%	18.2%	24.94%	24.04%	19.33%

关于高校教师政治责任落实情况的调研结果如表 2-7 所示，可以发现针对两个问题的回答中大多数都集中在"大致符合"与"比较符合"选项上。具体来看，在第一题的选项上，将近半数的高校教师选择的是"大致符合"和"比较符合"这两者，关于第二题的"您的理论运用与实际脱钩，有时缺乏运用理论解决工作中问题的具体能力"的回答，选项的比例分布大致与第一题的表现一致。从上述两题的表现来看，高校教师在政治责任的践行过程中存在一些问题，理论与实践存在一定的差距，自身的政治履行存在困难。造成这个问题的原因可能在于长期的教学工作使高校教师在教学的过程中缺乏主动的积极性，多了一些按部就班的习性，不再是像过去主动探求政治理论知识，特别是在学分制选课模式和课时压缩的背景下，与学生在一起的时间短了，师生之间的距离越来越远，就造成部分思政课教师对于授课浮于表面，很难在学生心中埋下建设社会主义的种子，很难影响学生的思想观念，帮其塑造价值观，政治责任的落实也就无从谈起。

三、高校教师政治责任问题成因分析

经过对调查问卷的数据进行分析，笔者发现了教师在政治责任出现的问题，为进一步提出培育路径，需要先对问题的成因进行分析。现从社会、高校和教师三方面着手进行分析。

（一）社会层面：政治责任的创设环境不足

环境对人的影响是深远持久的，人们所处的社会大环境会不声不响地影响处在这个大环境中的每一个人，从人们的行为习惯到思维方式，而且这种影响一旦形成就很难改变，往往会伴随人们的一生。"人创造环境，同样，环境也创造人。"①面对国内国外的环境，新中国成立之初摆在我们面前的问题就是快速发展起来，让自己的经济实力迅速提升起来，只有这样才能保证新中国的发展安全。党带领全国人民一起用自己的双手创造了我们属于我们的经济奇迹，但是快速发展过程中也出现了一些问题，这些问题的出现阻碍着我们社会的发展，一方面，人们的经济生活水平提高了，但另外一方面，人们的思想理论层面出现了相对落后的状态。人们追求个人利益的最大化，做事情、看问题都是先从自我的角度出发，衡量一件事情最重要的标准是"这件事情能给我带来什么，这件事情对我有什么好处"。享乐主义和拜金主义在社会蔓延，也不可避免地延伸到了教育领域。再加上网络时代信息的传输更加快捷，一些辨别力较差的学生就会受到影响。学生无法抵御外在精神上的巨大诱惑，大量的误导信息影响着学生正确的价值判断，这对于我们的教育工作来说是巨大的挑战，直接影响着课堂的教学效果，对学生的理想信念教育也会变得更加有难度。在这样的环境下，思政课教师的政治责任的培养就会遇到阻碍，少部分教师会出现信仰的动摇，对我们所选择的道路产生怀疑，而且这样的质疑会直接传导到课堂中去。况且，教师的职业具有特殊性，其所面对的是一批批的青年学生，会广泛地改变学生对世界的整个看法。思政课教

---

① 马克思，恩格斯. 马克思恩格斯选集（第1卷）[M]. 北京：人民出版社，2012：172-173.

师必须严肃对待自己的这份事业，在课堂中传播正确的思想理论。

（二）高校层面：学校的组织与领导能力有待提高

高校教师的政治责任的培养直接与学校相关，学校的组织与领导能力势必会影响到教师个人的责任培养，高校在日常的组织教学中要经常关注教师的素养培养，不能将关注点仅仅放在教师个人的教学能力上，而要考察教师的综合能力。高校对思政课教师政治责任的认识和重视程度影响着思政课教师政治理论素养的提升。思政课教师是高校当中的重要群体，高校工作的开展要在党组织的领导下进行，但目前高校在强化党对高校的政治领导方面存在缺陷，还需要进一步增强党组织的政治能力，保证高校党组织的凝聚力与向心力。基层党组织的监管不到位，学校的党日活动不能够很好地落实，不能使思政课教师在培训过程达到应有的效果。学校的基层党组织没有充分发挥战斗堡垒作用，这些都是阻碍高校教师政治责任培养的因素。基于这些原因，高校要充分发挥高校党委教师工作部在教师的政治工作中的作用，不断加强学校对高校教师政治责任的重视，加强对思政课教师的思想政治引领。另外，高校对思政课教师的考评体系不健全也影响到了思政课教师政治责任的形成。目前教师的考核评价标准还在完善当中，虽然脱离了单纯地依靠教学成绩进行考核，但是考核体系还并不完善，对于高校教师的政治责任的考核较为模糊，没有关于高校教师考核的严格规范。许多高校的考核体系还是存在"唯论文至上"的设置，不注重考核的周期性评价，导致思政课教师过于追求学历、职称、奖项的提高，在教学的活动中往往感到乏力，教学的时间与自身的价值提升产生冲突，会让育人效果大大衰减。而且高校对于思政课与思政课教师的重视程度也不够，现在全国高校中理工类的大学居多，大量的经费与资源都在向理工科倾斜，虽然目前环境中我们强调要提高对思政课的重视程度，但一些大学认为思政课的见效缓慢，回报比例低，不愿意在思政课上面进行投入，思政课教师的发展受限，素养提升缓慢。对此，学校应该进一步丰富考核评价体系，对相关内容进行完善，高校要针对以上出现的情况进行修正，对可能阻碍思政课教师提升的因素进行调整，让思政课教师进一步提升自己的政治责任感。

（三）教师层面：高校教师自我提升意识不强

教师是一份受人尊敬的职业，我们国家对教师这一职业非常重视。然而部分人当初选择这份职业的原因并不是职业带来的荣誉感和使命感，一些人认为教师是一份体面而且稳定的工作，他们看重的是这份职业带给自身的便利作用，比如教师的寒暑假和体制内的那份安稳。许多人埋头考试进入这个教育系统后，一旦没有了目标，自身就会有懈怠的情绪，放松了自身的学习，没有了对这份工作的敬意。除非有外部力量助推自身的学习，不然很难会积极主动地去提高自己，这在很大程度上影响了教师自身综合素养的提高。其次是高校教师个人很难平衡教学与科研的关系。最近几年来，我们的高校教师队伍逐渐壮大，许多年轻的教师也加入了这个行列。但是值得注意的是，许多学校都对新进老师设定了培养规划方案，学院的发展需要新生力量的注入，需要他们的快速成长，许多年轻教师面临着教学与科研的双重压力，教师不单单是备好课、讲好课那么简单，课下也得做好自己的科研工作，教师职称对发表论文的数量和质量有明确的要求，对参加的课题或学术会议也有相对应的要求，这就要求高校教师既要关注学术的成长还要做好自己的科研工作，科研和教学两方面都需要投入时间与精力。很多教师往往无法同时兼顾，很难去平衡教学与科研的时间分配。而且，在一定程度上，教学与科研存在矛盾的地方，教学与科研所需的能力不同，对于教师的要求不同，科研与教学脱节，教学对于科研没有帮助，科研对于教学来讲也是额外的负担。再者许多教师还需要处理家里的事务，生活压力很大，时间被不断挤压，有时草草地完成教学任务与课程目标后就忙于生活，忽略了对自我提升的要求。高校教师政治责任要提升，最关键的还在于教师本身的自我约束力，教师要充分发挥主观能动性进行自我完善，不断提升自己。

第五节　高校教师政治责任的践行路径

在关于中国特色社会主义教育发展道路的论述中，习近平总书记指出："我们要认真吸收世界上先进的办学治学经验，更要遵循教育规律，扎根中国大地办大学"，要"贯彻新时代中国特色社会主义思想，坚持社会主义办学方向"。①坚持党对社会主义事业的领导，坚持高校为党和人民办学的宗旨，是我们现在以及未来继续办好人民满意的大学的必然要求。高校教师能否履行好自身的政治责任直接决定着社会主义大学的办学效果，要通过多种途径提升政治责任，努力当好社会主义大学建设的排头兵。

一、形成有利于高校教师政治责任提升的社会环境

（一）营造社会风尚为提高高校教师政治信仰创设环境

风尚或者说社会风尚，是指一个在特定的社会中广大人民群众在思考什么、追求什么以及由此所产生的社会风气或社会时尚。在社会的发展进程中，社会风尚兼具被决定性和决定性两种属性。就是说，一方面，社会风尚是被决定的，是被特定社会的道德内在决定的，是社会道德的外在的感性的呈现。另一方面，社会风尚形成后，又会反过来影响一个社会的道德塑造，强烈地影响着人们对是和非、正和邪、美和丑的判断与认识。社会风尚的形成离不开人民群众的参与和监督，人民群众是公共权力的所有者，是变革社会的巨大力量，整个社会的良好风气必须由人民来带动，由人民来监督。因此，须推动全社会对政治责任的重视和认同，加强思政课教师的政治责任建设，要在全社会培育良好的社会风尚，把良好的社会风尚作为推动政治责任形

---

① 习近平. 习近平在北京大学师生座谈会上的讲话（全文）. 中华人民共和国中央人民政府门户网站. https://www.gov.cn/xinwen/2014-05/05/content_2671258.htm[EB/OL]. 新华社

成的重要推动力，不断激励一代又一代人民坚定理想信念、厚植家国情怀。为此，我们可以加强宣传高校教师履行政治责任的优秀事迹，充分利用中央和地方的主流媒体以重大节日或重要事件为契机①，通过电视、网站、报纸、杂志等宣传平台，全方位立体化地宣传优秀思政课教师的先进事迹，增强社会影响力。例如借助国家对高校教师影响力人物的评选或者在教师节之际制作关于优秀教师事迹专题报道，激发高校教师群体的政治担当。各主流媒体可以在深度挖掘优秀高校教师典型事迹的过程中增进社会对于政治责任的认同感，同时发挥名师的示范带头作用于无形中感召广大高校教师。

（二）有效制定政策为加强教师政治责任提供依据

《孟子》中提到"不以规矩，不能成方圆"，一个社会制度的稳定运行需要规章制度的制约。我们的社会主义现代化建设也是依据美好蓝图的绘制，沿着规划的轨道不断走向民族的伟大复兴。高校教师的政治责任落实必然需要相关规章制度与法律法规的约束，高校教师的政治责任需要在相关政策与制度的保障下运行，以便更好地对高校教师的政治责任进行监督，督促高校教师不断完善自身的政治责任。这样能够及时地发现高校教师在政治责任落实过程中的问题，推动新时代高校教师政治责任顺利地实现。国家需要对高校教师的政治责任的落实搭建平台创造条件，可以出台相关指导文件，使高校教师政治责任在有关政策的指导下有章可循。②但在政策的落实过程中也必须警惕一些问题的发生，让政策的落实不打折扣。首先，政策的落实不能照搬以前的工作经验和方法，根据具体问题采取合适的解决办法，要特定分析高校教师在政治责任落实过程中面对的困难，摸清问题的底数，要深入了解各个高校在政治责任落实中的具体难处，不同学校可以根据政策进行适度的调整。各学院要踏实建设课堂，充分利用自己

① 李童. 新时代高校思想政治理论课教师素养研究[D]. 甘肃：兰州交通大学，2021.

② 任艺. 新时代高校思想政治理论课教师素养研究[D]. 河南：郑州大学，2021.

的各种资源夯实自身建设，提升教师的政治责任，通过各方的统一协作，建立起教师对于政治责任的使命感与担当感。其次，高校要组织教师对政策进行学习，领悟政策的目的和精神，对政策的重点与难点进行讨论，提高政策的执行度，把政策的精神落到实处，保证高校成为立德树人的坚实阵地。

（三）完善激励机制为加强高校教师政治责任寻找支撑

当前对于很多高校教师来说，政治责任的要求过于模糊宽泛，没有很清晰的边界，缺少权威性的细则标准，虽然高校倡导教师努力提升自我的政治修养，并将其作为考核标准的主要条件之一，但是这样的激励条件诱导性不高，不能充分调动高校教师的热情。要出台国家层面的高校教师政治责任建设实施细则，使学校开展加强高校教师的政治责任有据可循，同时建立政治责任的建设奖励机制，将个人的政治责任变得可量化，具有可行性。一个完善的激励机制能够充分激发教师的积极性与主动性，有利于教师将个人目标与学校目标统一起来，更好地坚持学校党委的领导，落实自身的政治责任。激励机制的发挥在一定程度上也可以协调起学校内部人员的人际关系，增强学校的凝聚力与向心力，更好地方便高校各项工作的展开，促进学校的有效运转，高校教师也能够很好地落实学校的相关要求。我们要将教师的政治责任履行状况纳入高等院校教师评价的综合指标中①，采用物质奖励和精神奖励相结合的方式，对于在政治责任履行上具有突出贡献的教师，可以在职称评定方面给与一定的倾斜，最大程度发挥激励机制的作用。

二、提升高校对教师政治责任提升的统筹能力

（一）加强高校基层党组织建设以坚定政治立场

基层党组织是坚持党的领导的坚强阵地，我们要充分发挥基层党

---

① 叶子凡. 新时代高中思政课教师素养提升研究[D]. 江苏：南京师范大学，2020.

组织的战斗堡垒作用。高校教师政治责任的提升有赖于党支部的发展进度和组织力度。基层党组织要首先严把政治关，坚决维护以习近平同志为核心的党中央的权威和集中统一领导，积极落实党的政策理论，把握好高校教师在科研教学中的重心。基层党组织是落实党的政策的重要一环，要充分学习党的相关理论，坚决贯彻执行党的各项决定，基层党组织要发挥自身的战斗堡垒作用，用强大的理论感召力坚定高校教师的政治观念和立场，让高校教师学扎实、学透彻，从而拥有内生的驱动力来影响自己的行为方式。要始终确保高校的社会主义办学方向，坚定不移地维护以习近平同志为核心的党中央，对高校教师在思想层面犯的错误及时纠正，预防高校教师可能出现的边缘化倾向，提高高校教师的政治自觉，充分强化自身的政治担当。基层党组织还要充分发挥党员的模范带头作用，调动高校教师的积极性，树立远大的理想信念。榜样的力量是无穷的，党员队伍的先进典型对于高校教师具有直接影响。我们要实现立德树人的根本教育目标，要为青年一代搭建构筑梦想的舞台，要成为不负人民的好老师，就要树立一批典型，发挥榜样的力量。要成为学生的成长路上的引路人，引导学生求真问学、树立远大理想，教育学生成为爱国爱党的社会主义建设者和接班人。形成良好的激励机制，让高校教师更好地适应新时代的要求，成长为专业素养高、政治领悟力强的好老师。高校基层党组织还要积极推进学习型党支部的建设，党的各项方针政策以及最新的理论成果需要各基层去落实并且应用到自身的学习和工作中，我们要加强党员的日常学习，把社会主义核心价值体系融入教育的全过程，高校教师在日常的学习中可以充分扩大自身的知识层面进而坚定信心，通过"三会一课"制度、民主生活会等措施，经常性地组织基层党支部的学习和活动，将措施常态化，不断地对高校教师进行政治塑造，让高校教师的积极性和创造性得到充分发挥。

（二）强化高校党委的全面领导以确立政治信仰

党政军民学，东西南北中，党是领导一切的。党是中国特色社会主义事业的领导核心，没有中国共产党的领导就没有伟大的中华民族的崛起和复兴。历史和现实的大量事实经验不断提醒我们，只有坚持党的领导才能实现中国梦，只有坚持党的领导才能引导人民走向美好生活。坚持和加强党对高校的全面领导是中国特色社会主义大学的本质特征。要提升高校教师的政治责任，就要充分发挥党的思想政治工作这一传统优势。思想政治工作就是党历代的"生命线"，要充分利用好这一优势，解决高校教师在思想立场方面的问题，高校党建工作必须要旗帜鲜明，坚定政治立场，我们正处于"两个一百年"的历史交汇期，面对新的任务和形势，要聚焦教育的根本问题，强化教师的政治责任。校党委要抓住高校办学的总方向，要办好人民满意的高等教育，立足为中国特色社会主义事业培养人才，打造更高素质的高校教师队伍，让高校教师认真讲好课，引导教师将中华优秀传统文化与教学内容相结合，厚植学生的爱国热情，让学生坚定文化自信。高校党委要在日常工作中加强对"四个意识""四个自信"的落实，在高校校园文化建设方面进行价值观念的输出，高校教师要主动进行学习和理解，自觉在政治立场和方向上同党中央保持高度一致。高校要经常性展开对党史学习教育的培训和研讨，组织高校教师进行学习，更好地贯彻习近平新时代中国特色社会主义思想，增强教师队伍的战斗力和凝聚力，不断完善党委的全面领导，实现全方位全过程的育人效果。

（三）完善高校教师的评价机制以落实政治行为

百年大计，教育为本；教育大计，教师为本。高校教师对于教育方针的落实，对于教学成果的最终影响是具有直接性、深远性的。要提升高校教师的政治责任，就必须对教师的评价机制进行完善。完善的评价机制与对于高校教师的政治责任落实意义重大，政治责任在实践中会不断产生新的问题，问题的发现依赖于一系列的评价机制，只有通过评价机制将高校教师实践中的具体情况反映出来，才能进一步加强政治责任的落实。政治责任的落实需要创新一定的方法。当前一些专业课教师在课程的教授中将注意力放在了具体知识的应用方面，没有及时发现自身思想层面发生的变化。导致自身的政治站位不强，容易受到各种思潮的影响。因此，要加大对于教师思想层面的考核，一个合格的教师不仅要拥有完善的知识体系，更加要拥有强烈的责任感和使命感，要拥有坚定的政治信仰，要深知我们的教育的出发点和落脚点，深知我们的教育要培养什么样的人，深知我们的教育需要什么样的人。这样我们培养出的人才首先是符合我们社会建设的可用之才，然后才是能够为祖国建设添砖加瓦的有用之才。

首先要明确政治责任的特点，要针对每个学校不同的教学情况，结合学校的特点，按照不同专业、不同门类的划分，采取针对性的分类评价标准。在关于评价的方式上，可以探索引进第三方机构进行独立评价，邀请外部的专家进行评审的参与，提高评审的科学性与公平性，注重个人陈述与团队评价相结合的方式，个人对评审专家与机构进行汇报，采用面试答辩与教师互评等多种灵活的评价方式，探索提高教师政治责任的方法。建立教师自我评估与学生反馈相结合的机制，鼓励教师根据反馈进行自我反思与改进。定期召开教师会议，分享评估结果和改进经验，共同加强教师政治责任的履行。同时，从奖惩的角度出发，要严格规范教师的政治行为，对在日常的教学与生活中存在的不规范的政治行为进行惩罚，将政治责任的评价纳入单设计划，注重考察教师政治责任的实际履行情况。在一定程度上适当延长考核期，设置科学的考核期限，把考核结果作为调整岗位、工资的依据。严格对高校教师的思想政治素质进行评价，把握教师考核的基本原则，突出社会主义的办学方向。要完善考核的评价方向。高校教师的努力方向不是仅仅围绕在职称、论文、学历这些方面。要努力成为有理想信念、让党和人民满意的高校教师。教师的职业道德和道德责任感直接影响其政治责任感。完善教师激励机制是培养教师政治责任感的关键一环，针对教师的表现，学校应设立多样化的奖励机制，如年度优秀教师、教学成果奖、创新教学奖评选等，激励教师不断追求卓越。此外，提供物质奖励的同时，精神激励同样不可忽视，可以通过表彰大会、宣传推广等形式，提升获奖教师的社会认可度，增强其职业荣誉感。教师的职业发展是激励机制的重要组成部分，学校应为教师提供继续教育和培训的机会，如参加学术研讨、专业发展课程、国内外交流等，不仅可以提升教师的专业素养，也能够增强其对教育工作的责任感与使命感。鼓励教师在教学之余参与科研项目，既能提高自身的学术水平，又能为学校发展贡献智慧。

（四）进行系统的政治理论培训以提高教师的政治责任感

在教育事业中，教师有着不可或缺的作用，其责任不仅在于传授知识，更在于引导学生树立正确的价值观和世界观。思想政治建设是教师履职的第一要义，因此，培养教师的政治责任感，首要的是进行系统的政治理论培训。思想政治教育被视为一切工作的生命线，能够有效引导教师理解国家政策、法律法规以及道德责任，确保他们在教学中具备良好的政治责任。

教育部门应统筹资源，设计并实施专门的政治理论课程，将国家的政治制度、法律法规、道德责任等重要内容纳入教师培训计划。这不仅有助于教师在理论上增强对政治的理解，也能够使其在实践中更好地落实国家的教育方针。通过系统学习，教师能够深入理解国家政策的背景及其对社会的影响，从而在教育实践中有效贯彻这些理念，提升教育质量。推动党的理论进校园、进课堂是实现这一目标的重要途径。为此，可以创新教材内容，使其更加贴近现实，涵盖时代发展中的新问题和新挑战。

为了进一步加强思想政治教育，教育部门应定期组织政治培训，并开展政治理论测试，以检验教师政治学习的成效。此举不仅可以评估教师对政治理论的掌握程度,还可以督促教师不断提高政治执行力。定期的培训和测试有助于营造良好的学习氛围,使教师在思想上不断更新、提升。完善考核评价体系,将教师的政治责任和政治执行力纳入绩效考核体系,能够有效激发教师积极履行政治责任。通过明确的考核标准,教师将更加自觉地参与政治理论的学习和实践,推动教育事业的发展。通过这一系列措施,教师的政治责任和政治责任感将得到有效提升,为学生的全面发展和社会的进步打下坚实的基础。

系统的政治理论培训是提高教师政治责任的关键环节。通过资源整合、课程创新和考核机制的完善,可以确保教师在教学中更好地贯彻政治理念,培养出具有道德责任感和历史使命感的学生。这不仅有助于提升教育质量,还能在更大范围内促进社会的和谐与发展。

三、增强高校教师政治责任的培育自觉

(一)厚植家国情怀,站稳人民立场

"我将无我,不负人民"是习近平总书记对人民的真情告白,我们党的根本立场就是坚持以人民为中心,这也是我们一切工作的出发点和落脚点,我们党的宗旨就是全心全意为人民服务。高校教师要把握好政治立场就要首先把国家与人民的立场放在首位,对于高校教师而言,人民立场的具体阐释就是坚持为人民的教育事业服务,始终站在人民的角度思考问题,要为了中华民族伟大复兴培养人才,着眼于实现第二个百年奋斗目标而努力。高校教师要"依靠人民",即高校教师要依靠广大人民的实践和经验。在我们的社会主义现代化的进程中涌现出了无数的人民英雄和感人事迹,也凝结出了广大人民的无穷智慧和伟大精神,党的奋斗历程告诉我们,只有人民才是我们走向胜利的根基。从我们党决定带领人民走向民族复兴的那一刻开始,人民的力量就已经凸显。我们党团结带领各族人民浴血奋战推翻日本帝国的统治,结束国民党政府的反动统治,夺取了新民主主义的胜利,到我们

接续奋斗完成社会主义改造走向中国特色社会主义发展的快车道，再到我们进入新时代以来发生的历史性巨变，这一切伟大的成就都是全党全国各族人民接续奋斗的结果。高校教师在课程实践过程中要充分汲取这种力量，将大量的事实和经验与课堂充分结合，丰富自身的课堂内容，充分感知人民的力量，在学生心中埋下以人民为根本的观念，让其内化于心、外化于行。高校教师还要"为了人民"，即高校教师要始终铭记教书育人的使命，心中要有国家和民族，努力承担起自身的国家使命和道德责任。人民教师为人民，要着眼于社会发展的实际问题，多学习新理论、新知识，以人格魅力引导学生做奉献祖国、服务人民的有志青年，不断对学生的灵魂进行塑造，为全面建设社会主义现代化国家作出新的贡献。

（二）完善政治理论，深化政治认知

习近平总书记说道："心中有信仰，脚下有力量。"①这个信仰是对中国特色社会主义的信仰，也是对实现中华民族伟大复兴的信仰。一个伟大民族必须是一个让人民充满信仰的民族。高校教师要想从根本上积极履行自身的政治责任，首先要确立自身坚定的政治信仰。这份信仰来自对党的百年历程的深刻认识，来自对中国特色社会主义的道路的充分信任，来自对马克思主义理论的全面理解。高校教师必须从自身出发，在内心中实现真正的认同，确立坚定的政治信仰。高校教师要始终同党和人民站在一起，要不断加强政治理论修养，积极学习有关党的理论成果。坚定的政治信仰是保证课堂质量的重要基础，也是高校教师的必备素质。高校教师要在日常的学习教学中坚定地把马克思主义信仰放在首位，突出课堂的思想教育作用，从党的奋斗历程中汲取力量。建党百年以来，是党带领全体人民走向了伟大的复兴道路，是党带领人民创造了一个又一个伟大的奇迹，我们建党百年以来最重要的经验就是坚持中国共产党的领导，坚持走属于中国人民自己

---

① 习近平. 在"七一勋章"颁授仪式上的讲话[M]. 北京：人民出版社，2021：2.

的中国特色社会主义道路。百年以来的辉煌已经证明并将继续证明坚持党的领导才是我们走向第二个百年奋斗目标的重要保证。高校教师也必须不断地汲取党的建设有关理论与最新理论成果，不断加强自身的政治理论修养，加深对马克思主义理论的充分认识，加深对中国特色社会主义理论体系的认识，坚持用马克思主义的理论的立场、观点、方法去分析问题、解决问题，要做到对马克思主义理论真懂真信真用。高校教师同时也要增强对中国特色社会主义道路的充分自信，积极培育和践行社会主义核心价值观，把社会主义核心价值观融入教育教学的全过程，承担起时代赋予的重任，牢记党和国家发展事业对高校教师的具体要求，坚持培育社会主义的建设者和接班人，坚定理想信念，切实做到言行一致、知行合一。

（三）贯彻教育目标，落实政治责任

实践是检验真理的唯一标准，要在行动中践行政治责任。高校教师要强化自身的政治担当，首先在教学中要把握教学的正确方向，课堂的侧重点不仅局限对专业知识点的概括与整理，还要更加注重对学生世界观、人生观、价值观的塑造，引导学生树立正确的个人理想，将个人的理想寄托于祖国的伟大建设进程中去。我们高校培养的人才都是要为社会主义建设服务的，学生要树立为人民服务的思想，我们的教育本身就是为治国理政服务的，高校教师必须要在教学过程中把握这个观念，积极在课堂中对学生进行引导，循序渐进、潜移默化地对学生的人格和品性进行塑造。高校教师还应该通过理论的学习进一步强化自身的政治担当，充分的理论学习有利于高校教师理解我们党和祖国的奋斗逻辑，加深对党的理论的学习和传播，真正从内心对党的理论做到认同，并且在实践中去运用和感受政治担当的使命感。教师要分给学生一碗水，自身就必须要有一桶水，要让学生在学习过程中理解和运用政治理论，高校教师就必须对理论做到充分的认知。在履行政治担当的过程中，高校教师还必须对自身的职业使命感有明确的把握，高校教师不仅仅是一份职业，还是一种信仰，对于中华民族伟大复兴的充分认可，是其终身奋斗的事业。高校教师是学生走向社会的最后一环，不能仅仅是完成自身的工作目标这么简单，还要有一份荣誉感和使命感，不仅教授学生知识，更重要的还是对学生价值观的引领，对学生的道德水平、思想领域的塑造，立德树人的根本目标第一要义就是要立德，一个好学生的标准不仅仅是体现在学习层面、专业领域，更重要的是人的品德高尚，拥有良好的道德修养。

高校教师不仅是知识的传播者，更是价值观和道德观的引导者，因此，强化其政治责任尤为关键。为此，教育主管部门应制定详细的教师政治责任规范，明确教师在教学过程中应遵循的政治原则和行为准则。这些规范应包括教师在课堂教学中如何处理政治敏感话题、如何引导学生形成正确的价值观等具体内容。

在处理敏感话题时，教师应遵循尊重、客观和公正的原则，确保课堂讨论的开放性和包容性。同时，教师需要具备引导学生思考和讨论的能力，使学生在分析问题时能够形成独立的判断。规范中还应明确教师在教学活动中应传达的核心价值观，如公正、诚信和道德责任等，以帮助学生树立正确的价值观。

建立健全的监督和评估机制是必要的。教育主管部门应定期评估教师在政治责任方面的表现，检查其是否遵循了相关规范。这可以通过课堂观察、学生反馈和同事评估等多种方式进行，确保评估的全面性和客观性。根据评估结果，教育部门应提供反馈和改进建议，帮助教师识别自身在政治责任履行上的不足，从而提升其专业能力和政治意识。

通过以上措施，可以确保教师在履行政治责任时有明确的方向和标准，使其更好地服务于学生的成长与发展。教师的政治责任不仅体现在课堂教学中，还体现在他们的言行举止上。因此，教育主管部门还应强调教师在日常生活中的表率作用，以促进学生全面发展。明确教师的政治责任及其规范，建立有效的监督和评估机制，将有助于提升教师的政治责任感和职业素养。这不仅是对教师的要求，也是对教育质量的提升，对培养合格的社会主义建设者和接班人具有重要意义。通过这些努力，教师将能够在新时代的教育事业中，扮演更加积极和重要的角色，为实现教育的根本任务贡献力量。

第三章　新时代高校教师道德责任——社会责任

　　习近平总书记关于教育、教师的重要论述，深刻阐述了教师的重要性，突出了教师的重要使命和责任担当。当前，我们比历史上任何时期都更加接近中华民族伟大复兴的目标，也比以往任何时候都更加期待高等教育实现高质量发展，对创新研究成果和精英人才的需求也比以往任何时候都更加迫切。在这一关键的新时期，国家繁荣昌盛、社会发展进步、高校体制运行等都需要一批有坚定信念、职业操守、学识涵养和专业技能等综合素质突出的高校教师，培养实现中华民族伟大复兴中国梦的主力军、为社会主义建设添砖加瓦的创新型人才。

　　"高校肩负着人才培养、科学研究、社会服务、文化传承创新、国际交流合作的重要使命。"①这"五大"职能的贯彻落实离不开高校教师社会责任的履行，必须将其融入高校"五大"职能实现的各个方面。党的十九届五中全会强调："要提升教师教书育人能力素质，增强学生文明素养、社会责任意识、实践本领。"②习近平总书记指出，老师肩负着培养下一代的重要责任，做好老师要有理想信念、道德情操、扎实学识和仁爱之心，要大力培养高素质专业化教师队伍。③"四有好老师"的标准，"三个牢固树立"和"四个相统一"等新要求，对于新时代什么是好老师、怎样做一名好老师进行了深入诠释，为新时代高校

　　① 中共中央，国务院. 关于加强和改进新形势下高校思想政治工作的意见[DB/OL]. 中华人民共和国教育部政府门户网：http://www.gov.cn/xinwen/2017-02/27/content_5182502.htm. 访问时间：2020 年 7 月 28 日.

　　② 冯玉军. 提升教师教书育人能力素质　培养高素质专业化教师队伍[DB/OL]. 人民网：http://edu.people.com.cn/n1/2020/1126/c1053-31945032.htm. 访问时间：2020 年 7 月 12 日.

　　③ 习近平. 做党和人民满意的好老师：同北京师范大学师生代表座谈时的讲话[M]. 北京：人民出版社，2014.

教师更好地承担社会责任指明了方向和路径。

第一节　概念界定

一、社会责任

人的本质是一切社会关系的总和，人的社会属性决定了在其生存和发展的过程中都不能脱离社会关系而独自存在。因此，每个人都必须承担为他人和社会服务的责任，这是教师作为社会个体所必须承担的，此外，高校教师职业的特殊性，使其作为社会中的特定角色还需承担更为重大的责任。因此，对高校教师社会责任的概念进行认真思考，并加以系统分析十分必要。

责任的基本含义包括两个方面：分内应做的事，比如潜心育人、爱岗敬业是教师的责任；没做好分内事而应承担的过失，比如因师德师风问题被"一票否决"。责任是指行为主体在不同角色中，对他人、社会和国家等应当承担的义务，是认识到自身要达到的某种行为的标准，是外部条件对社会人的外部约束和调节。当责任成为一个人逐渐养成的一种良好行为习惯，其就会在其履行某种责任时感到自豪和满足，在未能履行某种责任时则感到羞愧。

"知责任，明责任，负责任。"一代人有一代人的使命和挑战，一代人有一代人的责任和担当。新时代，我们要把使命放在心上，把属于我们的责任扛在肩上。总的来说，责任是多方面的，无论是遵守法律、维护法律，还是爱岗敬业、遵守职业操守，抑或是赡养老人、爱护子女，都是我们每个人必须要承担的责任。

社会责任这一概念起源于企业研究理论。1953 年，Bowen（鲍恩）首次提出，商业人士对社会的义务在于执行的政策、制定的决策、采取的行动要和整个社会的目标和价值相一致。1984 年，Drucker（德鲁克）提出，企业是"社会的器官"，企业应为满足社会或个人的某种需要而存在，在追逐利润最大化的同时，更应对社会承担相应责任。自此，社会责任这一概念随着企业社会责任的深入研究被广泛关注，并逐渐被运用于其他组织。

社会责任是指处在社会中的行为主体，因其特定的社会角色对社会整体的发展及其他个体或组织的生存与发展应当或必须承担的职责和义务，是每个社会成员对社会应有的担当。但并不意味着社会成员就必须肩负建设、发展和服务社会的全部责任，由于不同的社会分工，每个人承担不同的社会角色，承担不同的社会责任，社会成员各尽其职、各尽其责，共同促进社会的发展。个人在社会上的生存发展同样与他人有着密切联系，在这一过程中又会产生各种各样的责任关系，诸如国家责任、社会责任、家庭责任、职业责任等。因此，社会角色的选择使个人承担起为国家、社会和大众服务的责任。

二、高校教师社会责任

《辞海》对教师的解释是：作为学校教职工的教师，是随学校的产生而出现的，在中国古代，他们被称为"师"。《中华人民共和国教师法》将教师定义为："教师是履行教育教学职责的专业人员，承担教书育人、培养社会主义事业建设者和接班人、提高民族素质的使命。"教师选择了教育者这一社会角色，就应肩负促进社会发展的责任，还应承担作为特殊职业人应负的责任，彰显教育底色。因此，高校教师的社会责任体现为教书育人、学术研究、传承中华优秀传统文化、促进社会文明进步。这种责任是教师作为知识分子所具有的比一般群众更渊博的知识、更专业的眼光以及更深刻的思考等素养所决定的。

高校教师的社会责任是指教师作为行为主体，基于一定的物质精神利益和职业道德认知，以社会客观价值为评价标准，履行社会赋予其立德树人、学术研究、文化传承、服务社会等责任。这是一种以教师社会责任为主体，以教师法律责任和教师职业责任为准绳的行为规范。

马克思指出："作为确定的人，现实的人，你就有规定，就有使命，就有任务。"高校教师承担并履行一定的社会责任是其作为社会成员对社会应当承担的职责和义务，这要求他们不仅要有渊博的专业知识和高超的专业技能，还要具备强烈的社会责任意识。

立德树人是高校教师社会责任的基石。习近平总书记强调："人无德不立，育人的根本在于立德。这是人才培养的辩证法。办学就要尊重这个规律，否则就办不好学。"①立德树人是教育的根本任务，高校教师是立德树人的实施者。"立德"具有双重含义，既包括高校教师教育培养学生具备良好道德品行，又包括教师自身的道德示范；树人，就是培养党和国家需要的优秀人才。高校教师要自觉肩负起立德树人的使命担当，将教学与科研相结合、立德与树人相统一，按照教育规范和要求，联系学生实际，做好教育培养工作。立德树人也是言传身教的过程，高校教师的政治责任、道德情操、治学态度、工作作风等都潜移默化地塑造着大学生人格。因此，教师必须不断提高自己的职业道德修养，使自己成为学生的表率，增强立德树人的荣誉感和责任感。社会需要真正有思想的教师，做到以德为先、严谨治学，真正承担起立德树人的社会责任。

学术研究是高校教师社会责任的专业发展核心。在柏林大学首任校长费希特看来，学者的真正使命在于用学问的方式关注社会、服务社会，费希特心目中的学者不仅是知识的传授者、传承者，更是新知识的创造者。高校教师既要开展教学工作，又必须从事学术研究，从知识的拥有者、传授者变为知识的研究者、创造者。习近平总书记指出："提升自主创新能力……我国高校要勇挑重担，释放高校基础研究、科技创新潜力，聚焦国家战略需要，瞄准关键核心技术特别是'卡脖子'问题，加快技术攻关……推进产学研一体化。"②高校是社会科学文化知识创新发展的高地，社会发展需要高校提供重要的学术支持，高校教师则是开展学术研究的主导力量。学术研究是高校教师专业发展的核心，其目的和任务是追求真理、判别与审视人类既有知识以及探索发现未知领域，在研究过程中促进其专业知识不断增长、专业技

---

① 习近平. 在北京大学师生座谈会上的讲话[M]. 北京：人民出版社，2018：7.
② 习近平. 在教育文化卫生体育领域专家代表座谈会上的讲话[M]. 北京：人民出版社，2020：3.

能不断提升、职业责任感不断提高。因此，高校教师本人的职业发展、积极进行学术研究成为其重要职责，也是他们作为高校主体积极承担社会责任的重要表现。

文化传承是高校教师的历史使命。文化是一个国家、一个民族的灵魂。中华文化从早期的农耕文明开始，到近代中国革命的实践，再到新中国成立以来的社会主义建设和改革开放的伟大实践，在不同的历史发展阶段形成了源远流长、博大精深的传统文化，奋发向上的革命文化和承前启后、继往开来的社会主义先进文化，中华文化不同的表现形态，凝聚着中华民族共同经历的奋斗历程，蕴含着中华民族共同培育的民族精神。中国特色社会主义文化自信，就是对中华民族创造创新的中华传统文化、革命文化和社会主义先进文化的自信。这是我们中国人独特的精神世界，国家、民族和个人都应承担起属于我们的文化使命和责任。文化责任是一个国家、民族或者群体、个体对其自身文化传承、保存、发展与创新的当然责任。高校教师作为社会个体，理应承担起传承文化的社会责任。高校教师不仅是文化知识的传播者，也是人文精神的布道者和社会风貌的改良者，承担着文化加工与知识选择的职业责任，首先，高校教师应站稳三尺讲台，做好文化知识的传播，人文精神的弘扬，将中华优秀传统文化中仁爱、民本、诚信、辩证、和合、大同的世界观、人生观、价值观，革命文化中的革命理想大于天、全心全意为人民服务、实事求是、自力更生、艰苦奋斗的精神，社会主义先进文化中的中国特色社会主义共同理想和共产主义远大理想，马克思主义中国化的制度和理论成果、社会主义核心价值观，以爱国主义为核心的民族精神和以改革创新为核心的时代精神等进行赓续传承、创造转化和创新发展，增进文化认同、增进文化自信。其次，高校教师既要坚决反对历史虚无主义和文化虚无主义，也要反对全盘否定传统文化的非理性情绪和主张全盘西化的错误观点。再次，高校教师作为知识分子要有高度的文化自觉气概，充分提高自己的教学水平和研究能力，把优秀的文化内容作为社会文明进行传承，还须担负促进民族文化高度认同的社会责任，站在优秀文化传承创新最前沿，要自觉担当起维护和发展各民族文化的重任，做各民族文化相互促进的桥梁和纽带，并在这一过程中积极创造新文化。最后，高校教师要主动做文化自信的引领者、文化自觉的示范者、文化责任的践行者，促进中华文化的民族认同。要坚持古为今用、推陈出新，以社会主义核心价值观为体，以有利于我们发展进步的一切人类文明成果为用，创造发展具有真理价值和与时俱进的新文化。

服务社会是教师社会责任的现实需求。古人强调，"天下兴亡，匹夫有责""先天下之忧而忧，后天下之乐而乐""为天地立心，为生民立命，为往圣继绝学，为万世开太平"。教师是社会道德的示范者、社会风尚的代言人和社会思想的风向标。为社会提供智力支持是高校教师服务社会的主要方式。首先，人才培养是高校教师服务社会的核心内容。为了培养社会建设需要的创新型人才，办好人民满意的高等教育，高校教师应当提升社会责任意识、树立整体利益观念、弘扬社会主义核心价值观，潜移默化地影响和塑造青年学生的精神追求，培养中国特色社会主义建设者和接班人。其次，高新技术对社会发展和大众生活有着极大的促进作用。高校是科技创新的制高点，高校教师着力将学术研究和应用研究的创新型成果转化为生产力，对社会经济增长、社会结构优化起到重要的推动作用，从而促进社会持续、健康、协调发展。最后，知识性服务为社会大众提供有价值的信息。高校教师和科研人员对关键信息较为敏感，研究和洞察能力强，能够对不同载体上的各类信息进行较为迅速的甄别、收集和整理，并能根据社会和大众的信息需求开展相关研究，丰富并完善相应知识体系。

第二节　研究意义

教育强则国家强，人才兴则民族兴。高校教师是人类灵魂的工程师，在人类知识的传播过程中起到了精神引领的作用。高校教师相比于中小学和职业教育等教师有其特殊性：首先是教育对象方面，高校教师面对的都是大学生，大学生涯是他们成长的关键期，高校教师在他们走向社会之前起到关键的引导作用；其次是社会责任方面，高校教师作为站在时代最前沿的知识分子，除了教学任务之外，还有科研、传承创新文化以及服务大众等贴近社会的责任；最后是高校教师在完成本职工作的同时，也会影响到社会大众，从而对整个社会产生影响。

一、新的历史使命下对教师的基本要求

历史使命是社会发展赋予每一代人的重大责任和义务。社会责任是对历史使命的践行。党的十八大以来，中国特色社会主义进入新时代，机遇与挑战并存，实现中华民族伟大复兴的中国梦需要全国各族人民的共同努力。百年大计，教育为本。教育是民族振兴、社会进步的基石。实现教育强国是教师的使命和责任。新时代对高校教师提出了新的要求，《新时代高校教师职业行为十项准则》指出，教师要积极奉献社会，履行社会责任，贡献聪明才智，树立正确义利观；不得假公济私，擅自利用学校名义或校名、校徽、专利、场所等资源谋取个人利益。教育事业的发展离不开教师责任感的增强。教育事业的独特性要求教师必须具有强烈的责任感。高校教师只有承担起其肩负的责任，才能做好本职工作，潜心教书育人，才能促进教育事业的繁荣和发展，才能为国家、社会发展贡献力量。

二、对于推动社会进步、文明发展的作用日益凸显

高质量发展是全面建设社会主义现代化国家的首要任务，在这个时期，我们更加期待能够实现教育高质量发展，也更加需要一批有理想信念、有道德情操、有扎实学识、有仁爱之心的教师，切实承担起时代重任和时代担当。高校教师通过传授知识和本领培养更多的技能人才、能工巧匠和大国工匠，通过创新研究成果为科技发展积蓄动力，推动教育体系的发展，通过结合中华优秀传统文化，讲好中国故事、传播好中国声音来传承中华文化。"其身正，不令而行；其身不正，虽令不从。"教师由于其职业的特殊性，其一言一行对整个社会形成一种无形的指引力量，教师不仅应关注当下社会发展的需要，还应具有前

瞻性、引领性、超前性，为社会发展起榜样示范作用，为其持续发展创造新的机会和思路。在百年历史发展过程中，不同时期涌现出了不同的杰出教育家：钱玄同、刘半农、胡适等人推动了文化的普及，为彼时的国家、人民和文明带来了救亡之路；张桂梅、陈立群等教师则在乡村教育一线扎根，用他们的爱心和责任心呵护着贫困地区的学生们，帮助她们实现自己的求学梦想；还有于漪等教育家对教育事业充满热情和使命感的追求，不断推进教育进步、文明发展和社会进步。高校依托社会办学，必然需要履行相应的社会责任和使命，这也是高校立足于社会之必要条件。高校肩负的"五大"职能的贯彻落实离不开高校教师社会责任的履行。高校教师在国家、社会、公众当中起着榜样示范作用，他们自身的社会责任状况如何，如何培养其社会责任感，如何起到示范作用并且将其辐射到全社会，提升到影响全社会劳动人民的社会责任感的高度是亟待研究的重要课题。

三、解决大学生社会责任感缺失与个人主义滋生的必然之举

当前，我国处在中华民族伟大复兴的关键时期，实现伟大复兴的中国梦需要一代又一代青年的努力，时代使命、社会需求与学生的个人成长和奋斗目标同频共振。习近平总书记多次强调广大青年要把自己的理想同祖国的前途、把自己的人生同民族的命运紧密联系在一起，扎根人民，奉献国家。

随着信息化智能化技术的运用和发展，大学生能够快速地接受各类信息，开阔自身的眼界，但在多元价值观的影响下，一些学生受到错误思想的影响，被所谓的"普世价值""自由平等"等强势挤压，缺乏社会责任意识，价值观上主张个人主义。教师是社会的现实的人，作为教育者是社会人和教育者的统一，东汉许慎在《说文解字》中对"教育"进行说明："教，上所施，下所效也；育，养子使作善也。"具有强烈的社会责任感是一个教师最基本、最重要的素质。在教育活动中，高校教师会自觉或不自觉地将自己的立场、观点融入教学，对学生价值观的形成起到引导、熏陶、感染的作用，在与学生的日常相处

中，高校教师是否具有社会责任感以及如何起到榜样示范作用对于大学生社会责任感的培养至关重要。培养大学生的社会责任感、增强大学生承担社会责任的能力，正是高校教师社会责任的重要内容。高校教师面对的教育对象具有特殊性，即大学生正处于人生发展的关键时期，不只有中学时期的学业压力，还要面临走向社会的职业和家庭等压力。因此，高校教师除了对其进行必要的文化知识的传授之外，还需要在其走向社会之前对他们的职业规划和实践技能进行必要的指导和帮助，因此，社会责任感在高校教师身上体现得尤为重要。只有深入研究新时代高校教师社会责任理论与实践、明确其内涵与外延及建构路径，才能更好地为大学生指引前进的方向，为社会培养优秀人才。

第三节　相关理论基础

北京大学哲学系教授杨跃认为，当代教师身处复杂多变的社会环境、价值冲突和道德困境中，在对这一形势正确认知的前提下，责任伦理应成为教师进行价值判断的一个思考站位。敬畏生命，尊重价值，反思自我是责任伦理的基本要义。只有不断加强对高校教师社会责任意识的培养教育，大力提升高校教师对社会责任的承担能力，才能不断推进高校教育教学发展和师德师风建设。高校教师育人工作的最终目标是培养新时代社会主义建设者和接班人，而前提则是全面地看待人、了解人。马克思主义人学理论对人的本质丰富而深刻的洞见，是新时代高校教师承担社会责任的重要哲学基础和直接理论依据。感性的人、实践的人、有社会需要的人是马克思主义人学的三大命题。这启示我们要重视把握学生的认知心理规律，发挥劳动实践的教育功能，探索多元互动的教育模式。

一、责任伦理学方面

作为伦理学的基本范畴，责任本质上是对义务的认识和对认识到的义务的实践。康德认为责任是伦理学的中心，是一切道德价值的源泉，是对绝对命令的无条件服从，即做该做的事，每个社会成员都必须承担自己的社会责任。康德的责任伦理学的终极目标是实现人的自由，人要实现个人自由，增强个人尊严，就必须在行为上承担责任。台湾学者詹栋梁认为，教师的责任在于如何让学生成长为一个有责任感的人，引导未成熟的学生成长。社会责任是社会成员对社会应当承担的责任和义务，也是个人必须为社会付出而确保其在社会中生存和发展的要求。

从现实存在的角度看，教师的社会责任是指教师实际承担的各种社会角色所决定的全部社会责任，也是其基于不同社会分工所承担的角色义务。例如：对社会积极思想的传播与优秀文化的传承、对学校学术科研任务的推进、对学生优良德行与学习思维的培养以及对在家庭中上父母下育子女等责任的履行。这种社会责任与教师在理论和实践中其社会角色的定义有关，但并不局限于这种定义。它的发展和变化由复杂的社会因素和实际情况决定，该因素的变化会使教师的社会责任相应地缩小或扩大，而不以理论定义或主观认识为转移。

美国心理学家林格伦认为，社会角色和分工是基于我们对自己的期望，这些期望同时也是来自别人对我们期望的重要方面。所以教师的职业角色特点体现了社会对其能力素质的要求和教师对其自身承担社会责任的自觉意识。美国教育学者普里亚斯在《教师是许多东西》一书中用"引路人""教学者""榜样""探索者""使人现代化的人"等角色来描述教师的社会责任，专门探讨教师及其教育活动。教师的社会角色即意味着教师的社会责任，要求教师要对职业负责、为学生付出、促社会稳定、谋国家繁荣。因此对整个社会来说，教师的责任重大。

二、马克思主义人学方面

马克思主义人学理论强调"个人的全面发展"，以自由自觉的活动为出发点，明确提出了劳动异化问题——只有在共产主义社会中，劳动才能不异化，才能成为人的本质，我们才可以自由自觉地劳动。马克思认为，人与动物的本质区别在于人的社会性，并在《关于费尔巴哈的提纲》中指出：人的本质不是单个人的固有抽象物，实际上是一切社会关系的总和。马克思认为，人的社会性体现在实践过程中，人从自然人到社会人就是人不断发展和实践的过程。如果人没有社会性，就不能称其为完整的人。社会性是人成为人不可缺少的条件。

马克思虽然受黑格尔的影响，但二者对人的认识却不同，马克思认为人是现实中的人，是处在社会历史中的千万个体，是用劳动创造财富和用实践作用社会的人，而不是指抽象的人。在社会实践中，人用劳动生产物质资料以满足自身与社会发展需要，并在实践过程中形成各种新型社会关系。人通过实践劳动的方式满足需求、获得进步。因此，实践活动是人生价值的实现方式。马克思的人学思想将人从抽象世界拉回具体社会，超越了黑格尔与费尔巴哈关于人的认识理论，体现出历史唯物主义的突出特点。人的社会性及现实性认识从根本上解释了人的本质性问题，为人自由而全面的发展奠定了理论基础。国家和社会中各个方面的共同进步使生活在其中的个体实现"自由而全面的发展"，这也正是马克思主义人学思想的核心所在。

新时代高校教师的社会责任应突出人文精神，人文精神是新时代教师师德的基本内涵，"以人为本"是新时代教育的人文精神。它基于爱的教育，鼓励教师的自由发展，根本在于正确认识人、理解人、尊重人和信任人，积极开发人的心智，完善人的人格。高校"以人为本"的重要内涵就是要重视高校教师在教育教学过程中的合法权益，把教育事业与教师的自由、尊严和幸福等因素相联系，使教育事业的发展和教师个人的发展紧密结合起来。荀子有言："国将兴，心贵师而重傅。"同样道理，教育将兴，也应当尊重教师的劳动成果。只有这样，才会让教师获得职业满足感，并激发自身的积极性。教师不应仅仅做知识的传播者，也应是人文精神的布道者、社会的改良者，他们永远将自己最好的东西传递给学生。一个好的老师可以影响许许多多的学生，而这些学生又将影响他们的家庭，推而广之就是影响了整个社会。我们的社会需许许多多的有思想的教师，用思想的光辉照亮自己，照亮学生，更应用思想的光辉照亮整个社会。

第四节　高校教师社会责任现状

　　新时代对高校教师的社会责任提出了新要求，但由于各种主客观因素的影响，高校教师在一些理论和实践上的社会责任感有一定的不足，仍需全社会行动起来进一步完善。高校教师作为特殊劳动群体，对大学生和社会的影响力与号召力更大，所以应该对其有更高的要求，让其承担更多社会责任。

　　当前，我国高校教师社会责任的履行现状总体而言是积极的，他们大多都能明确自身的职业角色和责任使命，自觉遵守高等教育法规和教师职业规范，能够在工作岗位上踏实育人、严谨治学，积极以身作则，起到作为知识分子的引领示范作用。他们作出了巨大的贡献和牺牲，不负众望，为社会主义现代化建设培养了一大批优秀人才。例如吉林大学教授黄大年同志，生前始终把实现祖国繁荣、民族振兴、人民幸福作为自己的毕生追求，秉持着科技报国的理想，立足本职工作，教书育人、兢兢业业、敢为人先；卢永根教授夫妇则将毕生积蓄捐赠给华南农业大学，用于奖励贫困生和优秀青年教师。他们牢记使命，不负众望，无时无刻不以培养学生为己任，为祖国培养了诸多优秀人才。这些始终不忘初心，付出了毕生心血的优秀高校教师，推动了我国高等教育事业的发展进步。但由于高校教师职业的特殊性，作为自然人的他们同时也是社会人，不可能完全承担好社会赋予的所有责任，而且新时代更是对高校教师提出了更高的要求。因此对于高校教师社会责任承担不足的方面，需要高校教师以及全社会来共同努力、共同完善。

一、社会服务意识需进一步提升

　　随着新时代的到来，社会发展多元化，信息急速膨胀，高校教师作为特殊的职业群体，一般拥有较深厚的专业知识和发现社会问题的专业眼光，在社会上也有较大的话语权。因此，他们必须秉持立德树人的根本原则，对自身知识分子这一形象有清晰的认知，加强教学与科研培训，提升职业道德素养，培养高尚的师德师风，切实发挥出知识分子所具有的特殊作用。

一个人的信仰与其社会地位、人生经历、接受的教育及人生目标等息息相关，高校教师尤其作为共产党员的高校教师信仰的是共产主义，不是出于个人利益，而是出于社会的整体利益，它体现了共产党人在国家、民族和社会整体利益的发展中所追求的崇高精神境界和理想追求。著名教育家蔡元培认为，"知识分子应当具备独立的人格，追求思想的自由"，这一观点也是对教师的基本要求。因此高校教师应当利用自身所学更为专业、客观地培育社会主义良好风尚，坚持立德树人的坚定信仰，影响社会大众的思想观念。高校教师相对于中小学教师来讲，教育活动的范围更广、弹性更大，其自身的自由度相对较高，为了使高校教师更好地服务社会，需要对其社会责任进行规范。此外，于高校教师个人角度来讲，教学压力大、困难多、工资待遇水平较低等因素也影响高校教师的社会服务意识，正是因为高校教师工作的特殊性及其产生的广泛影响和作用，更应该在实践中提升其社会责任意识。而身为知识分子的高校教师，应认真反思现状并进一步提升社会服务意识，从而促进教育事业和整个社会的发展。

二、人才培养的价值引导需进一步加强

高校教师的教育教学目标一般会依据社会需要来培养社会储备人才和社会各个职业所需的专业型大学生。传授学生需要的知识和实用技能；指导学生阅读对未来职业发展有帮助的相关书籍；学习满足社会人才需求的专业技能；考取利于就业的资格证书。这些实用性的指导经验对学生的学习和职业生涯固然重要，但如果只强调知识和能力而忽视对学生思想意识和自主思考能力的引导，则无法达到立德树人的教育目的。

新时代大学生的主体意识普遍加强，学习的目的性较强，大都对实用性知识技能更感兴趣，更看重毕业之后的物质积累和事业发展，对自我价值的实现更加关注。如果高校教师在思想道德观念和价值判断选择上对其缺乏积极引导，他们的社会价值取向则容易偏离，甚至转向功利化。如果再受到一些社会功利主义思想的侵蚀，他们的价值观和道德观则无法达到一名大学毕业生应有的标准。具体表现为重实惠轻奉献、重个人利益轻集体利益，追求世俗化而缺乏社会责任感。由于高校教师教育活动的自由度大，为了保证高校以及学生更好地发展，高校教师要在教学过程中遵循思想性与科学性相统一，以德为先，严谨治学；在教学内容中渗透思想德育的知识；给予有不良价值选择倾向的学生充分的关注和引导。教学是需要教师理性与感性相结合的过程，积极正向的责任情感和正直科学的价值判断会让高校教师内心充满对学生未来发展方向的关心，在教学中也自然会传达出其自身的道德判断与价值观念，从而对学生进行思想引导和价值引领，教会其判断对错与辨析是非，从而树立正确的价值观。

三、与国际教育的交流合作需进一步增强

新时期提升高校国际交流与合作已成为不可逆转的时代趋势，国内高校要抓住机遇，利用国际文化交流进一步提高自身的发展建设和教学质量。新时代国家之间的竞争归根到底是人才的竞争，而人才的培养离不开教育。随着全面素质教育的推行，国内教育取得进一步发展，高校应把握这种有利局势，吸收一切先进学术成果和教育教学经验，让国内教育事业取得更大发展。

首先，一个民族要屹立于世界民族之林，其文化必须得到世界的认可。高校是世界多样文化交流碰撞的汇聚地，也是对外传播本国文化的前沿阵地，高校教师作为这一阵地的主体，一方面他们承担着传承民族文化的社会责任；另一方面，在高校参与国际交流与合作过程中，他们通过讲学科研、出国进修以及与外国留学生进行教学与交流等多种形式，宣传本民族的优秀文化，使中华优秀传统文化走向国际，成为世界文化的组成部分。其次，世界各国文化充斥其间，选择吸收

他国的何种文化，能否做到取其精华、去其糟粕，高校教师起着关键作用。因为他们作为学术精英，学有所成，对于文化的选择有自己独特专业的眼光，能够联系本国实际合理吸收国外的先进文化与教育经验，并将其科学地融入本国文化中，既有利于民族文化的更新与充实，又有利于社会文明进程的进一步发展。再次，高校教师还是科学研究创新发展的中坚力量，许多科研成果、发明创造都是高校教师与世界各国专家学者共同合作研究的结果，为世界科学技术的发展作出重大贡献。因此，高校教师承担着创新创造人类文明成果、促进科学研究发展的社会责任。最后，高校教师作为立德树人的教育者，也应当承担起培养社会人才乃至国际人才的重任。随着世界经济全球化的发展，各国联系日益密切，这就要求高校教师不仅能培养为本国社会发展服务的优秀人才，还要培养能为整个"地球村"服务的国际化专业人才，从而增强本国在国际社会发展中的竞争力。

四、教学科研成果的探索创新需进一步提高

在教育教学中，教学过程是教师与学生共同参与、相互进步的过程，学生可以在这一过程中获取知识，收获学习方法与实践经验。在实际教学中，高校教师不能继续沿用"满堂灌"的单向教学，只做文化知识的搬运工，向学生单纯灌输理论知识，而应当发挥自己的创新思维能力，启发学生的思维架构能力，鼓励学生积极思考、勇于探索，培养学生发现、分析和解决问题的能力，让他们在人生不同阶段、面对不同问题时有明确的指向和正确的选择。

大多数高校教师在知识点教学认知的指导下，采用传授讲解与单向灌输的教学方法，在不了解学生具体知识储备基础以及认知需求的基础上，将学生不熟悉的人和事导入教学，所教知识无法与日常生活联系，只是书本上内容的灌输，照本宣科，缺乏互动性和问题意识。在知识爆炸，知识触手可及的现代社会，浩如烟海的知识是不可能讲完的，只追求知识传授的数量，而不注重学生内化知识的程度和知识转化为能力的程度是舍本逐末的。在某种意义上，对学生进行考核是

学生学习的指挥棒，但部分高校教师在考核上做的并不到位，对学生有效思考能力的培养不充分，不注重日常考核，只侧重最终考核。这种考核方式会导致学生学习的目的是应付各种测试和考试，而不是以提高自己思考和解决问题的能力为目标。高校教师在教学工作中除了要保证所教内容的质量之外，还应当注意教学方法与教学手段的运用，要摒弃以往"满堂灌"的教学方式，善于学习运用现代化的教学手段与一些教学工具的使用，否则难以激发新时代大学生的学习兴趣。善于使用教学技巧的教师会取得更好的教学效果、保证更高的教学质量。

第五节　高校教师社会责任的践行方式

"知责任者，大丈夫之始也；行责任者，大丈夫之终也。"通过完善利益激励机制、加强教育保障机制、强化专业发展机制以及增强社会参与机制等来提升高校教师社会责任，能够有效增强其为教育事业奉献和奋斗的动机与持久性，充分激发高校教师的责任感和使命感，使其更多更好地承担社会责任，也有助于完善高校内部治理结构，提升高校建设水平与治学环境质量。

一、完善物质奖励与精神鼓励相结合的利益激励机制

利益激励机制是指高校根据自身发展规划和服务，探析社会的要求，通过各种制度和机制，激励教师产生积极的前进动力，将社会主义核心价值观、职业道德规范内化为自我的责任意识，外化为言行举止的作用方式。第一，身体健康是高校教师承担社会责任的先决条件。"高校教师总体生理健康状态不容乐观，且呈逐年加重趋势；多重职业负荷也对他们生理疾病检出率产生不同程度的显著影响。"高校教师由于职业的特殊性，静坐少动的工作方式使得他们之中亚健康人数逐年增加，身体健康受到不同程度的消极影响。高校应投入资金完善体育设施，推广多样化的运动项目，满足不同教师群体的运动需求，使他们练就更加强健的体魄。此外，高校应建立健全高校教师健康体检制

度，让教师及时了解自己的身体状况，为他们的身体健康提供保障。第二，物质激励是高校教师承担社会责任的直接动力。马克思认为："人们奋斗所争取的一切，都同他们的利益有关。"高校教师的物质基础利益需要应得到满足，这是他们能够坚持工作的基本前提。在高校教师完成自身工作与使命的基础上，高校也要及时了解教师的学习、生活需求，充分尊重与保障其个人意愿及合法权益，为其营造良好的工作环境和学术氛围。例如，对教师的工作实绩实行绩效奖励；在工资报酬和住房保障等方面满足他们的心理期待；重视其岗位编制、养老等人身保障；考虑他们职位晋升和荣誉方面的需求，尽可能帮助他们实现职业抱负；等等。对高校教师进行有效的物质利益激励，夯实其职业道德和职业理想的建构基础，他们才能自觉自愿地更好地承担社会责任。第三，精神鼓励是高校教师承担社会责任的心理推动力。高校应当坚持"以人为本"，把教育事业与教师的自由、尊严和幸福等因素相联系，把教育事业的发展和教师个人的发展紧密结合起来。高校应当及时关注教师的心理健康问题，在制度和人文关怀层面给予其更多的关心，努力为教师创设轻松愉悦的工作环境。通过积极开展教师心理健康专题研究活动、邀请心理专家进行心理健康知识讲座等方式排解他们的不良情绪，鼓励教师保持健康的心态和积极向上的精神面貌，加强他们的职业满足感，使其坚守立德树人的初心继续前进。

二、加强高校与社会相协同的双层教育保障机制

教育保障机制是指建立相应的规章制度，为高校教师的教学科研工作提供政策支持、人员设备、资金技术等方面的条件，将外在的保障力量变为高校教师内在驱动力的机制。第一，奠定高校层面的教育保障基础。高校应当关注并满足教师在教书育人和学术研究上的需求，加强相关政策支持，提高他们的工作积极性。通常可以使用创新教师评价制度、奖惩制度等来规范和调整教师的行为，在制度的具体制定和实施过程中，要以"大多数"教师的利益为依据，而不能以少数人的利益标准来要求大多数人，这样的政策才是切实可行的。比如，在

学术研究考核方面，可以设置符合教师自身特点的相关项目，侧重理论教学质量与学术研究成果的考核，对有关学术研究可以采取适当宽松的政策，并且给予资金上的大力支持；在评选优秀教师的过程中，改变以往偏重骨干教师的做法，促进民主而科学的优秀教师评价制度的制定与实施，使每一位教师能够尽展所长，为其脱颖而出创造条件。第二，营造社会层面的教育保障氛围。政府应当积极具体地了解高校教师的工作生活情况，并出台相关政策，满足高校教师的合理诉求，激发他们的创造活力，使其更好地为社会服务。此外，完善与高校教师的沟通机制，扩大高校教师的利益诉求渠道。在机制运行过程中，广泛听取高校教师的意见和建议，重视差异化的需求偏好，搜集并整理他们的利益诉求，定期进行讨论，对一些共同问题可以通过信访、通话和网络等方式实现高校和教师双方的信息交流与共享，然后向相关部门进行反映，并对其进行监督，直至问题解决。

三、强化教学科研革新与"双师型"教师队伍建设相统一的专业发展机制

专业发展机制指高校教师不仅应注重理论知识的学习，还要具备所教领域的专业能力，在长期学习、研究和实践的过程中，教学和科研等专业能力得到不断发展和完善的机制。第一，教学基本功与学术研究能力是保证高校教师专业发展的基础条件。教学基本功指高校教师完成教学工作、学术研究和人才培养目标所必须掌握的基本知识和技能。"一个学科的发展，离不开理论的研究、人才的培养和问题的探索。""只有发现的问题具有针对性、创新性，有目的地针对问题进行研究，对现有的观点、看法和结论进行反思和扬弃，方能不断推陈出新，得出有意义的结论，将学术理性运用到社会公共生活、公共事件中去，解决社会中存在的问题，持续推动社会的发展进步。"在高校教师到岗任课之前，可以邀请相关领域的专家进行有针对性的理论培训与指导，帮助其快速提升自己的教学与研究能力。教学的目的是培养集知识技能和创新能力于一体的优秀人才，因此教师要善于把课程中

的具体知识点抽象成问题，引导学生在思考中发现问题、提出问题，培养学生的发散思维，引导其自主分析问题、解决问题，从而提高其自主创新能力。与教学相比，科研更具创造性、更加复杂，需要科学的研究方法、严谨的治学态度和实事求是的工作作风，科研活动在不断促进高校教师学术探索的同时，也有助于其将科研方法、治学态度和工作作风转向教学，从而提高教师的教学水平。以教促研，以研促教，二者相辅相成，实现教学和科研两方面的共赢。第二，紧跟学科前沿，与时俱进是强化高校教师专业发展的时代要求。高校教师的思想价值观念和教学科研工作要体现时代性、遵循规律性、具有创造性。高校要建设一支具有深厚理论基础、丰富实践经验以及强大科研能力的师资队伍，就要引进高层次人才，不仅要注重高学历，还需实践经验丰富和科研能力突出。高校教师的学术研究成果代表了特定领域的学术前沿，只有在学术研究的支撑和引领下进行人才培养，才能促进高校教育水平的持续提升和育人工作的创新发展。此外，还要优化教学内容和教学方式，在教学基本理论时拓展一些前沿性知识，实现二者的有效衔接，并用比较法分析前沿性知识的优越性和先进性。要鼓励学生的发散性思维，适时提出需要学生深刻思考和联系实践的问题，布置与课程相关的前沿性作业，让学生在自主探究中通过查阅相关资料、实地考察探访等实践活动提升自己。这一过程既可以使学生获得较全面的专业知识，也可以提高其学习积极性，同时为学生未来求学与职业发展打下坚实的基础。第三，建设"双师型"教师队伍是强化高校教师专业发展的重要方向。"双师型"教师是指既具备专业教师的知识理论素质，又具备为社会服务的实践技能素质的复合型人才。高校应加强对"双师型"教师的重视，对相关知识体系进行系统培训，并根据实际情况提出"双师型"具体要求。马克思主义认为，实践是检验真理的唯一标准，是推动事物发展的动力，任何事物的发展都离不开实践的作用。习近平总书记也多次强调空谈误国，"道不可坐论，德不能空谈"，要求大家坚持理论与实践相结合，用正确的理论指导实践，并在实践中检验和发展理论。高校教师不仅要保证理论学习方面的深度，还应当增加实践频率。例如，增加外出研讨与参观的次数，开阔眼界，在与他人的交流学习中，形成自己的思考。学术交流与意见交换可以促进创新思维，让教师在学习交流中提高教学科研能力，提升专业发展水平。此外，还应鼓励教师将论文写在祖国大地上，使其将自己的专业理论知识和专业实践经验结合在一起。

四、增强以激发教师潜能、引导社会舆论与监督相协调的社会参与机制

社会参与机制是在社会实践活动中，高校内部各要素与社会各要素之间相互影响、相互制约，通过它们之间的双向互动促进高校教师服务社会的要求，强调高校教师社会责任意识的不断加强以及自身社会价值的实现，进一步协调他们与社会发展之间的关系。第一，挖掘教师内心潜能是增强社会参与机制的重要前提。社会参与机制的有效运行应立足高校教师的思想意识和社会实践等层面，需要对其参与因素进行有效探索，从而加强高校教师社会参与过程的有效性。社会发展进步与高校教师社会责任提升之间存在较为紧密的联系，社会参与机制是否有效体现为其内在价值可以为高校教师实现社会价值及形成社会责任意识产生相应的引导作用。高校教师承担社会责任的公共层面与增强其奋斗动力的个人层面之间的平衡点和动力点就是挖掘高校教师个人的内心潜能，这是最为关键的一点，要让他们满意自身的成本和收益、生活得更有尊严，从而产生更大的动力参与社会公共事业，为实现社会的进一步发展全力以赴。第二，社会舆论是完善社会参与机制的关键环节。我国自古以来便尊师重道。习近平总书记在全国教育大会上指出："全党全社会要弘扬尊师重教的社会风尚，努力提高教师政治地位、社会地位、职业地位，让广大教师享有应有的社会声望，在教书育人岗位上为党和人民事业作出新的更大的贡献。"①社会要认

---

① 弘扬教育家精神锻造新时代"大国良师". 中华人民共和国教育部政府门户网站 http://www.moe.gov.cn/jyb_xwfb/xw_zt/moe_357/2024/2024_zt16/jyqg/2024_zl13/202409/t20240910_1150118.html[EB/OL].

识到教师这一职业的重要性与特殊性，他们肩负着教育培育祖国下一代人的使命，提高其社会地位是很有必要的，这样才会有更多的人愿意成为教师。应当呼吁全社会尊重教师、关心教师、理解教师，形成尊师重教的良好氛围。只有在全社会形成一种尊重劳动、尊重知识、尊重人才、尊重创造的优良风气，才能使高校教师在享受全社会带来的尊敬与钦佩的同时，提升自身的社会责任意识，树立整体利益观念，坚持全心全意为教育事业奋斗的奉献精神。第三，社会监督是增强社会参与机制的必要举措。首先，高校应建立全面监督管理体系，借助多种监督途径，在校报、期刊、广播以及互联网等多种媒介上增加互动板块，以科学规范的原则强化高校监督机制，增强制度的前瞻性和实用性。其次，在加强制度建设的同时，也要加强对高校教师的职业道德教育，全面提高其综合素质。高校教师也要明确自身职责，自觉接受监督。最后，拓宽社会参与渠道及信息获取渠道，建立信息公开平台，借助全媒体吸引更多社会组织的关注。同时提高平台的互动功能，努力搭建高校与社会公开透明的沟通互动桥梁，及时反馈社会各界的评价与建议，完善高校管理的社会监督形式，让社会参与机制在信息公开环境中发挥应有的作用。

第四章 新时代高校教师道德责任——家庭责任

第一节 概念界定

新时代，随着经济的发展、社会的转型，家庭责任成为一个重要话题。由于高校教师特殊的职业特性，其家庭责任得到了更多关注。而高校教师家庭责任迄今为止仍是一个较为模糊的概念，是以，对高校教师家庭责任的概念进行认真思考并加以系统分析十分必要。

一、家庭

家庭，是责任伦理教育的重要维度。马克思、恩格斯与以往哲学家把家庭作为精神世界的产物不同，其把家庭界定为在一定所有制基础之上建立起来的社会生产的单位，包括生活资料的生产与人的生产两个方面，指出家庭的基本功能就是生产，并在基础上衍生了教育功能和消费功能等。在汉语词典中，家庭的含义是指以婚姻和血缘为纽带的基本社会单位，包括父母、子女及生活在一起的其他亲属。我国学界对于家庭的研究主要围绕家庭的结构、模式、规模以及代际关系等变迁而展开，且当前我国学界已从不同视角对家庭结构进行充分研究，为本文理解我国家庭结构的变化规律提供了实证参考。

新时代，随着家庭结构发生变迁，家庭已成为以婚姻、血缘或收养关系为基础建立的生产单位，主要反映的是夫妻之间的关系与亲子之间的关系。

二、家庭责任

在汉语词典中，责任的基本含义有两个：一是分内应做的事，如教育下一代是父母与教师的共同责任；二是没做好分内事而应承担的过失。家庭责任作为责任的一种，也具有责任内涵的双重性。一个人从婴幼儿到老年，会经历多种家庭角色，其责任内容也在相应变化。本研究所关注和思考的是个体处于青壮年时期应履行的家庭责任。

家庭责任是指个人为维持家庭有机体的正常运转，通过个体劳动的方式满足家庭成员的衣食住行等物质需求和文化、情感、信仰等精神需求，从而实现家庭和谐幸福美满的目的。从家庭成员的关系来看，家庭责任包括个体作为夫妻应对配偶有爱的责任，作为父母应教育子女的责任，作为子女应赡养父母的责任；从具体内容来看，包括创造家庭收入、满足家庭成员的精神需求、履行赡养父母和抚育子女的义务、建立平等和谐的婚姻家庭关系等责任。

三、新时代高校教师家庭责任

对于高校教师家庭责任的理解，可从微观和宏观两个层面进行剖析。从微观层面看，是指高校教师为维持家庭有机体的正常运转，通过个体劳动的方式满足家庭成员的衣食住行等物质需求和文化、情感、信仰等精神需求，从而实现家庭和谐幸福美满的目的。具体来说，从外部看，家庭作为一个整体，高校教师应构建家庭模范样本；从内部看，高校教师作为家庭内部成员，应承担对配偶"爱"、对父母"孝"和对子女"教"的责任，具体包括物质上的满足和精神上的愉悦。从宏观层面看，是指高校教师作为行为主体，基于一定的家庭伦理道德认知，以高校及社会客观价值为评判标准，主动承担起建设新型和谐家庭、培养学生家庭责任感以及以好家风涵养好社风等多重职责。具体来说，高校教师家庭责任的道德问题涉及三个方面，即构建教师个人家庭模范样本、塑造与培养具有家庭责任感的青年学生以及推动形成社会主义家庭文明新风尚。本文将从宏观视角出发，对新时代高校教师如何更高效地履行家庭责任进行深入探讨。

第二节　研究意义

2022 年党的二十大开幕式中，习近平总书记强调："提高全社会文明程度。实施公民道德建设工程，弘扬中华传统美德，加强家庭家教家风建设。"①而高校教师素来具有重诗书、扬美德的传统，其在知识储备、学术研究、道德修养、教育教学能力及责任心和使命感等方面都拥有较高水平。新时代，高校教师履行家庭责任至关重要。

一、构建品高质优的家庭模范的带头人

基于家庭角色，高校教师具有发挥好模范带头作用的巨大优势。家庭氛围方面，高校教师具有丰厚的文化底蕴，铭记尊老爱幼、兄友弟恭、耕读传家、勤俭持家、家和万事兴等中华民族传统美德，并结合新时代，注重培养和发展夫妻爱情、长幼亲情、邻里友情，形成爱国爱家、相亲相爱、向上向善、共建共享的家庭文明新风尚，实现家庭的美满幸福。培育子女方面，习近平总书记指出："有什么样的家教，就有什么样的人。家庭教育涉及很多方面，但最重要的是品德教育，是如何做人的教育。"②高校教师具有高尚的人格与智慧的头脑，能以自己的言行仪表为子女树立榜样，潜移默化培养子女的家庭责任感。同时，高校教师善于将培养学生家庭责任感的经验反馈到同样也是学生身份的子女身上，实现良性互动。家风家训的传承方面，高校教师通过发挥其个人在家风建设中的作用，引导家庭成员进行家风实践，在实践过程中高校教师能不断深化对道德情感和操守的深层次认识，继而再转化为与家庭成员的实践，在与家庭成员日常生活的互动过程

---

① 《党的二十大报告学习辅导百问》编写组编著. 党的二十大报告学习辅导百问[M]. 北京：党建读物出版社，2022：34。

② 中共中央党史和文献研究院. 习近平关于注重家庭家教家风建设论述摘编[M]. 北京：人民出版社，2021：18。

中，能不断培育和提升家庭成员的家国情怀，塑造家庭成员勤劳、善良、责任心、坚韧等品质，形成优良家风。对高校教师在家风建设中的作用开展研究，有利于高校教师提升对于家风建设重要性的认识，高校教师能够深入挖掘家风元素，将大学精神融入家风培育，创新家风文化内涵，践行优秀的家风精神，培育家庭成员的家庭责任感，引领家庭成员形成优良的品行，鼓励家庭成员积极地参与社会实践，增强自身的综合素养，形成和谐的家庭氛围，将自己的家庭建设得越来越好，形成品高质优的家庭模板，从而为新时代家风建设增添新动力。

二、培养学生家庭责任感的指引者

基于学校角色，作为"经师"和"人师"的统一者，高校教师的思想、学识、情感、意志、道德等品质能为其培养学生家庭责任感提供有效支撑，并发挥巨大效能。一方面，高校教师是提升大学生家庭责任感认知的点灯人。家是最小国，国是千万家。新时代，大学生家庭责任感事关国家的前途命运，其家庭责任意识与行动至关重要。高校教师是大学生灵魂的工程师，其家庭道德责任的影响会比其他职业更深刻、更广泛、更持久。高校教师对学生的家庭责任教育会直接作用于大学生的灵魂，影响其内心世界，这种影响甚至会伴随学生一生，进而影响到整个社会。另一方面，高校教师是强化大学生家庭责任感的引路人。高校教师对学生实施自觉的、有计划的家庭责任认知教育与认同教育，通过"有形"的课堂教学等途径潜移默化地将自己的家庭教育、家风等"无形"的精神渗透给学生，形成独特的家校融合路径，能够促进学生深刻认同家庭、家教、家风的重要性以及家庭责任的意义，使学生逐步产生出正确认识、辨别和自觉抵制战胜各种不良影响的能力，增强青年学生的奋斗精神，使其主动承担家庭责任，推动青年学生为新时代家庭家教家风建设出力。2021年3月6日，习近平总书记在看望参加全国政协十三届四次会议的医药卫生界教育界委员并参加联组会时指出："大思政课我们要善用之，一定要跟现实结合起来。上思政课不能拿着文件宣读，没有生命、干巴巴的。"①落实"大思政课"既需要高校教师有过人的学识，也需要高校教师能够将抽象的道德理念以润物细无声的方式教授给学生。因而，高校教师在学校教育中进行家风建设，通过讲述家风相关内容和开展家风建设有关活动，以家风文化促进课程思政，从而推动思想政治教育与各学科结合，推进高校教师以德树人、全面育人的任务的执行。

三、以好家风涵养社会好风气的主力军

基于社会角色，高校教师作为一个时代道德的引领者和建设者，其家风问题绝不仅仅是一家之私，更是关乎全社会风成化习、果行育德的道德根基。一方面，高校教师在家风传承过程中承担着重要的桥梁和媒介作用。任何一种社会意识形态的产生不是凭空捏造的，正如马克思讲的："和任何新的学说一样，它必须从已有的思想材料出发，虽然它的根源深藏在物质的精神事实中。"②教师，被列宁称为"是一种推动工作启发人们思想，同目前群众中还存在着的偏见作斗争的机构"③，从高校教师发挥家风建设作用的影响空间看，高校教师的思想道德不仅在校园里广泛地影响在校生，而且影响着他的街坊四邻，还会通过学生和家长影响整个社会。随着教育的不断改革和开放，高校教师与社会的接触越来越多，联系面越来越广泛，其思想品德、行为举止也将越来越多地直接作用于社会。另一方面，高校教师与时俱进实现家风建设的创造性转化与创新性发展。高校教师凭借其德高望重、学识渊博的优势，有效利用社会资源，主动参与各种家风活动，形成与家庭成员、大学生以及社会其他家庭家风建设的双向互动，通过实践从内心深处认可家风文化，从而继续践行家风建设活动，把从家风活动中获得的经验转化为具有高校教师职业特色的家风文化，形成以

---

① 关于思政课，总书记提出的这些问题必须想清楚 http://www.qstheory.cn/zhuanqu/2021-03/09/c_1127188152.htm[EB/OL]. 求是网.

② 马克思恩格斯选集（第三卷）[M]. 北京：人民出版社，1970：404.

③ 列宁选集（第四卷）[M]. 北京：人民出版社，1972：368.

"师德"为核心价值导向的特色家风，为新时代家风建设赋能，继而发挥其对社会道德的引领作用，做新时代家风的坚定践行者，促进整个社会对家风的培育和传承。通过家风建设的实践，认识，再实践，再认识，如此循环往复，不断实现新时代家风建设的创造性转化，创新性发展。

习近平总书记对新时代家风建设有着殷切的希望，而高校教师在家风建设中发挥着重要的作用。因此，探讨当前高校教师在家风建设过程中的可能性和重要性，分析高校教师在家风建设中发挥作用的现状，对于高校教师更好地在个人家庭、学校教育和社会实践中进行家风建设具有重要意义。

高校教师具有学历高、道德佳的特点，在家风建设中更能够坚定理想信念，积极践行家风文化，挖掘家风元素，构建高校教师家风模范家庭，形成包含着"以耕读传家、立德修身为核心的家风之本，以孝悌人伦、和善兴家为核心的家风之要，以睦友亲邻、敬业爱国为核心的家风之核"的家风新风尚，在各种社会实践中积极践行家风精神，用实际行动感染社会中其他家庭自觉进行家风建设，对整个社会家风建设起模范带头作用。

正所谓"国将兴，必贵师而重傅；贵师而重傅，则法度存"。高校教师的工作主要是围绕"塑造灵魂、塑造生命、塑造人"而进行的，这与高校教师在家风建设中的使命是不谋而合的，都要求高校教师必须具有德才兼备的特点，而针对高校教师家风建设的现状进行探究，有助于发挥高校教师家风建设的带头作用、促进课程思政的开展和形成品高质优的高校教师家庭模板。

第三节　理论基础

一、马克思主义家庭观

马克思、恩格斯对于家庭这一基本单位的研究格外重视，通过《德意志意识形态》《家庭、私有制和国家的起源》《自然辩证法》等经典著作，从人类社会的婚姻角度阐明了其家庭观。①马克思、恩格斯认为婚姻应该是源于男女双方自发的感情，源于互相爱慕，从而构成温馨稳固的家庭关系。马克思、恩格斯认为在资本主义社会一切都被商品化的背景下，人们对利益不断追逐，"资产阶级撕下了罩在家庭关系上的温情脉脉的面纱，把这种关系变成了纯粹的金钱关系"②。马克思谴责了这种现象，他认为，婚姻是自由恋爱的产物，婚姻双方应该是自愿、平等的，不能沾染金钱关系，强调了家庭关系的纯洁性，在家庭和商品关系之间竖起了屏障，为共产党人在家庭作风和党、政治、社会和公共作风之间建立相互关系提供了坚实的理论基础。③马克思、恩格斯认为，既然婚姻双方是自愿、平等的，那么家庭关系则必须是家庭情感的共同体，是家庭生活的共同体，是家庭精神的共同体，应该具有情感的神圣性和亲情的纯洁性，不能被金钱关系腐蚀，金钱关系渗入家庭就意味着腐败，这就从根源上明确了家风建设的方向。家庭既是社会交往的产物，又是社会关系的对象，正确的家庭观对于社会主义的发展具有深远意义，马克思、恩格斯关于家庭的重要论述，为建构社会主义和谐家庭关系，开展家风建设提供了理论基础。

二、习近平总书记关于家风问题的重要论述

党的十九大以来，习近平总书记多次强调了"治家"与"治国"的重要关系，把家风建设提到了新时期治党的新高度。在来源方面，习近平总书记关于家风问题的重要论述，继承了中华优秀传统文化和老一辈革命家的红色家风观念。在内容方面，习近平总书记立足于家庭的重要地位和基本功能，强调了家风建设的重要性，构建了"家庭、

---

① 惠子馨. 马克思恩格斯家庭教育观及其当代启示[M]. 山东：山东师范大学，2022.
② 康凤云. 习近平家风观的形成：时代背景、理论基础和实践条件[J]. 江汉论坛. 2021（01）：13-18.
③ 恩格斯：家庭、私有制和国家的起源[M]. 北京：人民出版社，2018.

家教、家风"三位一体的家风建设体系。①在《习近平谈治国理政》第二卷中，习近平总书记谈到了家风对于培养人的重要性，强调"家庭不只是人们身体的住处，更是人们心灵的归宿。家风好，就能家道兴盛、和顺美满；家风差，难免殃及子孙、贻害社会"，家庭只有承担起"帮助孩子扣好人生第一粒扣子，迈好人生第一步"的重任，"在奉献社会的过程中寻求家庭幸福，为他人送去温暖，培养精神文明"，孩子才有成长成才的思想道德，他们的潜力才能激发出来，为社会的发展作出贡献。②习近平总书记关于家风问题的重要论述，明确了家风建设的重要意义，为当前牢牢抓好家风建设，形成风清气正的社会风尚的基础和根本作了铺垫。

三、中国优秀传统家风文化

中华传统文化源远流长、博大精深，关于传统家风的著作也浩如烟海，如《论语》《颜氏家训》《弟子规》《朱子治家格言》《曾国藩家书》《家范》等；"天下之本在国，国之本在家，家之本在身""天下兴亡，匹夫有责""苟利国家生死以，岂因祸福避趋之"等家国一体的价值观，也早已熔铸于中华民族的文化基因中；尊老爱幼、妻贤夫安、母慈子孝、兄友弟恭、耕读传家、勤俭持家、知书达理、遵纪守法、家和万事兴等则构成了中华民族传统家风文化，影响着不同时代的家风建设。③中国优秀传统家风内涵丰富，本质是一种道德准则，强调人们要"修身、齐家、治国、平天下"，包含家庭关系、立身修身、勤俭持家和交友处世等内容的时代要求，能够唤起不同时代人们心灵深处最温暖、美好的记忆，引领人们在家庭和社会中养德、育德、践行德。因而，中国优秀传统家风文化，为博览古今的高校教师在家风建设中发挥作用提供了理论基础。

① 应宗颖. 习近平家庭建设思想核心理念及其时代价值初探[J]. 湖湘论坛，2017，30（03）：25-30.

② 顾保国. 论习近平新时代家风建设重要论述的理论逻辑与实践价值[J]. 马克思主义研究，2020（02）：34-44.

③ 陈延斌：中国传统家训研究的学术史梳理与评析[J]. 孔子研究，2017（05）：137-144.

第四节　高校教师家庭责任现状

本章主要以中部某省高校教师为调查对象，通过线上与线下结合的形式发放问卷，对高校教师在家风建设中作用发挥现状进行调查。此次共回收问卷 568 份，有效样本 520 份，有效率 92%。本部分主要根据调查问卷数据，开展对高校教师在家风建设中作用发挥的情况、存在问题及原因分析。

一、高校教师调查样本分析

本研究根据需要，将母样本范围限制在 S 省高校教师当中，未限制样本学科背景范围。本章中，在圈定了样本区之后，首先考察了高校教师样本的基本个人特征。调查问卷中设计了以性别、从业教龄、职称、工作单位类型、政治面貌、年收入、家庭居住模式为内容的问题，以便对样本的基本画像特征有所了解。如表 4-1 所示。

表 4-1　调查样本群体画像统计情况

教龄	5 年以下	5—10 年	10—15 年	15—20 年	20—25 年及以上
人数	194	210	94	12	10
职称	助教	讲师	副教授	教授	—
人数	150	274	60	36	—
工作单位类型	综合类大学	理工类大学	师范类大学	专业类院校	—
人数	176	182	94	68	—
政治面貌	中共党员	民主党派	群众	—	—
人数	378	30	112	—	—
年收入状况	10 万以下	10—20 万	20—30 万	30—40 万及以上	—
人数	326	178	16	0	—
家庭居住模式	两代核心小家庭	三代同居家庭	三代以上同居家庭	—	—
人数	168	246	106	—	—
性别	男	女	—	—	—
人数	224	296	—	—	—

如表 4-1 所示，被试有男高校教师 224 人，女高校教师 296 人，按教龄划分，高校教师中教龄在 5—15 年的人最多，教龄在 20—25 年的人只有 10 人。按职称划分，讲师人数最多（274 人），其次是 150 名助教，60 名副教授，最后是只收集到 36 名教授。按工作单位类型划分，属于理工科大学的教师人数最多，其次是综合类大学，有 176 人，师范类院校 94 人，专业类院校 68 人。按政治面貌划分，中国共产党党员人数最多，有 378 人，其次是群众。从年收入来看，年收入低于 10 万元人民币的高校教师人数最多，其次是年收入在 10 万至 20 万元人民币之间的高校教师，有 178 人。从家庭居住模式来看，"两代核心小家庭"168 人，"三代同居家庭"246 人，"三代以上同居家庭"106 人。

综上所述，通过发放限于特定样本的调查问卷所得到的人口画像特征，遵循样本分布从两端向中心靠拢的规律趋势。所采集的调查样本具有相对真实性和可靠性，样本的数量具有统计学上的代表意义。针对样本人群所开展的相关调查及其调查结果，也能够在一定水平上反映高校教师在家风建设中作用发挥状况。

二、高校教师家风建设中作用发挥情况分析

本问卷围绕高校教师在家风建设过程中的"知情意行"四个维度进行调查，并基于高校教师职业角色、家庭角色和社会角色互动机制的特点，以高校教师在自身家庭建设、青年学生家风引导以及全社会家风建设为切入点展开问卷调查，在统计学方法论指导下开展对高校教师在家风建设中作用发挥的情况、存在问题及其原因的深入分析。

（一）认知情况

知，即道德认知，是对道德规范及其意义的认识、判断、评价和认同，也是对客观事物和行为规范的主观态度的基本依据。高校教师在家风建设中作用的发挥情况研究，要明确当前高校教师对于家风重要性、践行需要的认知状况。所对应的问卷调查结果如表 4-2 所示。

表 4-2　高校教师家风建设认知情况

单位：人

问卷题目	非常不同意	基本不同意	不好说	基本同意	非常同意
您认同"高校教师家风建设对于个人道德品德提升、家庭建设、社会和谐、国家稳定都十分重要"吗？	2	34	78	226	180
您认同"高校教师应该发挥在个人家庭、青年学生和社会其他家庭中家风建设的模范带头作用"吗？	5	48	116	170	181
您认同"家风是抽象的，没必要专门关注，顺其自然就好"吗？	88	162	144	122	4

将表格转换为同一水平的柱状图分析，如图 4-1 所示。

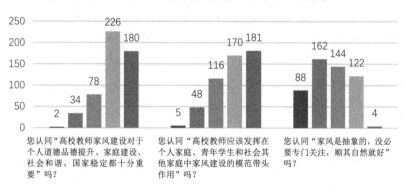

图 4-1　高校教师家风建设认知情况

如图 4-1 和表 4-2 所示，从得分情况来看，对"高校教师家风建设对于个人道德品德提升、家庭建设、社会和谐、国家稳定都十分重要"表示"基本同意"的高校教师占据大多数，其次是"非常同意"，表示"不同意"的高校教师只占少数，可见，高校教师对于家风建设的重要价值十分认可；在"您认同高校教师应该发挥在个人家庭、青年学生和社会其他家庭中家风建设的模范带头作用"一题中，表示"基本同意"和"非常同意"的高校教师占比超过一半，但表示"不好说"的高校教师数量也排到了第三。对于"家风是抽象的，没必要专门关注，顺其自然就好"，表示"基本不同意""不好说""基本同意"占比趋近，表示"基本不同意"的高校教师略高。

调查结果显示，高校教师对于发挥自身在家风建设中的作用认同感较高，但对于家风建设实际行为的认知则存在了分歧。

（二）情感情况

情，即道德情感，是对社会上的道德观念和各种行为的好或坏的情感态度，是道德判断产生的内心体验。情绪是心理结构的核心部分，人的每一个行动都伴随着某些情绪。高校教师对于家风建设的情感态度对高校教师是否能够自觉践行家风十分必要，所对应的问卷调查结果如表 4-3 所示。

表 4-3　高校教师对于家风建设的情感情况

问卷题目	0 次/个	1—5 次/个	5—10 次/个	10 次/个以上	—
您本月参加了多少次家庭活动（包括家庭聚会、出行、学习等）？	56	144	210	110	—
您本月阅读了多少关于家风的书籍？	315	190	15	0	—
您的微信公众号有多少是与家风相关的？	55	198	210	57	—
问卷题目	从不	很少	有时	经常	总是
在无人要求情况下，您会转发关于家风建设的文章或观点吗？	76	102	199	132	11
在无人要求下，您会参加有利于您个人家庭、青年学生和社会其他家庭家风建设的相关活动吗？	87	99	196	98	40
综合得分	589	733	830	397	51

如表 4-3 所示，高校教师对于家风建设的情感态度表现略微消极，绝大多数高校教师在与家风相关的活动中都表现出频率低的问题，选择"0 次/个""1—5 次/个"以及"从不""很少"的高校教师占绝大部分。将表格转换为柱状图分析，如图 4-2 和 4-3 所示。

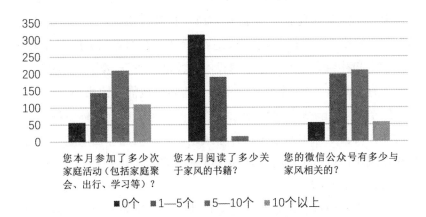

图 4-2　高校教师对于家风建设的情感状况

　　根据图 4-3 得分来看，对于"您本月参加了多少次家庭活动（包括家庭聚会、出行、学习等）"，210 位教师选择了"5—10"次，占比最大，其次是"1—5 次"和"0 次"；对于"您本月阅读了多少关于家风的书籍"，有 315 位高校教师表示本月未阅读，有 190 位高校教师表示本月只阅读"1—5 个"，阅读 5 本以上的高校教师为 0；对于"您的微信公众号有多少与家风相关的"，有"2—5 个"和"1 个"的占多数。可见，高校教师对于家风建设有所关注，但关注度仍然有很大上升空间。

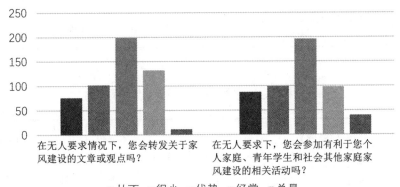

图 4-3　高校教师家风建设情感状况

根据图 4-3 得分来看，对于"在无人要求情况下，您会转发关于家风建设的文章或观点吗"，表示"有时"的高校教师最多，其次是"经常"和"很少"；对于"在无人要求下，您会参加有利于您个人家庭、青年学生和社会其他家庭家风建设的相关活动吗"，表示"有时"的高校教师有 196 位，"经常"和"很少"的高校教师占比相当。

综上可知，高校教师对于家风建设的情感态度上整体偏积极，高校教师在日常生活中是乐于进行家风建设的；但也存在问题，高校教师在家风建设过程中的持续性和深度有待加强。

（三）意志情况

意，即道德意志，是实现道德行动的有意识的努力，是通过对理性的思考解决内部冲突的力量。面对欲望吞噬理想、多变动摇信念的问题，高校教师对于家风建设意志是否坚强关乎家风建设践行程度。高校教师发挥在个人家庭、学校教育、社会中家风建设的作用，要特别注重研究高校教师个体的独立性、果断性、顽强性和自制力等意志品质。所对应的问卷调查结果如表 4-4、表 4-5 和图 4-4、图 4-5 所示：

表 4-4　高校教师对于家风建设意志情况

单位：人

问卷题目	强烈反对，发帖反驳	反对，但会保持沉默	视而不见，保持沉默	特别赞同，匿名发帖附和
当有人在网络上攻击、诋毁家风建设这件事，您的态度是？	86	210	189	35

表 4-5　高校教师对于家风建设意志情况

单位：人

问卷题目	完全可以做到	基本能做到	不好说	很难做到	做不到
您在遭遇混乱和挫折时依然能坚守家风，守正自清？	11	88	289	102	30

可以将表格转化为柱状图分析，如图 4-4 和 4-5 所示：

当有人在网络上攻击、诋毁家风培育这件事，您的态度是：

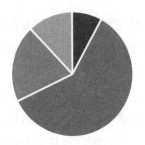

■ 强烈反对，发帖反驳 ■ 反对，但会保持沉默
■ 视而不见，但会保持沉默 ■ 特别赞同，匿名发帖附和

图 4-4 高校教师对于家风建设意志情况

您在遭遇混乱和挫折时依然能坚守家风，守正自清

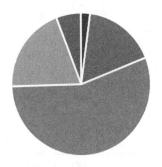

■ 完全可以做到 ■ 基本能做到 ■ 不好说 ■ 很难做到 ■ 做不到

图 4-5 高校教师对于家风建设意志情况

如表 4-4、表 4-5、图 4-4 和图 4-5 所示，大部分高校教师表示，"当面对有人在网络上攻击、诋毁家风培育这件事，所表现的态度"是"反对，但会保持沉默"，其次是"视而不见，但会保持沉默"，而表示"强烈反对，发帖反驳"的高校教师占比较小，反映出高校教师在家风建设意识层面表现比较淡漠，同时在转化为实践的过程中，意志不够

坚定。高校教师"在遭遇混乱和挫折时依然能坚守家风，守正自清"的回答上，表示"不好说"的占大多数，其次是"很难做到"和"基本能做到"。

综上可知，高校教师在家风建设作用发挥的过程中意志容易受到影响，在遇到反对和困难时则表现出更多的犹豫和不坚定。

（四）践行情况

行，即道德行为，是一个人内在道德良知和情感的外在行为和表现，是衡量一个人品行的重要标准。高校教师的"行"是对家风价值观认知、情感、意志的外在表现，也是衡量高校教师家风建设作用发挥有没有取得成效的根本标准。"君子耻其言而过其行"，考量高校教师是否能发挥好家风建设中的作用，不仅要听其言，更要观其行。所对应的问卷调查结果如表4-6所示。

表4-6　高校教师家风建设践行情况

问卷题目	基本没有	很少	一般	较多	非常频繁
您经常会为家庭成员讲解一些家风文化的故事或参与相关活动吗？	32	76	142	182	88
您会主动参加一些社会中的家风相关活动吗？	76	148	198	66	32
经常与自己的学生分享关于家庭、家教和家风的一些心得体会？	45	168	156	131	20
综合得分	153	392	496	379	140

从综合数据来看，对于高校教师家风建设的践行情况，选择"一般"的高校教师最多，其次是"很少"和"较多"，但这三种指标数据相差较小，因而发挥高校教师在家风建设中的作用，将高校教师家风建设重要性放到新的高度，对于家风建设具有重要价值。

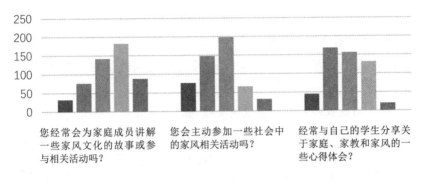

图例：■基本没有　■很少　■一般　■较多　■非常频繁

图4-6　高校教师家风建设践行情况

从图4-6可以看出，高校教师对于"经常会为家庭成员讲解一些家风文化的故事或参与相关活动"表示"较多"和"一般"的占比最大，其次是"非常频繁"和"很少"。高校教师对于"您会主动参加一些社会中的家风相关活动吗"大部分表现为"一般"和"很少"，其次是"基本没有"。高校教师在"经常主动在课堂中讲解一些家庭趣事"这一问题的表现上，则呈现出大多数高校教师"很少"能把家风融入课堂教育，其次是"一般"和"较多"的情况，而"非常频繁"的情况则占比很小。

可见，高校教师在对于家庭成员、青年学生、社会实践中家风建设的践行情况仍可以进一步提升，同时，高校教师目前对于青年学生和社会家风建设的示范和辐射作用还需要继续增强。

综上所述，高校教师对于家风建设的认知、情感和意志整体处于积极状况，符合高校教师德高望重的特点，但对于家风建设也存在认知分歧、情感持续性和深度不足、意志容易受到影响，以及在家风建设中践行情况还需进一步加强的问题。

三、高校教师在家风建设中发挥作用出现的主要问题

通过问卷调查分析，结合高校教师在家风建设过程中"知、情、

意、行"四个方面的分析结果,可以发现高校教师在发挥家风建设引领作用过程中存在对家风建设重要性的认识需进一步提升、对于家风元素挖掘需进一步深入以及关于家风建设的实践需进一步增强的问题。

（一）高校教师对家风建设重要性的认识需进一步提升

近年来,高校教师越来越多地被称为"青椒""学术民工"。统计数据显示,截至 2022 年 12 月,在中国知网上以"高校教师"为题进行搜索,近 10 年（2012—2022 年）发表的研究成果有 67832 项。而以"高校教师压力"为题搜索,近 10 年发表的研究成果（1101 篇）是 2002—2012 年（521 篇）的两倍。目前,由于高校都有教授任期的评估制度,高校教师在入职时与学校签订的聘用合同中,明确规定了科研评估工作的标准。高校教师只有把工作重心放在科研上,才能顺利在下个聘期内留任,而预期的科研成果也逐渐成为保证事业发展的重要动力。不少高校主要通过即时性、结果性的方式促进高校教师的发展,这在一定程度上有助于高校教师的成长,但也产生了一些问题。地方高校青年教师中出现了因压力大、工作过度而事业中断等工作与家庭失衡的现象。随着高校管理机制改革,高校教师学术考核压力以及教授学生质量要求逐渐提升,高校教师面临着职业规划不明朗等问题,压力不断增大。[①]因而,目前家风建设对于高校教师来说,并不是最为关键的主要任务,高校教师仍需要将较大精力放在工作中。

同时,家庭—工作、工作—家庭冲突也日益成为学术研究的重要问题关切。如表 4-6、图 4-7 显示,在对 S 省高校教师进行家风建设的问卷调查结果中可以发现,从"工作对家庭的影响程度"来看,认为"工作压力较大,会压缩在家庭的时间"的高校教师最多,其次是"工作压力适度,能很好协调工作与家庭",认为"工作压力较小,生活中心在家庭"的高校教师占比只有 5%。可见,整体看来高校教师工作对于家庭的压力相对较大。

---

① 王笑莲. 高校教师工作家庭冲突状况研究[J]. 山西高等学校社会科学学报,2022,34（07）: 77-81.

表 4-7　高校教师家庭—工作压力情况

问卷题目	工作压力较大，会压缩在家庭的时间	工作压力适度，能很好协调工作与家庭	工作压力较小，生活重心在家庭
您认为工作对您家庭的影响程度如何？	316	178	26

您认为工作对您家庭的影响程度是？

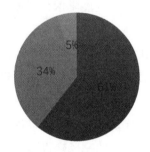

■工作压力较大，会压缩在家庭的时间　■工作压力适度，能很好协调工作与家庭
■工作压力较小，生活中心在家庭

图 4-7　高校教师家庭—工作压力情况

另外，参考林静雅、胡亚天的研究也可以发现，"无论男女，周工作时间长的青年教师是 WIF 体验较为严重的群体；而生育二孩、承担家庭责任多的青年男教师是 FIW 体验较为严重的群体"[①]。同时，陈春平研究报告也指出："高校教师的工作干扰家庭比家庭干扰工作情况更严重，在家庭干扰工作方向上，所分析的八个变量中，年龄、教龄、最小子女处于不同年龄阶段三个变量对高校教师的家庭干扰工作状况有着显著的影响；在工作干扰家庭方向上，研究者所分析的八个变量中，每周平均工作时长对高校教师的工作干扰家庭情况有着显著

---

① 林静雅，胡亚天. 边界理论视角下地方高校青年教师发展探究[J]. 扬州大学学报（高教研究版），2021，25（03）：60-66.

的影响。"①因而，尽管高校教师拥有寒暑假，工作时间较为自由，但也有着工作与家庭时间边界感较弱的问题，高校教师的工作与家庭发展处于同一时空，所涉及的问题和活动不可避免地相互交叉。工作和家庭是人生的两个基本支点，但又总是很难保持平衡状态，家庭的担子、工作的压力、社会角色的扮演、理想的蜕变等，均导致高校教师工作-家庭冲突的不断增加，对于高校教师在家风建设中作用的发挥也造成一些冲击。

近年来，高校更为重视对高校教师群体职业责任、社会政治责任要求，高校激励高校教师要以发展学术为志业，以教书育人为生命，而家风则蕴含家庭成员之间和谐共处、无私奉献的要求，两者均指向所在群体的核心利益，工作与家庭相互关系的冲突加剧了两种伦理价值导向的分歧，引发了教师职业道德与家风建设的分离。因此，即使是具有较高科学文化修养，在家风建设中具有突出优势的高校教师面对工作压力时，对于家风建设重视程度难以进一步提升，对于家庭成员、青年学生、社会其他家庭的家风建设难以赋予更多精力。

1. 工作—家庭冲突

工作—家庭冲突是指高校教师因工作要求而产生的工作与家庭的冲突，这也从侧面反映出学校工作的风险因素与保护因素的失衡。近年来，诸多教师面临巨大的科研压力与教学压力。高校教师职业发展最主要的标志就是评职称，其发表的论文、科研经费与教师的职称评定直接挂钩；高校招生规模逐年扩大，很多教师甚至在周末也被安排工作，导致休息时间被占用，不免脚步趔趄、心力交瘁；新的高等教育的改革、社会的期望等也在无形之中加剧其角色冲突。长此以往，高校教师的情感过度消耗导致其出现一系列无助感、自信不足、自我效能感低等心理问题与失眠、食欲不振或某些生理疾病。可见，高校教师并未从弹性工作时间中享受更多自由，反而因履行教师职业责任挤占了自己处理家庭事务、孝敬父母以及教育子女的时间。有的高校

① 陈春平. 高校青年教师工作家庭互动与生活满意度的关系研究——核心自我评价的调节作用[J]. 中国农业教育，2021，22（05）：85-93.

教师忽视了对家庭成员的情感支持，忽视孩子的心理健康，导致与孩子缺乏思想交流与心灵沟通，造成其心理畸形发展。有的高校教师的心理问题会影响到子女，不良的亲子关系会导致子女不良的外化行为。可见，长此以往，这种角色冲突会直接影响子女的身心健康发展。

2. 家庭—工作冲突

家庭—工作冲突表现在高校教师由于承担家庭责任而不得不占用工作时间与精力最终导致其无法完成学校的工作而造成的一种难以调和的矛盾，具体表现在家庭的物理空间与精神空间方面。其一，组建家庭方面，相较于高校中年教师，青年教师面临着更为严重的家庭—工作冲突。不断攀升的房价、不菲的日常生活开销等因素对于本就收入不高的青年教师来说，组建家庭无疑是一项艰巨的工程。其二，育儿养老方面，相较于高校男教师，女教师则面临着更为严重的家庭—工作冲突。出于女性天性以及传统性别观念的影响，部分高校女教师承担更多照顾老人小孩以及家务劳动，这使得高校女教师的职业发展更为艰难。这种冲突过大时，会对高校教师的身心健康产生巨大破坏作用，如出现怨天尤人、恐慌等心理症状，严重的还会导致心肌梗死等，该后果不仅影响教师个人，更会影响到学生的全面发展。若不合理解决高校家庭—工作冲突，长此以往会形成恶性循环。

（二）高校教师对于家风元素的挖掘需进一步深入

家风是文化的一种形式，家风建设和文化建设在领域、对象、内容上各有侧重，但在指导思想、总体目标、实现路径上高度相通，且呈正向互动、相融相促关系。因而，家风元素挖掘就是对与家风相关的文化进行挖掘。当前，我国优秀传统文化中家风文化元素还有极大可以挖掘的空间，高校教师在文化挖掘方面，相较于其他社会群体而言更具有优势。例如，高校教师可以发挥自身优势与家风文化结合，立足于时代要求，挖掘更加大众化、接地气的家风文化，不断丰富家风文化内涵，依托于优秀的中国传统文化，学习古代士大夫的毕生追求，特别是学习其中士大夫文化和家文化，学习修身之学、治家之法、为官之道，领悟中华优秀传统文化中古人对家的重视、对孝的推崇、对家国的情怀等核心价值体系，挖掘其中蕴含着的丰富的思想政治教育价值，丰富家风内涵，建设和谐家庭。高校教师也可以发挥自己的独特优势，继续深入挖掘红色家风文化中蕴含着的红色基因，深入学习优秀榜样家风建设的方式方法及实践的途径与举措，挖掘优良家风的感人故事，结合自己的真情实感传播家风文化。[①]高校教师对于家风元素的挖掘还可以因地制宜，就近取材、就地取材，结合当地特色，发挥自身优势，不断挖掘传统文化元素，塑造有中国风格的浓厚家风文化氛围，多样化推动家风建设的开展。

　　然而，高校教师由于对于家风建设重视程度不够，也由此导致作为社会文化集大成者的高校教师对家风建设元素也挖掘不够。通过调研发现，当前高校教师中，自然学科背景的高校教师们所研究的领域更偏重理性思考，而对于感性的文化现象研究较少，对于家风的研究也仅仅是兴趣所致；社会人文学科背景教师也更关注于一些社会热点问题研究，但对于家风的研究也经常是流于形式，挖掘程度不够，也很难与实践相结合，转化为对家庭成员、学生教育和社会家风建设的内容。（见表4-8、图4-8）

表4-8　不同背景高校教师家风挖掘情况

学科背景	人文关怀	自然科学	社会历史问题
综合类大学	58	56	62
理工类大学	45	98	39
师范类大学	46	22	28
专业类院校	15	36	17

---

① 李佳娟. 新时代家风构建研究[D]. 江苏：苏州大学，2020.

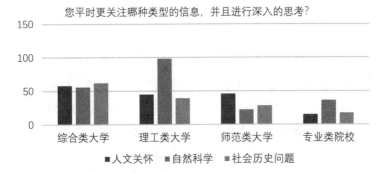

图 4-8　不同背景高校教师家风挖掘情况

高校教师对于家风元素挖掘的分析结果如表 4-9、图 4-9 所示，可以发现，对于"您有挖掘传统家风文化、红色家风文化以及当地家风特色的想法吗"这一问题，有超过一半的高校教师表示"没有，从没想过"，有将近一半的高校教师表示"有，但只是偶然的一个想法"，而表示"有，并且积极尝试"的教师占比只有 3%。由此可见高校教师未能很好发挥其在家风建设中的作用，对于家风元素的挖掘仍然不够。

表 4-9　高校教师对于家风元素挖掘情况

单位：人

问卷题目	有，并且积极尝试	有，但只是偶然的一个想法	没有，从没想过
您有传统家风文化、红色家风文化以及当地家风特色的想法吗？	13	215	292

您有挖掘传统家风文化、红色家风文化以及掘当地家风特色的想法吗？

■有，并且积极尝试　　■有，但只是偶然的一个想法　　■没有，从未想过

图 4-9　高校教师对于家风元素挖掘情况

（三）高校教师对家风建设的实践需进一步加强

家风实质上是一种复杂的精神文化现象，也是一种独特的家庭教育方式，在促进家庭发展、社会和谐和文化传承方面具有重要作用。高校教师的家风建设实践应该结合高校教师自身家庭、职业和社会角色特点，发挥家庭、职业和社会三方面在家风建设中的互动机制，对高校教师自身家庭成员、青年学生和社会中其他家庭进行家风培育。而当前，高校教师家风建设的践行情况略微消极，其由于工作与家庭冲突，很难兼顾自身家庭，在言传与身教的方面，大多数高校教师都表示会难以顾及。同时，成家之后也面临着家庭氛围能否和睦，家庭成员之间关系能够保持良好，家庭成员之间是否能够相互尊重和理解、和睦相处、互相关心、互相爱护的问题。而对于将家风建设融入学校教育，高校教师可以利用大学作为知识传授的平台和载体，将一些蕴含着家风精神的自身故事进行课堂分享，增强青年学生对于家风内涵的深入思考，同时，高校教师也可以结合自身资源优势，开展一些与社会组织相对接的关于家风的实践活动。例如，家风文化宣讲比赛、名人故乡考察、当地家风元素整理等。实际教学中高校教师很少能够在课堂中分享自己的家风理念，也很少主动地带领学生参加一些家风建设活动。另外，高校教师发挥在整个社会中的家风建设作用时，应该要积极地投入社会实践，用自己的所学知识开展家风建设，利用闲暇时间进行社区帮扶，关爱邻居，主动阅读当地的家风文献，带动当地家风建设创新性发展。然而结合调查问卷结果可以看到，当前很少有高校教师会主动地在社会实践中开展家风建设活动。

四、影响高校教师在家风建设中作用发挥的因素

在习近平总书记对于家风建设的高度重视下，在实现中华民族伟大复兴的接力跑中，高校教师应认清使命、强化责任、砥砺自强、勇担重任、拼搏奋斗，在家风建设中积极发挥作用。然而当前高校教师在家风建设过程中呈现出高校教师对于家风建设重视程度不足、家风元素挖掘不够和家风实践活动需增强等问题，其产生的原因是多方面

的，需要认真分析原因，采取措施。

（一）新时代高校教师家庭情况变化

随着社会发展，人们的工作环境和家庭结构都发生了明显变化。当前，我国家庭规模变小，形成了主要是以三口之家为核心的小家庭，家庭结构的变迁带动家庭代际话语权转变，家庭生活方式理念也随之发生变化。结合样本数据也可以发现（见图 4-10），不管是初入职的青年教师还是入职多年的教师，所处的家庭结构大多都是三代同居的家庭，传统优良家风的传承也受到了家庭规模不断缩小的断代影响。

您的家庭居住模式：

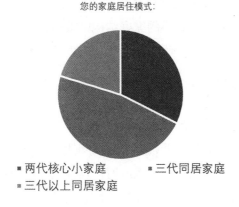

■ 两代核心小家庭　　　　■ 三代同居家庭
■ 三代以上同居家庭

图 4-10　高校教师家庭居住情况

由梁建章、任泽平联合多位学术专家设立的人口研究机构发布的《中国婚姻家庭报告 2022 版》显示，2021 年我国结婚登记对数下降到 763.6 万对，连续第八年下降。近年来，中国初婚人数的持续下降预示着极低生育率的到来，中国的生育率将继续受到多种因素的影响，包括适婚人口减少、结婚和生育成本上升、性别失衡、社会竞争压力增大以及对婚姻和生育的看法改变。①但结婚率初婚人数下降近半，离婚率陡增近 3 倍，婚姻的稳定性的下降使得家庭不稳定因素也不断上升，对于家风的建设是直接的冲击。随着我国高校教师队伍不断博

---

① 盛来运，方晓丹，冯怡琳，等. 家庭人口结构变动对居民消费的影响研究——基于微观家庭面板数据的分析[J]. 统计研究，2021，38（11）：35-46.

士化，高校教师求学经历一般都比较长，对于高校教师来说，建立家庭也相对较晚，高校教师的结婚率因此也相对低，高校教师的家庭因此存在着不稳定性，对高校教师关于家庭和家风的认识都产生了影响。

另外，根据第七次人口普查数据来看，截至 2020 年年底，全国总人口共计 141212 万人，超过 65 周岁的老年人口高达 1.9 亿人，占比 13.5%，相较于 2010 年大幅度上升了 4.6%。盛来运等学者在微观家庭面板数据的基础上进行的实证研究表明，老年人口比例每增加 1 个百分点，家庭平均消费率就会下降 0.08 个百分点；家庭中的儿童比例每增加 1 个百分点，家庭的平均消费率就会下降 0.05 个百分点。[1]高校教师群体在上有老、下有小的家庭结构中负担也随之增加。在面对子女的抚育、老人的赡养、收入的变化、压力的上升等状况时，高校教师对家风建设也经常感觉到捉襟见肘，力不从心，对于发挥其家风建设的作用也造成了一些负面影响。

（二）政府发挥引导作用需进一步加强

高等教育的发展离不开政府的各项支持，高校教师在家风建设中作用的发挥，既关系高校也关系政府，发挥政府的引导支持作用，是高等教育在宏观层面能够得以发展的核心问题，也是高校教师在家风建设中发挥作用的重要因素。[2]因而，高校教师在发挥家风建设作用的过程中，没有相关政府部门作为坚强后盾的支持是不够的。但目前我国政府部门政府更多关注的是以党员干部的家风来促党风政风民风建设，对于加强高校的家风建设政策性内容是较少的，主要表现如下。一是相关政策支持较少，地方政府相关部门很少会出台专门针对发挥高校教师在当地优良家风保护、学习、传承、建设方面措施的政策，导致很多高校教师的潜力和当地优良的家风传统未被很好地挖掘。二

---

① 盛来运，方晓丹，冯怡琳，等. 家庭人口结构变动对居民消费的影响研究——基于微观家庭面板数据的分析[J]. 统计研究，2021，38（11）：35-46.

② 毕孝珍，颜健. 中国传统家训与新时代领导干部良好家风的构建[J]. 沂蒙干部学院学报，2022，（03）：115-120.

是资金投入缺失，高校教师在发挥家风建设作用过程中，一般来讲，政府财政很少设有专门的预算，缺失经费核拨，导致"无米之炊"。三是开展的活动较少，当前较少存在由政府牵头，针对优良家风开展的社会实践活动，也很少形成能够感受家风对自身家族、家庭的长远益处的活动，难以形成政府、社会、高校教师多元主体家风共建的局面。四是考核评价体系需要提升完善，政府在对高校进行管理政策制定时，很少会要求高校将高校教师家风建设列入高校教师考核和发展评价中，还需要进一步形成有效的、可持续的执行和监督机制。[①]

（三）部分高校教师受到社会多元价值观的冲击

进入新时代，我国经济社会发展取得了巨大成就，经济总量稳居世界第二，但发展的过程中还存在一些不充分不平衡的问题，拜金主义、官僚主义、享乐主义等不正之风有所蔓延，而强调对金钱要合理追求，要勤俭持家的优良家风在一定程度上也难以满足当前社会需要，因此受到了冲击。个人意识与集体主义认同处于不断的此消彼长中，个人与集体关系的平衡点存在意识不清、把握不好的问题，受到外来意识形态的影响，经常处于个人与集体、自我与责任的拷问中，道德底线和操守也在不断受到冲击，强调守正自清、承担责任的家风文化因此受到冲击。因而，由于高校教师处在价值多元的环境中，价值冲突、价值选择是高校教师发展的常态，部分高校教师陷入重视个人私利，忽视国家和社会利益，在金钱和利益面前容易动摇，理想信念不够坚定的困境，个人意识强、享乐主义、消费超前化、责任感弱化等价值观影响着高校教师在当前家风建设中的作用，高校教师判断是非、曲直、善恶的价值标准不可避免地受到或多或少的影响，高校教师秉承怎样的价值观，则决定了高校教师在家风建设中作用发挥的进程。

---

① 刘丁鑫. 论高校教师师德养成的外在机制[J]. 江苏高教，2022，（11）：109-113.

第五节　高校教师的家庭责任的建构路径

2021 年多部门联合印发了《关于进一步加强家庭家教家风建设的实施意见》，指出要以习近平新时代中国特色社会主义思想为指导，以建设文明家庭、实施科学家教、传承优良家风为重点，推动家庭家教家风建设高质量发展。①高校教师在家风建设中发挥作用需要高校教师立足于家风文化的历史根基、社会根基、道德根基和文化根基，高校教师要认识到自身在社会、学校和家庭的不同特点，主动地发挥自身在社会、高校和个人家庭中的家风建设引领作用。

一、高校教师需发挥自身优势，挖掘家风元素

高校教师要发挥自身文化底蕴优势，挖掘家风元素，实现家风文化创造性转变和创新性发展，坚定社会主义核心价值观信念，结合传统优秀家风文化和挖掘革命前辈红色家风文化，孕育出符合时代要求和具有高校教师特色的家风元素，从而发挥其在个人家庭、学校教育和社会中家风建设的作用。

（一）坚定社会主义核心价值观信念，引领家风建设

习近平总书记特别强调，要把社会主义核心价值观的培育与家庭建设相结合，新时代高校教师在家风建设中发挥作用离不开时代的土壤，高校教师要坚定社会主义核心价值观信念，融汇核心意蕴，引领家风建设。②社会主义核心价值观的内在精神，包含着我们国家和民族理想和信仰，是判断事物善恶价值的基础和评价模式。社会主义核心价值观提出了对个人、社会、国家三个层面的内容，三个层面相互依赖、相互促进，共同构成一个不可分割的整体。面对当前多元化的

---

① 顾保国. 论习近平新时代家风建设重要论述的理论逻辑与实践价值[J]. 马克思主义研究，2020，（02）：34-44.

② 应宗颖. 习近平家庭建设思想核心理念及其时代价值初探[J]. 湖湘论坛 2017，30（03）：25-30.

价值观念，高校教师在家风建设中发挥作用一定要以社会主义核心价值观为引领，全面契合社会主义核心价值观，在家风建设过程中，践行社会主义核心价值观，将家风建设中以耕读传家、立德修身的家风之本，以孝悌人伦、和善兴家的家风之要，以睦友亲邻、敬业爱国的家风之核等价值理念与社会主义核心价值观所倡导的价值准则的内涵相契合，将"爱国、敬业、诚信、友善"个人层面的价值要求，向社会、国家层面价值进行过渡与提升，结合社会主义核心价值观中强调的"平等、和谐、文明、友善"等新理念，明确家庭成员责任指向，在主流价值观的引导下科学地展开家风建设，挖掘家风元素，丰富家风内涵，引领家庭成员、青年学生、社会其他家庭对家风文化形成新的认识。

（二）结合中国传统家风文化，涵养家风底蕴

习近平总书记 2016 年 12 月 12 日在会见第一届全国文明家庭代表时讲话强调："中华民族历来重视家庭。正所谓'下之本在家'。尊老爱幼、妻贤夫安、母慈子孝、兄友弟恭、耕读传家、勤俭持家，知书达礼、遵纪守法，家和万事兴等中华民族传统家庭美德，铭记在中国人的心灵中，融入中国人的血脉中，是支撑中华民族生生不息、薪火相传的重要精神力量，是家庭文明建设的宝贵精神财富。"[①]他强调，要把中国传统文化中蕴含的优秀家风文化的丰富内涵纳入新时期的家风建设。在中华民族博大精深的文化中，有许多将家庭韵味凝结成家风文化的文化传统，例如，颜之推写的《颜氏家训》，从家庭伦理的角度告诫子孙们如何修身，如何处世，如何治家，如何读书；在《治家格言》中，朱熹告诫子孙要"积德"和"修身"，尊重老师和长辈，保持勤俭持家，遵守与邻居和谐相处的规则；《钱氏家训》中，钱镠教育后世族人要节俭、勤奋、学习、修身和与人为善；曾国藩家书与家训告诫后代要好学、不傲慢、不浪费金钱、以礼待人；林则徐以"十无

---

① 习近平在会见第一届全国文明家庭代表时的讲话-中国军网 http://www.81.cn/xue-xi/2016-12/15/content_9293096.htm[EB/OL].

益"格言，劝导子孙不得不孝父母、不和兄弟、不存善心、心高气傲、妄取人财等。①我国传统文化中蕴含着丰富的家风资源，家风作为一种形成于家庭成员互动过程中的道德品行，其形态的固化依赖于时间的持续，高校教师作为中华优秀文化的继承者和传扬者，要立足于中国传统家风文化的道德风尚，发挥自身在家风建设中的独特优势，以优秀传统家风文化为引领，深入挖掘传统家风文化元素，结合新时代发展要求，将特色的家风资源整理、开发、展示出来、效益发挥出来，在与家庭成员、青年学生、社会其他家庭的互动过程中，培育其对于传统家风文化的情怀，从而形成独具特色、满足时代发展需要的家风文化，为整个社会家风建设增添动力，让传统家风文化重焕活力。

（三）挖掘红色家风文化，滋养家风内涵

习近平总书记多次强调，"不忘历史才能开创未来，善于继承才能更好创新"②。许多老一辈革命家抱着"革命理想高于天"的坚定信念，为我国的革命事业作出了贡献，同时他们在教育子女时也作出了积极的表率，革命先辈所形成的家风可以概括为"爱党爱国，忠于理想""克勤克俭，廉洁奉公""律己修身，不搞特殊"。例如，毛泽东对子女的家风培育就是："吃苦、求知、进步、向上"，并立下了不搞特殊化的"待亲三原则"；朱德的传家之言则强调了，"立德树人，勤俭持家"，对后人提出了做人、处世的要求；周恩来所形成的家风则包含了"事能知足心常泰，人到无求品自高"的做人道理，成为立身处世的教科书。③老一辈革命家家风中不仅蕴含着丰富的自身为人处世的精髓，体现了丰富的历史底蕴，也为我们当前家风建设留下了大量具有针对性、实践性和感染力的家风文化，是先人留给后世的宝贵精神财富。

---

① 张振. 传统家训文化视野下高校社会主义核心价值观培育探究[J]. 就业与保障，2020，（20）：167-168.

② 习近平在纪念孔子诞辰2565周年国际学术研讨会暨国际儒学联合会第五届会员大会开幕会上的讲话--新闻报道-人民网 http://cpc.people.com.cn/n/2014/0925/c64094-25729647.html[EB/OL].

③ 朱一丹. 传统家训文化视野下高校社会主义核心价值观培育探析[J]. 学校党建与思想教育，2018，（11）：83-85.

因而，新时代重拾家风建设，一定程度上就需要加强红色家风中优秀家风的回归和传承，高校教师在发挥家风建设作用过程中，要不断深入挖掘红色家风文化元素，学习革命先辈们优秀的个人品质和家庭教育的先进理念，传承老一辈革命家的红色家风精神，保持勤俭朴实、吃苦耐劳的生活作风，不断提高对物欲所迷惑的抵御能力，在与家庭成员、青年学生、社会其他家庭的互动过程中，培育其风清气正的精神，引导其构筑清正廉洁、勇于拼搏的家庭氛围，点燃全社会对于红色家风文化的热情。

二、高校教师应联合多元主体，开展家风建设活动

党的二十大报告提出要"弘扬中华传统美德，加强家庭家教家风建设"，家庭和谐关乎社会和谐，家风建设是保证家庭和谐的重要环节，需要社会力量共同努力。高校教师在整个社会家风建设中为了更好地发挥作用，要立足于家庭与社会的互动机制，积极参与政府相关课题研究，聚焦媒体家风建设宣传，讲好家风故事，联合社会相关组织帮扶，践行家风文化。

（一）参与政府相关课题研究，引导家风建设

由于高校教师家风建设过程中获得精神供给、物质资源、专业资本等支持性条件的现状差异，直接或间接影响着高校教师对于家风建设心理状态的程度，而政府相关部门出台的家风建设相关政策，则有利于加大对家风建设的资金投入，可以为高校教师在家风建设中发挥作用提供稳定的财政支持，为发挥高校教师家风建设中作用解决后顾之忧。因而，各学科背景的高校教师都应该主动尝试参与政府关于家风课题研究，形成具有不同学科背景的地方家风建设队伍，发挥不同学科背景高校教师人文底蕴优势，深入挖掘家风文化元素，高校教师可以带头主导挖掘、整理当地优秀家风文化传统，启动"传承传统家风"文化工程，挖掘并整理本地特色世家大族、名人志士的家风家训，助推当地的家风建设，促进整个社会家风建设的持续发展，同时，高

校教师还可以结合社会现实和时代需要，以家风元素内涵讲解、家风模范宣传、各式各样家风建设实践活动的举办等为内容，运用现代科技手段宣传优良家风文化，实现政府和高校教师的有机互动。

（二）聚焦媒体家风建设宣传，讲好家风故事

全媒体时代高校教师在发挥家风建设作用的过程中，要重视媒体对于家风建设的宣传作用，发挥好自身与媒体的互动机制，做好家风建设宣传。一方面，高校教师要着眼于家风建设在社会治理任务中的重要作用，明确家风建设立德树人、文化传播、价值引领的重要任务，与权威媒体加强合作，注重发挥媒体在家风建设中的宣传作用，体现出高校教师的家国意识和责任担当，增强高校教师家风典型宣传的社会效益，勇于将自身家风建设的内容展现给公众，表现家风建设显著成效，推广自身家风建设典型经验，发挥媒体多途径、全方位展示家风建设先进人物、优秀家庭、讲好家风建设故事的作用，发挥高校教师家风建设的模范引领作用，从而对家庭成员、青年学生、整个社会家风建设起到示范和带头作用。另一方面，高校教师在发挥家风建设作用的宣传过程中要讲好家风故事，对于家风文化的宣传要坚持"内容为王"，高校教师要创新家风文化宣传表达方式，加大对重点理念的传播力度，增强"脑力""笔力"，研究家庭成员、青年学生、社会其他家庭的习惯和特点，发挥写作能力上的突出优势，将更好、更接地气、更有实际意义的家风文化元素挖掘出来，使所讲家风故事为更多家庭所认同，通过不同家风内容聚合，实现价值引领新机制，创新宣传线上线下联通，屏内屏外共情共享，发挥高校教师在家风建设中的作用，构建高校教师家风建设示范、引领新格局。

（三）联合社会相关组织帮扶，践行家风文化

高校教师在家风建设中的作用，不仅是指高校教师自身家庭建设，还在于高校教师在与家庭成员、青年学生、社会其他家庭的互动过程中，起到对整个社会家庭的示范和辐射作用。因而高校教师在发挥家风建设作用过程中要增加与社会相关组织的联动，依托社会组织、企

业、人士广泛的社会资源优势，联合社会多元主体参与优良家风建设，增强多领域协作开展家风建设活动。高校教师要发挥自身优势，结合自身博学的才识和为人处世的原则，带领家庭成员、青年学生参与到社会相关组织开展的家风建设活动当中，发挥"智囊团"作用，对涉及优良家风文化的书籍、祠堂等进行修复保护，协助社会相关组织开展"留守之家""妇女之家""儿童之家"等项目，帮助社会相关组织开展传统文化、红色文化和特色家风文化游等活动，与社会组织共同举办家风建设相关活动，将优良家风文化巧妙融入大众喜闻乐见的优秀民俗活动中，并对家风活动进行宣传推介，推动当地经济发展，鼓励家庭成员和青年学生参与到家风实践活动当中，承担起搜集优良家风故事，帮助当地社会组织挖掘当地优秀家风文化资源，撰写家风宣传小册的任务，从而培育家庭成员和青年学生的家国情怀，让家风宣传"活"起来、"动"起来，推动整个社会优良家风的形成。

三、高校教师应注重将家风融入校园，加强对学生的家风培育

高校教师相较于其他职业，在家风建设中具有更为出色的独特优势，发挥高校教师在家风建设中的作用，既是延续中华文化血脉的题中应有之义，也是开辟高校德育新视野的重要之举。为更好发挥高校教师在学校教育中家风建设的作用，高校教师应注重将家风建设融入校园，融合大学精神文化，丰富家风文化内涵，讲好家风故事，加强对青年学生的家风培育。

（一）融合大学精神文化，丰富家风文化内涵

高校教师由于其具备的职业、家庭和社会角色处于不断地互动当中，其价值观、道德情感和道德行为也会受到大学精神的影响，同时，包含着"明德、亲民、至善"的大学精神与优良的家风文化在目标要求上是一致的，在育人方式上是类似的，在价值观念上是契合的，因而，高校教师要从大学精神所涵括的育人精神、求知精神、批判精神、关怀精神等四个维度出发，进一步解决自身"工作—家庭"的冲突，

建设"知识型、创新型、伦理型"家庭，树立"显情怀、有大爱、重求知、扬善行"的新时代高校教师家风。①高校教师要在教学过程中积极开展各类家风建设活动，结合青年学生身处的思想荟萃的大学环境，以大学精神丰富家风内涵，将"明德、亲民、至善"的大学精神融入青年学生家风建设中，将大学精神所要求的价值理念和道德要求与家风建设相融合，并且将大学精神蕴含的道德价值观与家庭日常生活、学校教育以及社会实践活动相结合，培育青年学生的求知、创新意识，增强青年学生树立科学的生活理念和崇高的生活目标的能力，引导青年学生在学校教育中能够形成适合大学崇高追求和社会基本价值实践的道德品行，推动青年学生将家风要求内化于心、外化于行，因而，高校教师要以大学精神内涵丰富新时代家风内涵，引领青年学生家风建设新风尚。

（二）讲好家风故事，加强青年学生家风培育

课堂教学既是一种师生之间的活动文化，也是一种关系文化。作为一种活动文化，高校教师通过课堂互动培养和提升学生的知识水平、文化能力；作为一种关系文化，课堂教学存在着师生、生生和家校之间的多重关系。同时课堂教学还具有显性功能和隐性功能，高校教师除了要教授学生课本中的理论知识之外，还无形地影响着青年学生包括家风文化在内的价值理念和行为习惯。因而，高校教师要讲好家风故事，通过课堂教学将"小家风"融入"大家风"，在教学活动中要加强融入家风文化，打造具有红色教育、史观教育、传统文化教育等不同内涵的家风文化教育，把优良的家风文化融入教学之中，使优良家风走进青年学生生活，在校园落地生根，高校教师可以通过校园广播、报纸及微博、微信、微电影等新媒体形式，宣讲家庭伦理、生活趣事，把育人教育和家风建设有机结合，向全校园传承与弘扬家风的力量，有效发挥自身家风模范的带头作用，主动展示中华民族家庭美德和良

---

① 游旭群，靳玉乐，李森，等. 新时代教师教育高质量发展大有作为[J]. 高校教育管理，2022，16（05）：1-21.

好家风的时代内涵，以自身崇高品德带动全校园学习优良家风的行动，营造高校青年学生崇学、重德、爱国爱家的美好文化氛围、树立学习标杆，以高校教师良好家风滋养青年学生家风，形成树立典型、宣传好家风、好家教的校园风气，传播家庭文明正能量，助力青年学生崇高理念的树立，让"优良家风"吹进每一个青年学生心中。青年学生通过学习身边生动的家风故事，培育优良的家风精神，从而推动包含家风建设的"课程思政"的实现，促进"知识传授"和"道德引领"的有机统一。高校教师也要鼓励和引领青年学生参与学校和社会中关于"家风"文化资源挖掘、整理和研究的相关实践活动，使得青年学生能够在潜移默化中感受到家风文化魅力，不断增强家国责任意识，从而带动青年学生群体家风建设，发挥青年学生在家风建设中的作用，以"星星之火，可以燎原"之势，点燃全社会学习、传承新时代家风的热情。

四、高校教师要践行家风精神，打造模范家庭

高校教师不仅是社会人才的输送者，也是优秀文化的传承者，被时代和国家赋予了更多的使命。因而，高校教师在发挥家风建设作用的过程中，要以自身家庭为依托，在与家庭成员交往的过程中不断加强立身修身，提升个人修养，同时，高校教师要积极承担家庭责任，践行家风精神，培育家庭成员优良品行，打造模范家庭。

（一）加强立身修身，不断提升个人修养

首先，中国传统文化自古以来就提倡"人贵有自知之明"，强调了每个人都应该加强对自己的认识。高校教师只有深刻理解和学习自然、社会和人的发展规律，才能对高校教师家风领域的道德原则和规范形成深入洞见，为其道德动机和行为实践提供内在动力。如果高校教师对道德规范、原则的认识和理解不够，那么其行为只能算是合乎道德，而不是内在的自发性决定的，是一种"他律"，是一种"外在于人"的道德表现，而非高校教师个人的个性特征和心理品质。因此高校教师

在开展家风建设活动的过程中，要提升学思结合的能力，通过不断实践、学习和思考，认识到如何处理个人与家庭、社会的关系，树立正确的三观，形成良好的个人品质，领悟自身应该追求的精神价值。其次，高校教师要不断提升自身知行统一的能力，也就是说，高校教师应该具备将道德认知转化为道德行为的能力，将家风的原则转化为外在的实际行为，而不只是局限于思想层面，正如中国古代众多思想家所说"积善成德"，通过连续的、多次的道德行为，加强自身内部的道德品质。因此，高校教师要通过不断地与家庭成员之间开展道德实践，巩固个人的道德情感和意志，内化为对家风文化坚定的信念，从而形成一种较为稳定的个人品质，再去指导家庭成员的行为实践。最后，高校教师还应该不断培育自身自讼慎独的品质，"自讼"是指高校教师需要能够具有反思自己的能力，能够辨识各种道德规范以及各种道德制度的合理性，能对家庭生活中出现的习以为常的行为进行道德拷问，以及自己是否能够在面对各种诱惑与干扰时，还能做到自我反省，能够抱着"有则改之无则加勉"的态度不断提升自我，不断追求更高的家风精神境界。高校教师还应该在家风建设活动过程中，不断提升"慎独"的品质，即高校教师当独自一个人时，也应该可以做到自我检查和自我监督，来不断地提升自我立身修身的水平，通过个人修养的不断提升，坚守和丰富家风精神。

（二）积极承担家庭责任，培育家庭成员优良品行

首先，高校教师在家风建设中发挥作用就要能够践行家风文化。高校教师要在各种社会实践中，结合自身优势，不断探索新的生活知识，创新家庭新的生活技能，建设新的家庭文化，促进个人学术与家庭生活的融合，提升家庭成员幸福感，研究社会发展对家庭生活的新影响，发挥知识分子的批判能力，促进家庭成员提升辨别美与丑、对与错的能力，增强他们对不同社会现象的认识能力。高校教师要提升运用知识服务家风建设的能力，以创新精神带动自身家风建设，培养家庭成员对创新生活的激情和动力，在家庭生活实践中，高校教师应

该与家庭成员寻求共同兴趣、培养共同话语，要根据其学习和事业发展的需要进行交流，补充和完善家庭成员修身立德类的知识体系，交流日常生活中为人处世的原则，以润物细无声的方式提高其对社会人际关系、社会生活规则、社会道德要求的理解和运用。其次，高校教师要结合家风文化要求，提升家庭成员的外部行为准则，规范其公共生活行为，如邻里关系中的行为、社区关系中的行为。高校教师是社会良知的代言人、社会道义的承担者和社会思想的风向标，高校教师可以结合自己的影响力和人格魅力，展示自己的知识优势，引导家庭成员以更加开放的心态参与社区实践等活动，实现"血缘道德交往"向"社会伦理交往"转变，在优良家风风尚的牵引下，引导家庭成员为他人和社会的共同利益着想，以更加宽容、尊重和关爱的态度对待他人，将家庭关爱提升为博爱和大爱。

（三）发挥表率作用，打造个人模范家庭

老子曰："是以圣人处无为之事，行不言之教。"高校教师要以个人家庭为依托，以身作则，打造模范家庭。第一，建设新型和谐家庭，培养健康幸福子女。注重家庭是家庭建设的前提。"和谐"从哲学意义上讲是矛盾的一种特殊表现形式，并不是没有矛盾，而是矛盾双方在一定条件下的平衡、协调与合作状态，体现着矛盾双方相互依存、相互促进、共同发展的趋势。高校教师既要正确处理家庭中的夫妻关系、亲子关系等，也要处理好家庭与社会、国家的关系，通过家庭成员的相互作用与影响，推动家庭的生存与发展，共同建立和谐社会、美丽中国。第二，重视品德教育，教子女如何做人。注重家教是家庭建设的关键。"作为父母和家长，应该把美好的道德观念从小就传递给孩子，引导他们有做人的气节和骨气，帮助他们形成美好心灵，促使他们健康成长，长大后成为对国家和人民有用的人。"[①]新时代，品德教育除了要引导子女树立勤勉坚毅的乐学思想，更应包括培养子女的家国情

---

① 习近平. 习近平谈治国理政（第二卷）[M]. 北京：外文出版社，2017：355.

怀与人民立场。高校教师要树立好爱家爱国的形象、廉洁自律的标杆，抓住社会热点性问题对子女进行正确的价值引导，将中华优秀传统美德融入细微之处。第三，传承优良家风，带动良好社风。注重家风是家庭建设的归宿。在这个过程中，高校教师不断培育自身自讼慎独的品质，提升知行合一的能力，将社会主义核心价值观融入家风建设，把良好家风内化为对家风文化的坚定信念，外化为实在的行动，继而潜移默化地培育家庭成员优良品行。同时，结合自己的影响力，引导家庭成员积极参与社区实践活动，将家庭关爱提升为大爱，形成正向循环。

第五章　新时代高校教师道德责任——职业责任

中国古代的教育观点认为："师也者，教之以事而喻诸德也。"即作为一名教师，不仅要向受教者传递丰富的文化科学知识，同时还要对其进行思想道德教育。荀子则认为，教师在教学活动中具有双重身份，一是"经师"，向学生教授讲解经书；二是"人师"，即让自身的言行举止成为学生学习的典范。后人更提出"经师易得，人师难求"，可见，教师的职责在于对学生进行多方位的教育。对学生进行思想道德教育以及身体力行成为学生的典范，则对教师自身的道德素质、行为能力提出了更高的要求。现代教育理念把教师的道德素质、职业道德水平以及职业理想统称为"师德"，而师德是培养高素质人才的先决条件。

第一节　概念界定

一、师德师风

高校师德，顾名思义就是高校教师（含直接从事教育教学的教师群体和间接从事教育教学的行及后勤保障队伍群体）所应具有的道德品质和所应遵守的道德规范。

从广义上说，高校师德既包括高校教师的职业道德品质与职业道德规范，也包括社会家庭道德和个人品德等方面的品质与规范。

从狭义上说，高校师德主要指高校教师的职业道德品质与职业道德规范。所谓职业道德品质就是教师在实践活动中应该具有的基本品质，主要包括思想素养和道德情操等；所谓职业道德规范是指"在从事教育教学工作中应遵循的行为规范，是调节教师与学生、学校、国家和社会相互关系的基本行为准则"。

无论是广义还是狭义，高校师德建设都是建立在一定的客观经济基础之上，都有一定明确的基本规范要求和内容体系，是一般社会道德在高等教育职业生涯中的定向化、专业化的具体体现，但是它又有别于其他职业道德，是一种特殊的、更高尚的、更完美的职业道德。

高校师德，从道德意识水平上看，比其他职业道德有着更高、更全面的追求；从道德行为上看，比其他职业道德有着更强烈的典范性，即为人师表；从道德影响上看，比其他职业道德更具有深、广、远的特点，教师对自己道德行为的后果和影响需要事前充分估计并特别注意。因此，它更具有自觉性和目的性。

当前，高校师德不仅要具有师德规范的一般属性，还要具有社会主义社会道德标准的特殊属性；不仅包括道德品质修养，还包括学识修养；不仅要继承中华民族传统道德美德的规范，做到古为今用，而且要吸收借鉴西方现代文明的道德规范，做到洋为中用。唯其如此，才能使高校师德规范具有时代性、民族性和先进性。

（一）核心之一：强调个人道德品质修养

中华传统教育理念认为，教师的素质、品德和教学成效的优劣，对受教者的命运前途有着决定性的作用，西汉时期的文学家、教育家扬雄就曾感叹："师哉！师哉！桐子之命也！"把教师德行的作用和受教者一生的命运联系起来，教师个人修养就必然地成为教师师德建设的首要因素。

荀子在中国教育发展史上第一次系统地阐述了为师的四个必备条件。他说："师术有四，而博习不与焉。尊严而惮，可以为师；耆艾而信，可以为师；诵说而不陵不犯，可以为师；知微而论，可以为师。"

对诸子百家思想兼收并蓄的《吕氏春秋》详细地阐释了教师的道德操守在教学过程中的重要作用，列举了"不能教者"，即不能履行教师职责的人种种不良行径，认为教育的不成功往往来自教师的品行低下。比如"志气不和，取舍数变，固无恒心"，批评有的教师心态不和谐，操守常变，没有固定的准则；"言谈日易，以恣自行，失之在己，不肯自非，愎过自用，不可证移"，是指出有的教师自以为是，有过不改，说话不负责任，放纵自身行为；更有甚者"见权势及有富厚者，不论其材，不察其行，驱而教之，阿而谄之，恐若弗及"，意即趋炎附势、巴结权贵，放弃自身尊严；还有的对"身状出伦、闻识疏达、就学敏疾"的聪慧学生"妒（妒）而恶之"，即厌恶妒忌。正因为有这样的老师败坏了学术氛围，所以"学业之败也，道术之废也，从此生矣"。事实上《吕氏春秋》所批评的这些现象，在当今的教师队伍里也不乏其例。

西汉时期的贾谊在其《新书·保傅》中提出"皆选天下之端士，孝悌博闻有道术者"来担任教导职责。他认为，教育者用自身言行、学识营造出良好的学习和生活环境，使受教者"见正事，闻正言，行正道，左右前后皆正人"，身处其中，必然可接受正面的、积极的影响，则"不能无正也"。在当今社会，学校俨然成为支撑社会道德的中流砥柱，要教育出品行端正的人，必然要营造正派、正气的整体环境，教师在这一点上责无旁贷。

唐代文学家柳宗元非常注重教师在教学中的作用，在他所处的时代中，教师社会地位十分尴尬，"今之世，为人师者众笑之"。针对"举世不师"的局面，他提出了"中焉可师"的为师标准，认为忠信之人才可以为师。

宋代的理学大家同时也是教育家的朱熹对教与学进行了深入精辟的阐释。他从儒家思想的道德观、价值观出发阐述了学者修身之大端，即博学、审问、慎思、明辨、笃行的重要意义，认为教学不能仅仅局限于"务记览、为词章"，更不应以"钓声名取利禄"为目的，而应该"讲明义理，以修其身，然后推己及人"，这些观点无论对教师还是学生都同样适用。他在阐述"修身之要"时提出了"言忠信，行笃敬，惩忿窒欲，迁善改过"，对从教者个人思想言行提出了要求，即言语忠实诚信，行为勤勉认真，克制不良情绪，能够迁善改过。

现代师德建设对教师学识修养提出了更高的要求。在当今知识经济时代，知识信息的深广度和传播速度都是前所未有的，高校教师绝不能故步自封，怠惰因循，满足于一时之得，而应当确立终身学习的治学信念，开拓视野、与时俱进，将自己塑造成为知识广博、学养深厚的学者，只有这样，才有资格成为具有现代风范的教育者。

（二）强调教师身教的示范作用

传统师德观念重视身教，有古语云"身教重于言传"。教师身体力行地奉行所讲授的道理学术，才能吸引学生、感染学生，给予学生真正的影响；反之，言语空洞，口是行非，则令教师的威信大打折扣。所以孔子说："其身正，不令而行；其身不正，虽令不从。"孔子本人就非常注重身教。《论语》中记载了孔子和其弟子的众多言论、举止、行事等，恰恰是孔子力行身教的最好证明。例如有"子见齐衰者，冕衣裳者与瞽者，见之，虽少，必作；过之，必趋"，记录了孔子在行为细节上对礼仪规范的注重和尊重弱小、残疾的美好情怀。又有"子所雅言，《诗》、《书》、执礼，皆雅言也"，语言的不通不利于国家统一和文化传承，孔子主张语音的统一，因此在行礼、诵读经文时使用"雅言"，即当时的标准通用语，为学生示范并匡正语音的礼仪。他的弟子还记载了孔子"孔子于乡党，恂恂如也，似不能言者。其在宗庙朝廷，便便言，唯谨尔"的表现，那是孔子为学生们示范在不同场合、面对不同对象采取不同的言语行为的交际方式。可见，孔子的身教是全方位的，贯穿于学习、日常生活、社交等多种环境，而他的身教方式被学生观察到了，并且进行了记录、分析而有所得，足以证明孔子的身教是一种成功的教育方式。

战国时期的孟子则首先提出了道德实践的命题"善道"，他认为："守约而施博者，善道也。"所谓"善道"，就是实践"道"的方式，他从推广儒家思想的立场出发，认为通过寻求简便可行的修身实践方式（守约、施博），亲身实践"道"，为普通民众作出示范，才能使儒家思想为更多人所接受。

西汉时期的学者董仲舒曾专事著书讲学，他对教师的示范作用进行了深入思考，并在其《春秋繁露·必仁且知》中提出"其动中伦，其言当务，如是者谓之智"，指出教师的行为对学生起着潜移默化的作用。"其动中伦"是指行为合乎规范，他认为如果教师在言语上切合时务，在行为上也起到表率作用，这才是所谓的智者，再加上坚守一贯准则"前后不相悖，始终有类"，就共同构成了教师的基本条件。

杨雄则更为明确地指出："师者，人之模范也。"（《法言·学行》）他着重强调了教师在教育活动中的表率作用，教师的职责除了教授知识外，还要教会学生如何为人，从这一点来看，教师的个人形象为学生提供了学习模仿的范本，因此教师本身就是最直接的教育。

宋代的政治家王安石也曾就教师的示范作用进行探讨。他在《原教》一文中对"善教者"与"不善教者"进行了对比，指出："善教者之为教也，致吾义忠，而天下之君臣义且忠矣；致吾孝慈，而天下之父子孝且慈矣；致吾恩于兄弟，而天下之兄弟相为恩矣；致吾礼于夫妇，而天下之夫妇相为礼矣。"即善于施教的人，往往采取身体力行、以身作则的教育方式，自身致力于实践忠义、孝慈、恩义、礼仪，则润物无声，让受教者在没有察觉的情况下受到感染、得到教化，甚至发出"我何赖于彼哉？"的疑问。不善教者"暴为之制，烦为之防"，强行禁止，层层设防，但法令桎梏和惩戒刑罚却不能真正地达到教化的目的。

王安石提出的教育方式对现代教育者不无启示，苏联教育家苏霍姆林斯基曾说："把自己的教育意图隐蔽起来，是教育艺术十分重要的因素之一。"教育者不靠宣读、不靠禁止，而是通过自己的行为，在有意或无意中触动受教育者的心灵，促使其觉悟，这种隐藏教育意图的方式往往是更深入、更有力量的。

（三）核心之三：以强烈的责任感赋予学生全身心的爱

我国现代教育家夏丏尊有一句名言："教育之没有情感，没有爱，如同池塘没有水一样。没有水，就不能称其为池塘，没有爱就没有教育。"教育部也将2005年教师节的主题确定为"爱与责任"，事实上，"爱"与"责任"在中国传统师德观念里已经存在了两千多年。

孔子是倡导教育爱的第一人，他曾明确地说："爱之，能勿劳乎？忠焉，能勿诲乎？"（《论语·宪问》）意即因为爱学生，所以让他们劳作；因为衷心为学生们好，所以教育他们。教育永远需要爱心，有爱的教育才是丰盈的、生动的、民主的教育，因为有对学生的爱，才能

与之建立深厚的感情，视学生为己子，才能竭其所能，倾囊相授，做到"无隐乎尔"。（《论语·述而》）

教育活动中的爱是一种平等的爱，对此，《吕氏春秋》在"善教者"的行为标准中指出，善于施教的人，应该"视徒如己，反己以教"，教育者要建立一种平等、亲近的师生关系，做到"师徒同体"，而不是高高在上、任意妄为，师生之间心志和谐，因此可以"爱同于己者，誉同于己者，助同于己者"，从而使"学业章明""道术大行"。（《吕氏春秋·诬徒》）

在倡导"师徒同体"的时，《吕氏春秋》还抨击了某些"见权势及有富厚者"，就"趋而教之"丑陋行径，由此可见，教育爱的平等还体现在教师应该坚守一致的道德标准，对财富权势保持清醒的态度，不以此作为衡量学生的标准，更不应以此对学生亲疏有别。

责任是爱的延伸，教育者的责任感是从明确教育职责开始的。中国传统教育理念中，教师是与国家社稷的兴亡、"道"的传播、民众的教化紧密联系在一起的，荀子认为教师职责在于"正礼"："礼，所以正身也；师，所以正礼也，无礼何以正身？无师吾安知礼之为是也？"（《荀子·修身》）"礼"是用以矫正人的思想行为的、维护社会安定的根本，但如果没有教师，"礼"的这种作用便无法实现。《吕氏春秋》则提出："为师之务；在于胜理，在于行义。"即教师必须"胜理行义"，身教言传"尽智竭道以教"。

韩愈在《师说》中对教师的职责集中进行了概括，提出"师者，所以传道受业解惑也"。其中"道"是选拔和衡量教师的根本标准，所谓"道之所存，师之所存也"。这一论断对中国传统师德观念的构成产生了深远的影响。

教师责任感的淡化将直接导致教育功能的萎缩，南宋时的学者叶适曾针对当时教育的不务实际作出强烈的批评，认为"科举之患极矣"，为此他形象地描述了教师责任感的缺失："学官与诸生泛泛焉不相知名，无教无劝，幸其岁满，则掉臂而去，既去若素所不至者，盖一官司耳。"（《心水集·士学下》）如果教师缺乏自觉的责任感，仅仅把教育当作谋生的职业，满足于完成教学工作，教育就不能发挥其应有的作用，学校就不能成为培养人才的场所，而"昏眊不材，贪鄙而无节行者"却借修学之名谋取学位。造成这种令人痛心的局面，当时的取士制度固然难辞其咎，更与教师应付官司、敷衍了事的从业态度不无关系。

二、什么是师风

所谓师风，是教师职业形象是否良好的雨表，是衡量教师教书育人使命和任务的重要方个行业的风尚风气。

三、师德和师风的辩证关系

师德师风是一个有机的整体，师德是师风的基础，师风是师德的表现，二者共同折射出教师教书育人的在气质和精神风貌。师德师风是教育行业作风建设核心，决定着学校的精神风貌和人文风格，也成为人民群众评议教育的一杆标尺。

第二节　党和国家领导人关于加强教师师德师风的相关论述

中华人民共和国成立 70 年来，我国教育取得如此巨大的成就，一个重要原因就是党和国家关心教师队伍建设，坚持依靠教师办学。1985 年，我国设立"教师节"。这一时间比 1994 年国际社会设立国际教师节提前了 9 年。1986 年《中华人民共和国义务教育法》颁布，规定"全社会应当尊重教师""国家保障教师的合法权益""对优秀教育工作者给予奖励"。1993 年《中华人民共和国教师法》颁布，第一次全面地对教师的权利和义务、资格和任用、待遇、奖励等方面作出了法律上的规定。此后，《教师资格条例》《中小学教师继续教育规定》等相继颁布，为维护教师合法权益，提高教师地位提供了基本法律保障。2006 年全国人大常委会审议通过《中华人民共和国义务教育法（修订案）》，其中，将"教师"设为独立一章，规定"教师的平均工资水平应当不低于当地公务员的平均工资水平"。2009 年 1 月 1 日，我国又在义务教育学校率先实施绩效工资。

党的十八大以来，以习近平同志为核心的党中央高度重视教师队伍建设问题，习近平总书记在不同场合多次强调教师工作的重要意义。2013年9月9日，在向全国广大教师致慰问信中强调："百年大计，教育为本。教师是立教之本、兴教之源，承担着让每个孩子健康成长、办好人民满意教育的重任。"①2014年5月4日，在北京大学师生座谈会上的讲话中强调："教师要时刻铭记教书育人的使命，甘当人梯，甘当铺路石，以人格魅力引导学生心灵，以学术造诣开启学生的智慧之门。"②2014年9月9日，在同北京师范大学师生代表座谈时强调："教师重要，就在于教师的工作是塑造灵魂、塑造生命、塑造人的工作。一个人遇到好老师是人生的幸运，一个学校拥有好老师是学校的光荣，一个民族源源不断涌现出一批又一批好老师则是民族的希望。""好老师要有'捧着一颗心来，不带半根草去'的奉献精神，自觉坚守精神家园、坚守人格底线，带头弘扬社会主义道德和中华传统美德，以自己的模范行为影响和带动学生。"③2015年9月9日，在给"国培计划（二〇一四）"北师大贵州研修班参训教师回信中强调："发展教育事业，广大教师责任重大、使命光荣。希望你们牢记使命、不忘初衷，扎根西部、服务学生，努力做教育改革的奋进者、教育扶贫的先行者、学生成长的引导者，为贫困地区教育事业发展、为祖国下一代健康成长继续作出自己的贡献。"④2016年9月9日，在北京市八一学校看望慰问师生时强调："各级党委和政府要满腔热情关心教师，让广大教师安心从教、热心从教、舒心从教、静心从教，让广大教师在岗位上有幸

① 习近平向全国广大教师致慰问信-高层动态-新华网 http://www.xinhuanet.com/world/2013-09/09/c_117294186.htm[EB/OL].

② 习近平：青年要自觉践行社会主义核心价值观--在北京大学师生座谈会上的讲话-新华网 http://www.xinhuanet.com/politics/2014-05/05/c_1110528066.htm[EB/OL].

③ 习近平：做党和人民满意的好老师——同北京师范大学师生代表座谈时的讲话_要闻_新闻_中国政府网 https://www.gov.cn/xinwen/2014-09/10/content_2747765.htm[EB/OL].

④ 习近平总书记给"国培计划（2014）"北京师范大学贵州研修班参训教师的回信 - 中华人民共和国教育部政府门户网站 http://www.moe.gov.cn/jyb_xwfb/moe_176/201509/t20150909_206921.html[EB/OL].

福感、事业上有成就感、社会上有荣誉感，让教师成为让人羡慕的职业"。2016 年 12 月 7 日，在全国高校思想政治工作会议中强调："教师做的是传播知识、传播思想、传播真理的工作，是塑造灵魂、塑造生命、塑造人的工作。教师不能只做传授书本知识的教书匠，而要成为塑造学生品格、品行、品味的'大先生'。"①2017 年 11 月 20 日，在十九届中央全面深化改革领导小组第一次会议上强调："全面深化新时代教师队伍建设改革，要全面贯彻党的教育方针，坚持社会主义办学方向，遵循教育规律和教师成长发展规律，全面提升教师素质能力，深入推进教师管理体制机制改革，形成优秀人才争相从教、教师人人尽展其才、好老师不断涌现的良好局面。"②2018 年 5 月 2 日，在北京大学师生座谈会上的讲话中强调："评价教师队伍素质的第一标准应该是师德师风。"③2023 年 9 月 16 日，在《求是》杂志发表的重要文章《扎实推动教育强国建设》中强调："要加强师德师风建设，引导广大教师坚定理想信念、陶冶道德情操、涵养扎实学识、勤修仁爱之心，树立'躬耕教坛、强国有我'的志向和抱负，坚守三尺讲台，潜心教书育人。"④

一、党和国家关于师德师风建设的指示

中华人民共和国成立以来，党和政府就一直高度重视师德建设，几代领导人都对师德给予了不同的阐述。

毛泽东同志在他关于教育问题的论说中多次提到教师问题，对教师的道德修养问题有精辟论述，概括起来主要是强调要将教师的道德

---

① 总书记眼中的"人民教师"-新华网 http://www.xinhuanet.com/politics/leaders/2021-09/11/c_1127850369.htm[EB/OL].

② 习近平：全面贯彻党的十九大精神 坚定不移将改革推向深入-新华网 http://www.xinhuanet.com/politics/leaders/2017-11/20/c_1121985067.htm[EB/OL].

③ 习近平在北京大学师生座谈会上的讲话_中华人民共和国最高人民检察院 https://www.spp.gov.cn/spp/tt/201805/t20180503_377383.shtml[EB/OL].

④ 习近平：扎实推动教育强国建设__中国政府网 https://www.gov.cn/yaowen/liebiao/202309/content_6904156.htm[EB/OL].

问题与政治问题紧密联系在一起，对师德修养的基本要求是为政治服务，与生产劳动相结合，强调教师要成为热爱祖国、政治立场坚定、品德高尚与工农群众打成一片的新型的无产阶级知识分子。毛泽东同志对于师德的阐述确立了我国教育对师德要求的基本方向。

邓小平同志则要求广大教师要有坚定的社会主义理想信念，要敢于和善于用自己的形象影响、教育他人，更好地服务于社会；要坚持走又红又专的道路，成为建设有中国特色社会主义事业的生力军。

2002 年 9 月 8 日，江泽民同志在庆祝北京师范大学百年校庆的讲话中对人民教师提出 3 点殷切希望，希望广大教师"志存高远，爱岗敬业；为人师表，教书育人；严谨笃学，与时俱进"。

胡锦涛同志则强调以社会主义荣辱观引领师德建设，教师要学识魅力和人格魅力并重，在 2007 年 8 月 31 日召开的全国优秀教师代表座谈会的讲话中对师德提出了四点具体的要求：希望广大教师爱岗敬业、关爱学生，刻苦钻研、严谨笃学，勇于创新、奋发进取，淡泊名利、志存高远，努力做受学生爱戴、让人民满意的教师。

习近平总书记在党的十九大报告中提出："经过长期努力，中国特色社会主义进入了新时代，这是我国发展新的历史方位"①，要求新时代要"优先发展教育事业"。教师作为教育事业中落实教育任务的主要责任者，肩负着重要的时代责任，因此新时代提出"兴国必先强师"的口号，所谓"强师"，首先要提高教师的师德师风修养，习近平总书记多次在多个场合强调师德师风建设，中共中央、国务院和教育部等相关部门也十分重视，召开师德师风建设会议，印发师德师风建设的相关文件，全面指导和部署这项重要工作。

二、我国颁布关于高校教师师德相关法律法规

我国颁布的与教师有关的法律有很多，包括《中华人民共和国教师法》《中华人民共和国职业教育法》《中华人民共和国高等教育法》

---

① 习近平. 决胜全面建成小康社会 夺取新时代中国特色社会主义伟大胜利——在中国共产党第十九次全国代表大会上的报告[M]. 北京：人民出版社，2017：10.

《中华人民共和国义务教育法》《中华人民共和国预防未成年人犯罪法》《中国教育改革与发展实施纲要》《新时代高校教师职业行为十项准则》《中共中央　国务院关于全面深化新时代教师队伍建设改革的意见》《新时代中小学教师职业行为十项准则》《新时代幼儿园教师职业行为十项准则》等，以法律法规的形式对教师的责任和义务进行规范和保障，其中有多条法律法规涉及高校教师道德责任。

1993年10月31日中华人民共和国第八届全国人民代表大会常务委员会第四次会议通过的《中华人民共和国教师法》自1994年1月1日起施行。这部法律的基本精神就是用法律来维护教师的合法权益，保证教师待遇和社会地位的不断提高；加强教师队伍的规范化管理，确保教师队伍整体素质不断优化和提高。在第八条教师应当履行的义务中指出教师要遵守宪法、法律和职业道德、为人师表，要不断提高思想政治觉悟和教育教学业务水平。

《中国教育改革和发展纲要》（以下简称《纲要》）是教育改革和发展的蓝图，是建设有中国特色社会主义教育体系的纲领性文件。认真贯彻实施《纲要》，是各级党委和政府的重要职责，是各级教育行政部门和各级各类学校的中心任务。《纲要》指出：要加强德育队伍建设，不断提高队伍素质，同时，要从政策和制度上保证"教书育人、管理育人、服务育人"的落实。广大教师和教育工作者要发扬敬业奉献精神，以身作则，为人师表。

2005年1月13日，《教育部关于进一步加强和改进师德建设的意见》（教师〔2005〕1号）中第3条明确提出：加强和改进师德建设要以热爱学生、教书育人为核心，以"学为人师、行为世范"为准则，以提高教师思想政治素质、职业理想和职业道德水平为重点。

2011年12月23日，教育部、中国教科文卫体工会全国委员会以教人〔2011〕11号文件，印发了《高等学校教师职业道德规范》，明确提出了高等学校教师职业道德的6个大类的规范内容，即：爱国守法、敬业爱生、教书育人、严谨治学、服务社会、为人师表。教育部明确要求要把贯彻落实这一规范作为高校师德建设的首要任务。

为大力加强师德建设，2014 年 9 月 30 日，教育部下发了《教育部关于建立健全高校师德建设长效机制的意见》（教师〔2014〕10 号，以下简称《意见》），第一部分明确提出"高校教师的思想政治素质和道德情操直接影响着青年学生世界观、人生观、价值观的养成，决定着人才培养的质量，关系着国家和民族的未来"。

《中华人民共和国高等教育法》是为了发展高等教育事业，实施科教兴国战略，促进社会主义物质文明和精神文明建设，根据宪法和教育法制定的法规。由中华人民共和国第九届全国人民代表大会常务委员会第四次会议于 1998 年 8 月 29 日通过，自 1999 年 1 月 1 日起施行。2015 年 12 月 27 日，根据第十二届全国人民代表大会常务委员会第十八次会议《全国人大常委会关于修改〈中华人民共和国高等教育法〉的决定》。在第五章高等学校教师和其他教育工作者中第五十一条中指出：高等学校应当对教师、管理人员和教学辅助人员及其他专业技术人员的思想政治表现、职业道德、业务水平和工作实绩进行考核，考核结果作为聘任或者解聘、晋升、奖励或者处分的依据。

2016 年 12 月 7 日至 8 日，全国高校思想政治工作会议在北京举行。中共中央总书记、国家主席、中央军委主席习近平出席会议并发表重要讲话。习近平强调：教师是人类灵魂的工程师，承担着神圣使命；传道者自己首先要明道、信道；高校教师要坚持教育者先受教育，努力成为先进思想文化的传播者、党执政的坚定支持者，更好担起学生健康成长指导者和引路人的责任；要加强师德师风建设，坚持教书和育人相统一，坚持言传和身教相统一，坚持潜心问道和关注社会相统一，坚持学术自由和学术规范相统一，引导广大教师以德立身、以德立学、以德施教。

《新时代高校教师职业行为十项准则》是为深入贯彻习近平新时代中国特色社会主义思想和党的十九大精神，深入贯彻落实全国教育大会精神，扎实推进《中共中央　国务院关于全面深化新时代教师队伍建设改革的意见》的实施，进一步加强师德师风建设，由教育部研究制定，于 2018 年 11 月 8 日印发并实施的准则。《新时代高校教师职业行为十项准则》指出，新时代对广大教师落实立德树人根本任务提出新的更高要求，为进一步增强教师的责任感、使命感、荣誉感，规范职业行为，明确师德底线，引导广大教师努力成为有理想信念、有道德情操、有扎实学识、有仁爱之心的好老师，着力培育德智体美劳全面发展的社会主义建设者和接班人。

2018 年 1 月 20 日，中共中央、国务院印发了《关于全面深化新时代教师队伍建设改革的意见》，该意见突出了师德的重要性，指出"把提高教师思想政治素质和职业道德水平摆在首要位置，把社会主义核心价值观贯穿教书育人全过程，突出全员全方位全过程师德养成，推动教师成为先进思想文化的传播者、党执政的坚定支持者、学生健康成长的指导者"。

2018 年 11 月 8 日，教育部印发了《关于高校教师师德失范行为处理的指导意见》（教师〔2018〕17 日），其中第二条明确提出高校教师要自觉加强师德修养，严格遵守师德规范，严以律己，为人师表，把教书育人和自我修养结合起来，坚持以德立身、以德立学、以德施教、以德育德，发生师德失范行为，本人要承担相应责任。

2018 年 12 月 14 日，教育部召开全国师德师风建设视频会议，对新时代师德师风建设工作具体实施工作展开部署，提出实施的重要原则和科学方法，领导和监督新时代我国师德师风建设工作全面贯彻落实。

2019 年 8 月 30 日，教育部等四部委联合发文《深化新时代职业教育"双师型"教师队伍建设改革实施方案》（教师〔2019〕6 号），该方案指出，着力提升教师思想政治素质，用习近平新时代中国特色社会主义思想武装头脑，坚持不懈培育和弘扬社会主义核心价值观，争做"四有"好老师，全心全意做学生锤炼品格、学习知识、创新思维、奉献祖国的引路人。

2019 年 11 月 15 日，为深入贯彻落实习近平总书记关于教育的重要论述和全国教育大会精神，落实《新时代公民道德建设实施纲要》和《中共中央　国务院关于全面深化新时代教师队伍建设改革的意见》，加强和改进新时代师德师风建设，倡导全社会尊师重教，教育部等七部委研究制定了《关于加强和改进新时代师德师风建设的意见》（〔2019〕10 号），强调要加强教师队伍思想政治工作，将师德师风建设要求贯穿教师管理全过程，着力营造全社会尊师重教氛围，大力提升教师职业道德素养。

2020 年 1 月 16 日，教育部发文《新时代高等学校思想政治理论课教师队伍建设规定》（中华人民共和国教育部令第 46 号），自 2020年 3 月 1 日起施行，要求高等学校应当严把思政课教师政治关、师德观、业务观，思政课教师在思想素质、政治素质、师德师风等方面存在突出问题的，在专业技术职务（职称）评聘中实行"一票否决"。

2020 年 12 月 24 日，教育部等六部门联合发文《关于加强新时代高校教师队伍建设改革的指导意见》（教师〔2020〕10 号），强调常态化推进师德培育涵养，将各类师德规范纳入新教师岗前培训和在职教师全员培训必修内容，强化师德考评落实。为加强新时代高校教师队伍建设改革，对不断提升教师师德素养的具体工作做出指示。

2020 年 12 月 31 日，人力资源社会保障部、教育部联合印发了《关于深化高等学校教师职称制度改革的指导意见》（人社部发〔2020〕100 号），要求严把思想政治和师德师风考核，将师德表现作为教师职称评审的首要条件，完善思想政治与师德师风考核办法。

2021 年 12 月 31 日，教育部印发了《关于完善高校教师思想政治和师德师风建设工作体制机制的指导意见》，该意见指出要强化党委统一领导，完善党对高校教师工作领导的制度，强化基层党组织在教师思想政治和师德师风建设中的作用，把教师思想政治素质和师德考评作为党支部发挥政治功能的重要抓手，在教师成长和管理各环节发挥政治和师德双把关作用。

2022 年 2 月 24 日，教育部印发了《教育部教师工作司 2022 年工作要点》（教师司函〔2022〕6 号），提出了要常态化开展师德专项教育，开展教师思想政治和师德师风情况专项检查，强化联动机制建设。

2023 年 1 月，教育部办公厅印发了《涉师德师风事件（线索）核查与报告工作指南》。为切实做好新时代教师思想政治和师德师风建设工作，落实师德师风第一标准，严肃师德违规惩处，规范涉师德师风事件（线索）核查与报告工作，进一步加强师德师风建设的规范性和时效性，明确了适用范围、责任主体和工作依据，对监测与启动、响应与调查、事件（线索）处理、报告要求和结果运用等环节作了说明。

2023年4月17日，教育部发布的《关于推开教职员工准入查询工作的通知》（教师函〔2023〕1号）指出，落实立德树人根本任务，严把教师队伍入口关，夯实教师队伍质量，严格落实师德师风第一标准，融入教师招聘引进等环节，做在日常、严在日常。

2023年6月3日，教育部办公厅发布了《关于进一步规范高等学校师生关系有关行为的通知》，指出将师德师风重点问题列入部党组层面整改整治问题清单，坚持师德师风第一标准，严明底线红线。

《关于进一步压实高校师德师风建设主体责任的通知》（教师厅函〔2024〕2号）提出把立德树人的成效作为检验学校一切工作的根本标准，把师德师风作为评价教师队伍素质的第一标准，将社会主义核心价值观贯穿师德师风建设全过程，严格落实师德师风建设工作责任，强化教育、宣传、考核、监督、激励和惩处等工作，激励广大教师努力成为"四有"好老师。

2024年8月6日，《中共中央　国务院关于弘扬教育家精神加强新时代高素质专业化教师队伍建设的意见》提出，经过3—5年努力，教育家精神得到大力弘扬，高素质专业化教师队伍建设取得积极成效，教师立德修身、敬业立学、教书育人呈现新风貌，尊师重教社会氛围更加浓厚。

这些法律法规让我们看到国家对于高校教师的道德责任建设高度重视，以法律法规的形式对高校教师的道德责任进行规范，从而帮助教师养成良好的道德品质，德以修身、德以养廉，用良好的道德品行影响学生。因此，加强和改进高校师德师风建设有助于我国教育事业快速健康的发展，为中国特色社会主义事业培养合格建设者和可靠接班人。

综上所述，我们认为高校师德的基本规范应包括如下内容：高校教师要爱党爱国，崇尚民主；爱岗敬业，教书育人；热爱学生，为人师表；刻苦钻研，严谨治学；诚信友善，开拓创新；清正廉洁，依法执教。师德规范是师德建设的基本内容，也是师德建设的方向和目标。

第三节　研究意义

加强师德师风建设，有利于提高教师自身的素质和教师队伍的整体形象，这是形成尊师重教社会氛围的重要前提，而形成尊师重教的社会风气，对于提高整个社会的文明程度具有重要的推动作用。

一、高校引领社会发展、促进文明进步的需要

高校是文明之光，在高校发展演变中沉淀下来的大学精神，是引导人类文明从梦寐走向现实的灯塔。而高校教师，正是大学精神最为重要的载体和支撑。大学精神的彰显，高校功能使命的发挥，根本上必须靠教师。教师的思想道德素质，直接关系到高校的旨趣和品位。在我国全面小康社会、全面推进现代化建设的伟大历史进程中，高校承担着培养高素质人才、落实创新驱动发展战略、引领社会道德风尚的重要使命，对加强高校师德建设提出了新的更高的要求。同时，高校教师的师德状况，也是社会道德水平状况的重要表征，人们习惯于从高校教师的思想道德境界去评判一个时代、一个国家的社会道德建设。只有以良好的师德师风作为基础，高校才能推动社会发展和文明的演进。

这是高校培育和践行社会主义核心价值观的内在要求。高校教师是一个独特的群体，在知识传播、思想创造、人才培养、文化传承等方面，肩负着神圣使命。高校教师的社会角色、工作性质，对其思想状况、道德水平、价值立场等有着特殊的要求。对我国的高校教师而言，这些要求集中体现为对社会主义核心价值观的认同和身体力行。正如习近平总书记所强调的，高校教师要用自己的行动倡导社会主义核心价值观，用自己的学识、阅历、经验点燃学生对真善美的向往，使社会主义核心价值观润物细无声地浸润学生们的心田，转化为日常行为，增强学生的价值判断能力、价值选择能力、价值塑造能力，引

领学生健康成长。只有大力加强师德建设，形成良好的师德师风，社会主义核心价值观才能真正融入高校人才培养过程，成为广大师生内在的、自觉的行动。

二、加强师德师风建设是教育事业发展的需要

办人民满意教育，加强教师队伍建设是我党的一贯主张。从事太阳底下最光辉职业的人类灵魂工程师，肩负着培养社会主义事业建设者和接班人的历史重任，肩负着全面贯彻马列主义、毛泽东思想、邓小平理论、"三个代表"重要思想、科学发展观的历史重任，肩负着全面落实党的教育方针、政策历史的重任，肩负着传承中华优秀传统文化的历史重任。我们要从坚持走中国特色社会主义道路、确保党的事业后继有人的高度，从全面建成小康社会和实现中华民族伟大复兴高度，从贯彻落实习近平总书记系列重要讲话以及以习近平同志为核心的党中央治国理政新理念新思想新战略切实提高现代化教育水平的高度，切实落实科教兴国人才强国战略，充分认识高校师德师风建设在新时期的重要意义，认真践行师德规范，力争做人民满意的教师，学生爱戴的老师。加强师德师风建设，提高师德修养，既是党的要求，更是人民的需要。

三、加强师德师风建设是学校事业发展的需要

一流的学校必须要有一流的师德和师风，学校的师德师风建设状况直接决定着学校能否建成一流的高校。广大教职员工对学校发展战略的建言献策、积极参与，广大教职员工积极性、主动性、创造性的充分发挥，是学校各项事业发展的保证，是学校改革、发展的前提。高校师德师风的好坏，决定着高校的学风和校风，决定着高校的办学质量和效益，决定着高校的人文风格和精神风貌，它既是高校办学水平和办学实力的重要标志，又是高校改革和发展的原动力之一。加强师德师风建设，提高师德修养，既是学校的要求，更是学生的期盼。这是高校提高人才培养质量、实现内涵发展的必要举措。当前，我国

正加快建设高等教育强国,迫切需要各高校进一步提高人才培养质量,实现从规模发展到内涵提升的历史性转变。为实现这一目标,近年来各级党委政府和各高校在加大经费投入力度、引进高层次人才、深化教育改革等方面做了大量工作,但从根本上而言,提高高等教育质量,关键靠教师。不仅要提高教师的专业素养,还要提高教师的思想道德水平,培养他们对教育的深厚感情,切实增强广大教师的荣誉感、使命感、责任感,引导他们潜心教书育人、专心致志从事科学研究。这样的一支教师队伍,是高校提高人才培养质量最重要的依靠力量,也是高校内涵的直接体现。以高尚师德为灵魂和支撑,教师才能热心于教育教学改革,才能帮助学生树立远大的理想和崇高的思想境界,从而有利于形成良好的教风学风校风,让每个学生都能成为适应国家和社会需要的高素质人才。

四、加强师德师风建设是教师自身发展的需要

"学高为师,身正为范","师者,人之模范也"。教师的职业特点决定了教师除了向学生传授知识之外,还必须通过自己的言行指引学生如何做人、做事。宋代思想家、教育家胡媛说得好:"治天下之治在人才,成天下之者在教化。"随着社会的进步与发展,教书育人工作的标准更高,要求教师不仅要有渊博的知识,还要具有"一种牺牲和奉献精神"的人格力量。师德师风也要与时俱进,教师遵纪守法、爱岗敬业、团结协作、工作态度、道德水平在教师的教学、科研等各项工作中具体地显示出来。

第四节　当前我国师德师风建设中存在的问题及原因分析

一、当前我国师德师风建设中存在的问题

在一般意义上说,高校教师的师德状况总体上是好的,这是任何一个相信人类社会的进步性的人都不会否认的,绝大多数高校教师勤

勤恳恳、兢兢业业、任劳任怨、积极向上，为我国高等教育事业的发展奉献着自己的力量，但我们同样不能否认的是高校师德建设方面存在的问题。如同《教育部关于建立健全高校师德建设长效机制的意见》所指出的："少数高校教师理想信念模糊，育人意识淡薄，教学敷衍，学风浮躁，甚至学术不端，言行失范、道德败坏等，严重损害了高校教师的社会形象和职业声誉。"

长期以来，党和国家高度重视师德建设，广大高校教师忠诚党的教育事业，呕心沥血、默默奉献，潜心治学、教书育人，敢于担当、锐意创新，为高等教育改革发展作出了巨大贡献，赢得了全社会广泛赞誉和普遍尊重。从总体上讲，我国高校师德状况是好的，但也存在一些不容忽视的问题。

（一）触碰师德红线的现象时有发生，严重败坏高校教师的声誉

近年来，不时有媒体曝光高校教师徇私舞弊等严重败坏师德事件。相比数量庞大的高校教师队伍，尽管此类道德沦丧的教师仅是个案，但影响极其恶劣，与长期以来高校教师在公众视野中的良好形象形成很大反差。经媒体宣传，此类事件的负面影响被迅速放大，对高校教师媒体形象是极大的损害。

（二）有的教师理想信念淡薄，难以肩负起教书育人的使命

教师肩负着传道授业解惑的重任。其中"传道"是第一位。一个好老师，要有对"道"认同和坚守，并身体力行。对我国高校教师而言，所谓的"道"，就是坚定的理想信念，具体体现为社会主义核心价值观。经调查发现，目前一些高校教师面临价值选择的困境，缺乏对社会主义核心价值观的深刻理解，有的体现为价值虚无主义，有的简单地追崇西方国家的价值理念，因而缺乏对学生价值观层面的正确引导。

目前，我国高校教师的文化素质一般比较高，多是研究生以上学历，有很大一部分是博士后出站直接进入高校进行教学科研工作，有扎实的专业基础知识及某方面的研究特长，在业务上有很大的潜力。但与此形成反差的是他们中的少部分人对政治理论的学习不重视、兴

趣不大，缺乏马克思主义基本理论的系统知识，政治理论素养不高。在对待理想信念问题上，少数教师对党的教育路线方针政策的领会不够深入，缺乏对教育事业的热爱，未能从思想上自觉做中国特色社会主义的坚定信仰者、忠实实践者和有效传播者。再加上有一部分人本身缺乏远大的理想抱负和职业追求，选择进高校当教师是由于高校环境较好、工作稳定，还有双休、寒暑假。可一旦入职之后发现高校教师工作相当辛苦，每天要备课、讲课、改作业、搞科研，全身心投入，业余时间较少，工资待遇和付出相比未达到心理预期。因此，他们对待工作、学生就不再有感情，甚至产生了厌烦心理，更不要说职业的神圣感与自豪感了。

（三）有的教师职业素养不高，缺乏敬业精神

教师是专业化程度很高的职业，从业者不仅要掌握娴熟的专业技能，还需要用心用力用情。调查发现，目前有的高校教师工作投入明显不足，对所教授的课程内容缺乏深入研究和系统把握，知识陈旧，课堂教学照本宣科、枯燥无味，重科研轻教学的现象比较普遍。有的高校教师常年在校外兼职，教育教学和人才培养工作反而成为了"副业"，缺乏与学生深入沟通交流，教育教学浮在表面，深入不了学生的内心世界。

受拜金主义、享乐主义和极端个人主义思潮的影响，一部分教师价值观发生不同程度的扭曲。把从事教育仅仅作为一种职业和谋生的手段，而未把它看成传承人类文明、传播远大理想的事业，把一切工作的出发点和落脚点放在名利和个人价值方面，由追求精神价值转向追求物质利益，并在物质利益的驱使下，热衷于科研创收，不能把主要精力放在教学上，攫取经济回报。有的还厌倦和鄙视本职工作，忙于课外兼职，上课照本宣科、出勤不出力，教育观念落后、教学方法陈旧，教育效果不佳，奉献敬业精神下降，职业态度不端。

（四）有些教师不足为人师表，育人意识淡薄

教师的基本职责就是教书育人，培养学生、热爱学生本应该如母亲对待孩子一样，是教师所特有的一种天性。现实中，很多老师做的却差强人意，不仅育人意识淡薄，表率作用还欠佳。比如，有的老师

生活中不修边幅、不注意自己的仪容仪表；有的老师缺乏个人修养、言谈举止粗俗；有的老师上课迟到、早退，课堂上还缺乏和学生的互动，对学生的教育引导不够；相当一部分老师对学生迟到、旷课、睡觉、玩手机等违纪行为视而不见，不愿意花时间去了解和掌握学生的思想动态，认为学生思想道德的教育是学校领导和辅导员的事，与自己无关；甚至还有部分教师把对社会、学校或同事的个人偏见、不满情绪带到课堂上，抱怨自己的工作、消极怠工，师表意识淡薄。

（五）有些教师热衷于人际关系的经营，学术道德失范

受到商业气息的影响和功利意识的成倍放大导致教师在人际关系上逐渐开始失去判别标准，少数高校教师甚至将师生关系、同事关系庸俗化、利益化，不以道义相交，反以诸多不健康方式交往，以"金钱"衡量感情，情感体验将失去个性和实质。一些高校在办学行为上过度注重教师学术水平和科研能力，轻视或忽视教师品德言行和师风师范，导致部分教师出于提职晋升的迫切追求，急功近利、心浮气躁，以致学术道德失范。如随意篡改研究数据、妄下结论，抄袭拼凑、侵占他人的研究成果，弄虚作假甚至请他人代写文章，违背了基本的学术道德，丧失了教师职业和知识分子应具备的实事求是的精神和态度，甚至阻碍学术的进步和科技的创新。

二、存在的问题原因分析

目前我国高校教师在师德师风方面反映出来的种种问题，原因十分复杂。既有客观方面的原因，也有主观方面的原因；既有教育内部的原因，也有教育外部的原因；既有政策管理层面的原因，同时也有学校层面的原因。

从社会环境看，改革开放以来，我国不断推进由计划经济体制向市场经济体制的转型，出现了多种经济成分、多种价值取向并存的局面。在构建和完善社会主义市场经济体制的进程中，法治建设、社会道德建设相对滞后，缺乏对个人行为的有效约束，各种形式的功利主义、实用主义、拜金主义思潮盛行。在这样的社会背景下，高校教师

面临更多的不良影响和诱惑，有的很难坚守三尺讲台独善其身。

（一）社会大环境的影响

第一，市场经济的消极影响。当前，个人主义、享受主义和拜金主义等不良社会风气滋长，一些教师抵挡不了这些腐朽思想的诱惑，滋生了"个人利益高于一切"的意识，奉献精神缺失、享受精神盛行，刻意地追求物质上的享受。

第二，职称评定的负面效应。高校教师所享受的待遇与职称有着紧密的关系，职称高，享受的待遇就高，反之亦然。这使得部分教师在晋升职称的过程中为了个人功利而铤而走险，滋生了找人代写、代发论文的不良风气。

第三，收入悬殊的强烈刺激。现在教师的工资与社会其他行业的工资还有一定的差距，且教师与教师之间的收入差距也很大，这就使得教师努力追求高待遇，无法静下心来搞教学与科研，严重影响了正常教育教学活动。

（二）政策的影响

从政策层面看，尽管各级政府历来都对高校教师师德问题高度重视，但不少政策都停留在笼统提要求、发号召的层面，对高校师德问题的具体表现及背后的深层次原因缺乏深刻分析，有关师德建设的政策措施针对性不强。特别是对于一些违反师德规范的行为，如学术造假、徇私舞弊等，近年来虽得到大力遏制，但在过去较长一段时间里没有得到强有力的监管与查处；对于社会反响强烈的违反师德的恶性事件，没有较及时的回应。

（三）高校的影响

从高校层面看，在教师准入、发展、评价、退出等多个环节，尚缺较系统的制度设计，尚未形成有利于师德建设的有效教师管理机制。特别是评价的导向与师德建设不配套，在资源配置、奖励评比、科研和教学评价、职务晋升等实际工作中，存在"重科研成果、轻师德师风"的倾向，导致对师德监督不够，对一些违纪教师姑息迁就，在教师师德评议上缺乏有力且易于实施的监督评估办法。

第一，在学校师资队伍建设方面，师德师风建设是核心，但长期以来，部分高校只注重学科建设和教学科研而忽略了师德师风建设，常以学习专业知识代替师资培养的全部内容，不注重对职业道德的考核，导致教师只注重业务水平和专业知识的提高，而忽视了思想、道德方面的素质养成。

第二，当前部分高校的许多教师都毕业于非师范院校，没有接受过系统的师范教育，虽然经历过教师职业道德培训，取得了相应的资格证书，但大多是短期的、速成的，这使得大多数高校教师缺乏专门的教育教学方面的素养及师德师风的培养，没有树立坚定的职业信念。

第三，很多高校都有师德师风建设的管理机制，但真正落到实处的寥寥无几，大部分都是做表面工作，虽然把师德师风建设提上了日常工作，但没有实质性的落实，缺少行之有效的管理机制。

第四，师德师风考核和评价体系不健全。高校的各类考核体系还不完善，重业绩、轻师德，重显性结果、轻隐性成效的现象仍然存在。年终考核、绩效考核、职称评定等都对业绩考核有明确的量化指标体系，而师德师风方面缺乏明确的考核指标体系，更没有专门的部门和人员负责考核，师德考核往往是走形式，缺乏长效的监督机制。

（四）个人理念的影响

从个人层面看，有的高校教师缺乏对自身的严格要求，政治学习、理论学习跟不上，缺乏对中国特色社会主义的深刻认识和把握。置身社会急剧发展变革的历史洪流，在坚守理想信念、恪守职业道德等方面不断退步。面对各种诱惑时，对如何处理功利与奉献、名与利等问题感到无所适从，片面强调教师作为个体的正当欲望和物质追求，没有认识到教师职业的特殊性、崇高性及自身肩负的责任与使命。

第五节 当前加强师德师风建设的基本要求

一、正确的政治立场是师德师风建设的根本

教育具有阶级性，根繁则叶茂，本正则树直，不能本末倒置。

　　每一个高校教师都要全面贯彻党的教育方针，以培养"有理想、有文化、有道德、有纪律"新人为宗旨，进一步解放思想，树立新的教育观、发展观、人才观、质量观和学生观。增强整体观念和爱岗敬业意识，自觉地把自己的教学和科研工作与培养社会主义现代化事业的建设者和接班人联系起来，坚持育人为本、德育为先，培养学生健康成长。

　　从我国高校的现状来看，绝大多数高校教师都有坚定的政治方向，都能做到"对党忠诚，面向学生，服务社会"，如果一个教师不关心政治，漠视政治，甚至政治倾向和态度出现问题，那么理论水平越高，工作能力越强，在社会和学生中产生的危害则越大。高校是培养人才的摇篮，党的教育事业要求高校教师要保持清醒头脑，不犯政治性错误，随时注意提高自身政治敏锐性和政治鉴别力，要使个人言行和课堂授课都与党中央保持一致，不"跑调"或出现"杂音"，切实做到"学术研究无禁区，课堂讲授有纪律"。

二、强烈的责任感和事业心是师德师风的核心

　　高校教师从事的是百年树人的事业，面对不断发展变化的新形势、新情况、新问题，高校教师不但要沉得下来、钻得进去，具有严谨的治学态度，要有向先人负责，更要有向未来负责的历史使命感和责任感。

三、遵循教育教学规律是师德师风的灵魂

　　高等教育是专业性极强的工作，在热心和耐心的基础上，还要求我们高校教师把握教育的规律、学生成长成才以及学习的规律，认识知识的特点、教学的特点以及学生的生理和心理特点等，按照"关爱学生成长、尊重学生个性、发展学生潜能、完善学生素质"的要求，处理好共性与个性、理性与感性等各种关系，尊重广大学生的主体地位，体现教育以人为本的核心。在教育实践中，力戒千篇一律、死板教条的因循守旧心态，注重培养学生的能力和个性发展，克服拔苗助

长、立竿见影的急功近利情绪。要创造一种开放的、充分调动学生好奇心与想象力和创造力的学习研究氛围，充分尊重学生个性，让学生素质得到全面发展，努力营造百花齐放、万马奔腾的教育氛围和环境。

四、开拓创新团结协作是师德师风的关键

民族振兴的希望是教育，教育振兴的希望在教师。"创新是民族发展的原动力"，勇于创新、刻苦钻研、勤于学习是当今高校教师基本素质，创新是改进教学方法、提升教学质量的根本途径。高校教师要通过教学内容和教学方法的创新，引导和激励学生，培养学生的创新精神、创新意识和创新能力，做到"一代更比一代强""青出于蓝而胜于蓝"。在信息化、网络化的"地球村"，团结就是力量，团结是一个组织的凝聚力、生命力和战斗力的体现，每个人都必须将自己融入集体，才能充分发挥个人的作用，任何个人英雄主义的自行其是都注定是行不通的。因此，广大高校教师要千方百计心往一处想，劲儿往一处使，在团结协作优势互补中争取更大的突破。

五、言传身教为人师表是师德师风的具体体现

"学校无小事，事事皆教育，教师无小事，处处皆楷模。"教师的感染力对学生有着不可估量的影响作用，高校教师一定要不断完善自己的人格。高校教师首先要有敬业乐业的精神，有强烈的责任心、事业心，在思想品德、言行举止、治学态度和工作作风等方面真正成为大学生学习的榜样，正所谓"千教万教教人求真，千学万学学做真人"。高校教师要广泛涉猎，博采众长；要团结协作、顾全大局；要持之以恒，言行一致；要淡泊名利，谨言慎行；要多研究少开口，多协商少独谋；要多学习少应酬，努力注意加强自身修养，维护良好个人形象。教师必须重视学生情感的培养，以崇高的职业情感关心和热爱学生。

第六章　新时代高校教师道德责任建构个案——思政课教师素质养成研究

第一节　新时代高校思政课教师素质养成的重要性

高校是高校思想政治教育的主阵地，要充分发挥其"主阵地"的作用，关键在于提高思政课教师教育教学工作的实效性。高校教师是思政课的主体之一，其综合素质是切实办好高校的关键所在，对于能否守好高校意识形态的"责任田"，能否增强高校教学的实效性，能否真正在课堂上吸引学生有着非常重要的作用。

一、提高思政课教师素质是应对新时代新要求的必然之举

习近平总书记指出："要坚持教育者先受教育，努力成为先进思想文化的传播者、党执政的坚定支持者，更好担起学生健康成长指导者和引路人的责任。"[①]高校教师必须不断提高自身素质以适应新时代的发展要求。

（一）坚决做到"两个维护"的题中应有之义

高校教师不断提高自身素质，有利于坚决做到"两个维护"。首先，高校教师必须坚定理想信念，筑牢思想根基，才能始终坚定正确的政治信仰、政治立场、政治方向，做到将"两个维护"内化于心，坚持不懈用习近平新时代中国特色社会主义思想武装头脑，指导教学和实践工作，做好与学生相关的工作，教育引导学生进一步坚定理想信念，牢记初心使命。其次，高校教师要不断提升政治觉悟，才能善于从政

[①] 习近平. 习近平谈治国理政（第二卷）[M]. 北京：外文出版社，2017：379.

治角度看待问题、分析问题、解决问题，增强政治敏锐性和政治鉴别力，炼就政治慧眼，在大是大非面前时刻保持政治清醒。最后，高校教师要不断加强政治担当，才能将"两个维护"付诸实际行动，把贯彻落实好习近平总书记重要讲话、重要指示批示精神作为重大政治任务和根本政治责任抓紧抓好，坚持以身作则，将担当落实到每一项工作。

（二）传播先进思想文化的内在要求

当前社会思想观念日趋活跃，社会价值观趋向多元化，不同思想文化观点相互碰撞，这些"双刃剑"也容易对学生产生不好的影响，增加思政课教师的教学难度，使思政课教师素质的提升面临着挑战。传播先进思想文化成为人类认识和改造世界最有力的武器，有利于推动社会进步和人类发展。马克思主义理论是正确的、科学的理论，是被历史和实践证明了的理论，具有基础性、根本性的地位。高校教师承担着教授学生马克思主义理论和宣讲马克思主义中国化理论成果的重要任务。高校教师只有从内心信仰马克思主义，积极学习马克思主义科学理论，培养高度的使命感和责任感，才能明白自己坚守的是什么，才能找到更好的切入点和着力点。运用学生喜欢的形式阐释马克思主义理论产生的时代背景、发展历程，使用通俗易懂的语言促使学生更好地理解和掌握马克思主义理论以及马克思主义认识事物、判断是非、解决问题的原则和方法等，才能推动马克思主义融入课堂教学、武装学生头脑。

二、提高思政课教师素质是切实办好思政课的动力来源

开好思政课，我们要有坚定的信念、鲜明的立场和高度的自信，这是新时代开好思政课的"定海神针"。要推动思政课改革创新，就要不断增强思政课的思想性、理论性和亲和力、针对性。[①]而高校教师素质的提升，是开好思政课的重要保障。

---

① 张烁. 习近平主持召开学校思想政治理论课教师座谈会强调:用新时代中国特色社会主义思想铸魂育人贯彻党的教育方针　落实立德树人根本任务[N]，人民日报，2019-03-19（01）.

（一）增强思政课教学实效性的内生动力

素质过硬的思政课教师会想方设法地不断提升教学的实效性。实效性是思想政治教育的应然追求，对高校教师来说，要化应然为实然，素质过硬起着重要的作用。思政课教师不断提高自身素质，才能始终用透彻的理论回应学生的问题，说服学生，将自身的价值观与知识的传授相结合，用科学的理论培养人，对学生加以正确的引导，落实教学目标、教材使用等的统一要求，又能够结合学生的特点和实际情况，有针对性地对学生进行启发式教育，充分促进思政课教师主导和学生主体作用的结合，不断推动思政课教学改革创新。

思政课教师只有不断提高自身素质，才能将理论知识讲深讲透，使其变得通俗化、具体化、大众化，才能用深厚的理论知识回应学生，用真理的力量教育引导学生，才能使学生将其内化于心，并在实际行动中自觉遵守和践行，才能真正提高思政课教学的实效性。思政课教师只有不断提升政治素质，才能引领学生在思想上取得更大的进步。思政课教师只有做到情怀深，才能激发内心真正的动力，发自内心地热爱自己的工作，经常关爱、关心学生，为思想政治教育事业注入真心、真情，进而提高思政课的亲和力。思政课教师以积极奋进的面貌面对工作、生活，才会对学生产生无形的吸引力，拉近彼此的距离，使学生对思政课教师产生亲近感和认同感。思政课教师素质高有利于实现思政课教学改革创新，推动思政课教学改革创新是一项系统工作，要坚持在改进中加强。思政课教师思维新能够紧跟时代的新变化，实现教学内容创新，将新理论融入课堂，能够在教学过程中不断丰富教学方法和教学技巧。思政课教师对自己的一言一行严格要求，学生可以从他们身上感受到其鲜活的言行身教，增强了思政课教学的说服力和感染力，有助于充分发挥思政课教学的实效性。思政课教师要具有宽广的视野，思政课的教学并不是单纯的说教，其教学内容涉及很多方面，又与社会现实状况、学生思想特点有着紧密的联系。教材往往只是阐述理论知识，给予学生学会分析和解决具体问题的能力有限，实际情况是非常复杂的，这就需要思政课教师通过教学教会学生将理论知识和具体实际情况结合起来，分析具体事件、现象，真正把握其本质。要培养学生的这种能力，思政课教师不仅要成为本专业的专家，掌握自己的专业知识，同时还必须是个杂家，具备综合运用知识的能力，在教学中能够做到举一反三、触类旁通，才能使课堂知识变得形象生动，才能够满足学生的求知欲，增强教学的实效性。思政课教师还要有较强的人格魅力，思政课教师的人格魅力体现在日常思政课教学的实践中，要将其人格魅力与所教内容相结合，当两方面内容达到高度契合时，才会使学生真正从内心接受并认可思政课教师，得到学生的尊重和信任。

（二）发挥思政课教师主导和学生主体作用的重要途径

思政课教师素质的提升有利于充分发挥思政课教师的主导作用与学生的主体作用。办好高校，要在充分研究和掌握学生思想特点和认知规律的基础上，充分发挥思政课教师的主导与学生的主体作用，在课堂上实现更好的教学效果。课堂教学是思政课教师与学生以教学目的作为共同目标而展开的，思政课教师的素质水平和能力直接影响着学生的学习兴趣和效果。思政课教师充分发挥其主导作用，才能调动学生的兴趣，发挥学生的主动性，使其更好地参与到学习讨论中，积极主动地进行思考。高校学生有着不同的专业背景，其知识储备、思维方式和兴趣点也自然不同，思政课教师要将其专业背景因素作为前提进行备课、授课，要将教学内容与社会现实问题、学生实际联系起来，更好地从不同的知识背景出发为学生答疑解惑，这样才能使理论知识入脑入心，使学生更加主动地参与到课堂中来。思政课教师有着专业的思维方式，能够熟练地掌握思想政治教育的专业术语与思维框架，而高校学生缺乏这样的知识背景，使得双方在面对同样的概念和问题时会产生不同的想法，这就要求思政课教师要能够从学生专业和理解能力的角度来进行思考。思政课教师只有不断地积累理论知识、创新思维、拓宽视野，才能了解自己与学生思维的差异，掌握不同专业学生的思维特点，做到换位思考，精准施策，才能准确地找到学生"惑"哪里，才能增强两者之间的联系和互动，为学生提供一个和谐、亲近的良好氛围，使学生认识到思政课是接地气的。

三、提高思政课教师素质是培养人才的客观需要

习近平总书记强调，办好思想政治理论课，最根本的是要全面贯彻党的教育方针，解决好培养什么人、怎样培养人、为谁培养人这个根本问题。[①]这个根本问题的解决有赖于思政课教师所具备的高素质。"桃李不言，下自成蹊。"思政课教师的素养在很大程度上影响着高校学生，对学生的成长、成才具有直接影响，育人作用明显。

（一）发挥思政课教师榜样示范作用的必要前提

发挥思政课教师榜样示范作用，对学生个体成长和发展来说，是一种非常直接和有效的教育方法。思政课教师是一个比较特殊的群体，与其他教师有着不同之处，他们做的是培根铸魂的工作。思政课教师的素质关系着其能否切实履行好教书育人的神圣职责。"学高为师，身正为范"，高校教师身上所体现出来的榜样示范作用是显而易见的，学生可以从思政课教师的榜样示范中看到真善美，这会以一种无形的形式渗透进学生的心灵深处，引领学生向上向善，使学生自觉将思政课教师的行为与自己的行为进行对照，通过比较进行自我反省，弥补自身的不足，进而更好地发挥高校教师的榜样作用。思政课教师只有不断提高自身的理论素质，将党的理论、路线、方针、政策学深学透，才能使教学内容更加通俗化、大众化，学生才能将所学知识内化于心。思政课教师的情怀素养的体现对学生有着重要的作用。思政课教师不仅要在课堂内，在课堂之外也要用其魅力感化学生，促进学生人格的塑造，用深厚的仁爱情怀对学生进行道德教育，对学生动之以情晓之以理，不能采取说教式和硬性式的灌输。高校思政教师要对学生进行言传身教，要在生活实践和教学过程中做到言传和身教的高度统一，才可以使学生不断调整和规范自己的行为，自愿地认同规范，建构自己的内在规范，并自觉地践行，以主动的律己和自主的行动不断完善

---

① 张烁. 习近平主持召开学校思想政治理论课教师座谈会强调：用新时代中国特色社会主义思想铸魂育人　贯彻党的教育方针落实立德树人根本任务[N]. 人民日报，2019-03-19（01）.

自我。高校教师在培养学生良好的人格素养方面具有重要的作用，思政课教师所具备的人格魅力对学生产生的影响力是持久的、终身的。优秀的思政课教师热爱自己的职业和学生，能够以极大的热情对待教学工作，学生自然也会待人热情诚恳，做事认真负责。因此，高校教师以身作则，积极发挥思政课教师正面榜样示范作用，对培养高校学生素质具有非常重要的意义。

（二）促进学生成长成才的关键一环

思政课教师具有过硬的素质，有利于教育引导学生坚定理想信念，加强自身修养，形成勇于奋斗的精神状态和积极乐观的人生态度，调控自己的消极情绪，排解各方面的压力，形成乐观、开朗、积极的性格。思政课教师的过硬素质，有助于增强学生学习的紧迫感，激发学生主观学习的积极性，有效地培养学生的能力。思政课教学的问题意识，是打破以知识灌输为主的教学痼疾，积极发现并提出有意义的真问题，进而分析和解决问题的主体性意识。①思政课教师具有问题意识，突破旧的思维模式，才能做一个"点火者"，才能激发学生提高创新能力的动力。他们追求新方法解决问题的意识可以引导学生从不同角度看问题，引导学生敢于突破习惯式思维，灵活变通，培养学生发现问题、解决问题的能力，促使学生从不同方向去寻找答案，培养学生的发散思维，提高学生的兴趣，为培养学生的批判质疑思维提供条件。从思政课教学内容来看，思政课与其他课程不同，它所涉及的教学内容极其丰富，如思想政治教育、马克思主义中国化和马克思主义哲学等多个学科领域，这就要求思政课教师具有深厚的理论基础。从学生群体来看，他们所掌握的知识体系有待完善与深化，思政课实际上是一个为学生解疑释惑的课程，这就要求思政课教师具有过硬的素质来解决学生的理论困惑，促使学生正确认识理论与实践的关系、应然与实然的关系、远大抱负与脚踏实地的关系。高校教师视野素质的高低影响着学生学习思政课的动机、兴趣与方法，影响着学生对思政

---

① 刘建军，梁祯婕. 论思想政治理论课教学的问题意识[J]. 马克思主义理论学科研究，2021，7（01）：104-112.

课的掌握程度。思政课教学不能发挥其实效性，那就是失败的教学。如果思政课教师自身的视野不够广或者知识不够全面，对马克思主义理论的学习一知半解，那将很难激发学生学习的积极性，不能使学生真切地感受马克思主义理论的巨大魅力，其教学必然是无效的，自然不能够起到提高学生能力的作用。

综上所述，高校教师素质建设对适应新时代新要求、实现思政课教学改革和培养学生能力三个方面有非常重要的作用。对新时代高校教师素质建设重要性有所了解，有助于对新时代高校教师素质建设有一个系统的认识和把握，从而为以后的研究奠定理论基础。因此要大力培养高校教师的各项素质，使他们贡献自身的智慧和力量。

第二节　高校教师素质的现状及原因分析——以 S 省高校为例

近年来，高校作为意识形态工作前沿阵地的重要性被提到政治高度上来。而作为高校意识形态工作的主要开展方式，思政课教育质量就成为关乎高校意识形态工作能否保质保量完成的关键。习近平总书记将思政课作为落实立德树人根本任务的关键课程予以强调。而落实此项根本任务的关键又落在思政课教师身上。针对新时代对当代思政课教师在其教学工作中的期许，习近平总书记进一步将之细化为涵盖政治、情怀、思维、视野、自律与人格在内的六领域的全面且立体期许。这样，通过层层穿透后，高校教师的"六要"素质培养就与意识形态工作质量直接关联起来。如何做好高校教师的"六要"素质培养，就成为全面开展意识形态教育的桥头堡。

一、高校教师素质的现状

以此为背景，根据"无调研，不提案"的基本原则，本节以 S 省高校教师为特定调查对象，通过问卷星的形式发放网络问卷，对当代思政课教师的"六要"素质进行现状调查。此次共回收问卷 726 份，有效样本 720 份，有效率 99%。本节主要在问卷调查的基础上，对高校教师"六要"素质的情况、存在问题及原因进行分析。

（一）高校教师调查样本分析

在样本选取原则上，首先对母样本范围进行限定。根据本研究的需要，本节将母样本范围限制在高校教师当中。此外，本节开展相关研究有政策优势可以利用，即根据 2015 年教育部印发的《高校思想政治理论课建设标准》中对思政课任职教师的资质问题的规定，新任专职教师原则上应是中共党员，并具备马克思主义理论相关学科背景硕士以上学位。在样本选取上，原则上高校的思政课教师就同时具备了高政治觉悟性与高学历的特征，对于理解调查问卷中的问题回答更为精准。

在圈定母样本范围后，本节首先对思政课教师样本的基本个体特征进行调查。此次问卷调查结合本研究的需要，摒弃了作用相对有限的工资收入、年龄、岗位等因素，仅从性别、从业教龄、所获教育职称以及党龄等四个方面，对样本的基本画像特征进行掌握。结果如表6-1 所示。

表 6-1　高校教师样本群体画像统计情况

教龄	5 年以下	5—10 年	10—15 年	15—20 年	20—25 年	25 年以上
频次	117	236	243	59	44	21
职称	助教	讲师	副教授	教授	—	—
频次	139	297	203	81	—	—
党龄	5 年以下	5—10 年	10—15 年	15—20 年	20—25 年	25 年以上
频次	12	403	220	21	35	29
性别	男	女	—	—	—	—
频次	329	391	—	—	—	—

如表 6-1 所示，在性别维度上，共采集到男思政课教师 329 人，女思政课教师 391 人；在教龄层次上，以 5—15 年教龄区间的思政课教师人数居多，25 年以上教龄的仅有 21 人；在职称层面上，讲师最多，达到 297 人，其次为副教授 203 人与助教 139 人，最后则是教授

81 人；在党龄层次上，5—10 年党龄的思政课教师人数最多，其次是10—15 年的 220 人。因此，从整体上来看，经过对特定样本的限制性问卷发放，所得到的群体画像特征基本符合从两端向中间收拢的常态样本分布态势，也即纺锤形分布形态。这与实际教学活动中低教龄、低党龄、低职称的人数与高教龄、高党龄、高职称的人数之间并无显著性差异的实际情况相符。尤其是在高校教师的党龄与教龄两个维度上，双方具有高度一致性，也符合《高校思想政治理论课建设标准》对思政课教师的聘用条件，即思政课教师既为教师，同时也是优秀的共产党员。

综上所述，在特定样本的控制发放下，所采集的调查样本具有较高的行业代表性，且 720 样本的数量具有统计学上的代表意义。针对样本人群所开展的相关调查及获得的调查结果，也能够在一定水平上很好地反映高校教师的"六要"素质水平。

二、高校教师"六要"素质的情况分析

现状研究是影响因素分析和对策研究的基础，能够为随后的研究提供坚实的实证基础。本节根据习近平总书记关于新时代思政课教师所应承担的历史重任的相关重要讲话精神，以及所提出的对高校教师的"六要"素质期许，开展此次调查研究。结合"六要"的内涵，本节设计了针对 S 省高校教师"六要"素质的调查问卷，并基于思政课教师素质与教学方法具有高度一致性的教学特点，以教学方法为切入点展开问卷调查，最后，在统计学方法论指导下，对思政课教师"六要"素质的情况、存在问题及其原因进行分析。

（一）政治素质情况

在政策层面上，自马克思主义理论作为专门课程的独立地位被确认以来，教育部更进一步提出和完善了关于相关课程标准中对教师队伍建设的明确且细致的要求。具体如下。

在课程要求方面，教育部于 2015 年印发的文件中对任职教师的资质问题明确要求，在专业性上，思政课程任职教师必须拥有马克思

主义理论专业的专硕及以上学位且作为马克思主义理论的教授者与布道者，应同时具备党员身份。①在 2020 年的规定中，更是明确将思政课教师的政治水平、师德水平与专业素养作为职称评比的"一票否决"选项予以了特别强调。②至此，思政课教师的高文凭兼党员的双重属性特征被确立下来，并使之成为高校马克思主义理论教学名副其实的排头兵与先行者。在问卷调查中，高校教师的教龄与党龄具有高度一致性，便是近年来不断加强思政课教师队伍建设的产物与成果。

对于高校教师来说，政治要强的核心是要搞清楚"培养什么人、怎样培养人、为谁培养人"的问题。这就需要思政课教师本身具有较高的政治站位，站在政治高度去思考教育问题。进一步地，对"政治要强"进行扩展性解读后，可分为三个方面：一是明确崇高的政治信仰是政治要强的思想根源；二是明确坚定的政治立场是政治要强的立场要求；三是明确清醒的政治认识是政治要强的具体表现。所对应的问卷调查结果如表 6-2 所示。

表 6-2　高校教师政治素质调查情况

单位：频次

问卷题目	习惯性教授	经常性教授	一般教授	一般仅提及	很少教授
您在教学中对坚定的政治信仰和以人民为中心的政治立场的教授程度如何？	338	217	165	0	0
您在教学活动中对国际热点问题进行教学的程度如何？	198	210	239	42	31
综合得分	536	427	404	42	31

一般来说，思政课教师的素质水平会直接反映在教学方法的运用

---

① 教育部. 关于印发高等学校思想政治理论课建设标准的通知[DB/OL]中华人民共和国教育部政府门户网：http://www.moe.gov.cn/srcsite/A13/moe_772/201509/t20150923_210168.html. 访问时间：2020 年 5 月 5 日.

② 新时代高等学校思想政治理论课教师队伍建设规定[DB/OL]. 中华人民共和国教育部政府门户网：http://www.moe.gov.cn/srcsite/A02/s5911/moe_621/202002/t20200207_418877.html. 访问时间：2020 年 5 月 24 日.

上。尤其是思政课教师工作态度或是对某一观点的主观支持性同样也会在教学方式方法上有一定体现。在问卷的维度设计上，本节采用经典的"五段论"分法，即根据教学风格，将教授频次分为"习惯性教授""经常性教授""一般教授""一般仅提及""很少教授"等五个维度。为增强数据的直观性，将其在同一水平上转换为柱状图，如图6-1所示。

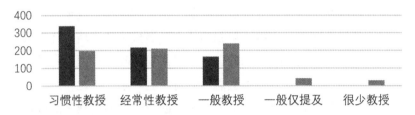

■您在教学中对坚定的政治信仰和以人民为中心的政治立场的教授程度如何？
■您在教学活动中对国际热点问题进行教学的程度如何？

图6-1 高校教师政治素质评估要素分布情况（单位：频次）

如表6-2和图6-1所示，从思政课教师政治素质要素统计的综合得分情况来看，其中"习惯性教授""经常性教授"占据大多数，其次是"一般教授"，再次则是"一般仅提及和很少教授"。若是以"一般教授"作为分界线，左侧表示"积极教授"，右侧表示"消极教授"。那么，很明显可以看出，思政课教师在政治素质的培养上较为积极。

对于思政课教师来说，政治素质教学是重点。调查结果显示的是偏积极的情况，"很少教授"的综合得分只占很小的部分，更进一步佐证了当前思政课教师在关于政治素质教学中处于积极教学的情况。

（二）情怀素质情况

不同于其他专业课程，思政课的核心在于使学生从内心深处对其主张和观点予以认可，而最主要的教授方式之一便是"以情育人"。这里的"以情育人"指的是在马克思主义理论教学过程中通过家国情怀、时代情怀与职业情怀的教育，使之对自身角色在国家、社会与个人层面有一个全方位的重新自我认知，增强共情能力。其中，家国情怀指的是传统思想中"家国一体"的概念，是将对家庭的信仰与对国家的信仰联结在一起的方式。"国家兴亡,匹夫有责"便是对家国情怀的最好体现。而时代情怀,更强调的是对当下时代热点与需要的关切,是对自身发展与时代需要相结合的高度凝练。职业情怀指的则是身为高校教师本身乐于且甘于为教育事业奉献的精神品质。所对应的问卷调查结果如表 6-3 所示。

表 6-3　高校教师情怀素质调查情况

单位：频次

问卷题目	习惯性教授	经常性教授	一般教授	一般仅提及	很少教授
您在教学活动中对家国情怀的教学程度如何？	252	229	162	54	23
您在教学活动中对时代情怀的教学程度如何？	237	221	169	75	18
问卷题目	非常满意	很满意	一般	不太满意	不满意
您对在教学活动中情怀素养情况的满意程度如何？	63	121	294	203	39
综合得分	552	571	625	332	80

与政治素质不同的是,在问题维度上,第三个题目采取满意度的形式进行统计,分为"非常满意""很满意""一般""不太满意""不满意"等五个维度。为增强数据的直观性,将其在同一水平上转换为柱状图,如图 6-2 所示。

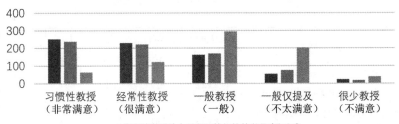

图 6-2　高校教师情怀素质评估要素分布情况（单位：频次）

根据得分，在教学活动中对家国情怀、时代情怀呈现出"习惯性教授""经常性教授"与"一般教授"占据绝大多数的情况，"积极教授"和"一般教授"为主要形式；而在教学活动中情怀素养呈现出"一般满意"和"不太满意"占据绝大多数的情况，"很满意"次之，"非常满意"和"不满意"相对较少。

综上可知，在高校教师的情怀素养水平上，思政课教师在家国情怀、时代情怀上的教授意愿高，两者都属于偏积极的情况，而部分思政课教师在教学活动中的教授意愿略低，在其素质培养上属于一般或偏消极的状况，同时也表明，关于教学活动中的情怀教育的意识在部分高校教师心目中与前两项相比较低。

（三）思维水平情况

在传统的观念上，马克思主义理论的教学多以思辨为主。但新时代的马克思主义理论教学更加侧重"人的培养"及"怎样培养"两方面。根据对"六要"中关于思维水平的培养方向，应当在传统思辨式培养模式上，做到既要坚持底线，更要锐意进取；既要以史为鉴，更要继往开来。因此，在思维水平培养上，应当从战略思维、历史思维、辩证思维、创新思维、底线思维等五个方向开展培养与评估工作。因此，可以说，思维水平的要求是"六要"之中最复杂也是最多元的要求。所对应的问卷调查结果如表6-4所示。

表6-4　高校教师思维素质调查情况

单位：频次

问卷题目	习惯性运用	经常性运用	一般运用	仅提及	很少运用
您在教学活动中对战略性教学思想的运用程度如何？	122	177	261	107	53
您在教学活动中对历史唯物主义的教学运用程度如何？	133	191	232	125	39
您在教学活动中对辩证思维的教学运用程度如何？	114	195	267	82	62
您在教学活动中引导学生创造性思考问题的运用程度如何？	123	130	271	114	82

续表

问卷题目	习惯性运用	经常性运用	一般运用	仅提及	很少运用
您在教学活动中底线思维的教学运用程度如何？	129	202	244	102	43
综合得分	621	895	1275	530	279

　　根据思维模式的运用程度的不同，分为"习惯性运用""经常性运用""一般运用""仅提及""很少运用"等五个维度水平，为增强数据的直观性，将其在同一水平上转换为柱状图，如图6-3所示：

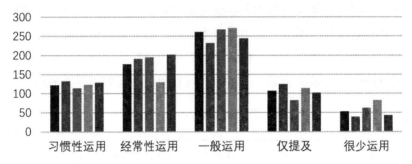

■您在教学活动中对战略性教学思想的运用程度如何？
■您在教学活动中对历史唯物主义的教学运用程度如何？
■您在教学活动中对辩证思维的教学运用程度如何？
■您在教学活动中引导学生创造性思考问题的运用程度？
■您在教学活动中底线思维的教学运用程度如何？

图6-3　高校教师思维素质评估要素分布情况（单位：频次）

　　如表6-4与图6-3所示，从思政课教师思维素质要素统计的综合得分来看，"一般运用"的得分最高，其次则是"经常性运用"和"习惯性运用"，但仍有部分思政课教师的水平属于消极情况。可见，相较于其他素质水平来说，部分高校教师思维水平相对较弱，也即在思维水平上，要低于其他素质。

　　造成这种情况的原因主要是思政课并不局限于单一领域。要想全面了解和掌握马克思主义理论，还应当广泛涉猎社会学与经济学知识，不同知识架构所对应的思维方式也不尽相同。在此背景下，培养高校学生多元思维能力的过程，其实也是检验高校教师对多元思维能力的过程。

（四）视野水平情况

思政课作为一门综合性学科，思政课程教师要想讲好这门课，不仅需要对本专业的知识体系精通，更要从理论到实践的应用素质有着较高水平。视野要广是对思政课教师的眼界要求，需要思政课教师必须要有广阔的知识视野、国际视野和历史视野，做到基于知识架构，继往开来，对国际社会上所发生的云谲波诡的变化能够拨开云雾，直抓本质。思政课涉及的基本内容就是如何理清中国近代以来的发展脉络、如何掌握并应用马克思主义基本原理、如何学习和掌握马克思主义中国化的理论成果、如何树立正确的唯物史观等问题。针对解读和讲授这些问题的情况调研，所对应的问卷调查结果如表6-5所示。

表6-5 高校教师视野水平调查情况

单位：频次

问卷题目	习惯性运用	经常性运用	一般运用	仅提及	很少运用
您在教学过程中是否是以体系化教学方式开展教学活动？	157	203	210	81	69
您在教学活动中是否会引导学生以国际化的视野看待问题？	147	204	236	89	44
问卷题目	习惯性教授	经常性教授	一般教授	仅提及	很少教授
您在教学活动中对培养学生历史视野的教授程度如何？	165	209	244	73	29
综合得分	469	616	690	243	142

同样地，根据教学方式运用程度的不同，分为"习惯性运用""经常性运用""一般运用""仅提及""很少运用"等五个维度水平；依据教授程度，仍分为"习惯性教授""经常性教授""一般教授""仅提及"

"很少教授"等五个维度。为增强数据的直观性，将其在同一水平上转换为柱状图，如图 6-4 所示。

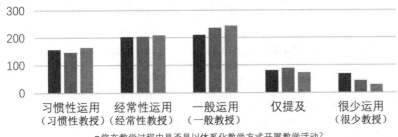

■您在教学过程中是否是以体系化教学方式开展教学活动？

■您在教学活动中是否会引导学生以国际化的视野看待问题？

■您在教学活动中对培养学生历史视野的教授程度如何？

图 6-4　高校教师视野水平评估要素分布情况（单位：频次）

如表 6-5 与图 6-4 所示，从思政课教师视野要素统计的综合得分来看，"一般运用"的得分最高，其次则是"经常性运用"和"习惯性运用"。同样地，若是以"一般运用"作为划分"消极运用"与"积极运用"的分界线，思政课教师的视野水平属于偏积极的状况，整体水平较高。高校教师在培养学生视野水平的过程中，实际上经常性运用视野训练法，对学生的视野能力进行培养。

（五）自律水平情况

自律是对思政课教师的内在约束，是通过对责任感与使命感的培养逐渐建立起来的一种自我约束的能力，讲规矩、重纪律是其本质要求。具体来说，思政课教师作为马克思主义理论先行者，要做政治纪律和政治规矩的自觉践行者，也要做党纪国法和校纪校规的主动遵守者，更要做道德责任和职业道德的积极承担者，将立德树人作为最高职业道德要求，严于律人，更要严以律己。所对应的问卷调查结果如表 6-6 所示。

表 6-6　高校教师自律水平调查情况

单位：频次

问卷题目	习惯性遵守	经常性遵守	一般遵守	较少遵守	很少遵守
您在教学活动中对政治纪律和政治规矩的遵守程度如何？	321	262	137	—	—
问卷题目	坚决支持	支持	一般支持	较少支持	很少支持
您对于学校要求遵守党纪国法、校纪校规，要多弘扬主旋律和传递正能量等规定怎么看？	431	235	54	—	—
综合得分	752	497	191	—	—

同样地，在自律维度上，根据遵守程度，可分为"习惯性遵守""经常性遵守""一般遵守""较少遵守""很少遵守"等几个维度水平。根据对相关规定的支持程度，可分为"坚决支持""支持""一般支持""较少支持""很少支持"几个层次。为增强数据的直观性，将其在同一水平上转换为柱状图，如图 6-5 所示。

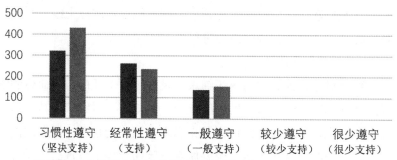

■ 您在教学活动中对政治纪律和政治规矩的遵守程度如何？

■ 您对于学校要求遵守党纪国法、校纪校规，要多弘扬主旋律和传递正能量等规定怎么看？

图 6-5　高校教师自律水平评估要素分布情况（单位：频次）

如表 6-6 与图 6-5 所示，根据思政课教师自律要素统计的综合得分来看，"习惯性遵守"得分最高，"经常性遵守"次之，"一般遵守"排在第三，"较少遵守"与"很少遵守"得分为 0。因此可以看到高校教师的自律水平较高，属于偏积极的情况，尤其是对政治纪律和政治规矩、党纪国法和校规校纪的遵守。

（六）人格水平情况

"亲其师，才能信其道。"思政课教师在对马克思主义理论进行教授的过程中，最好的教学方法是言传身教，才能将所传授知识内化于心且外化于行。人格特质是集诚实守信、与人为善、待人有礼、公平公正等诸多优良品德于一身的综合体现。只有拥有高尚的品德与人格，才能在纷繁复杂的社会现实中激浊扬清，做好马克思主义理论的传播者、讲述者与践行者。所对应的问卷调查结果如表 6-7 所示。

表 6-7　高校教师人格水平调查情况

单位：频次

问卷题目	习惯性教授	经常性教授	一般教授	一般仅提及	很少教授
您对于将社会性服务纳入高校教学活动的看法如何？	254	141	204	78	43
您在教学活动中是否会教授高校学生人生观与价值观等非专业性知识？	201	228	171	85	35
您在教学活动中是否会将诚实守信、与人为善、乐善好施等理念灌输给学生？	219	234	163	77	27
综合得分	674	603	538	240	105

高校教师人格水平的高低同样也会体现在日常教学活动当中。根据教学程度，可分为"习惯性教授""经常性教授""一般教授""一般仅提及""很少教授"等五个维度。不同维度得分能够对高校教师的人格水平有所反映。为增强数据的直观性，将其在同一水平上转换为柱状图，如图 6-6 所示。

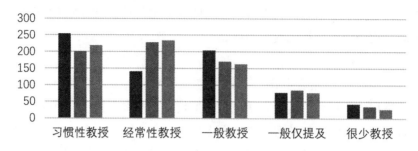

■ 您对于将社会性服务纳入高校思政课教学活动的看法如何？
■ 您在教学活动中是否会教授高校学生人生观与价值观等非专业性知识？
■ 22.您在教学活动中是否会将诚实守信、与人为善、乐善好施等理念灌输给学生？

图 6-6　高校教师人格水平评估要素分布情况

如表 6-7 与图 6-6 所示，根据思政课教师人格要素统计的综合得分来看，"习惯性教授""经常性教授"和"一般教授"是主要形式。仅从调查情况来看，高校教师的人格水平较高，也即在高校学生的人格培养方面，思政课教师的态度较为积极。

结合调查问卷结果来看，在 S 省高校教师的"六要"素质的分要素水平分析上，"政治责任、视野水平、自律素养与人格素养"呈现出较高的水平，整体属于偏积极的情况，"情怀素养、思维水平"与其他四个方面相比则呈现出相对较弱的情况。

三、高校教师"六要"素质存在问题分析

结合调查所得的相关数据，总结得出高校教师的素质总体来看是积极稳定、健康向上的，但不可否认的是，部分思政课教师在现实生活中的素质也的确存在一些差距，需要从素质养成过程中发现不足，找到问题背后的本质根源，提出解决的办法。

（一）部分思政课教师马克思主义理论功底不扎实

部分思政课教师马克思主义理论功底不扎实，对马克思主义理论的研究不够深入、不够彻底，缺乏对马克思主义原著原文的研读与研究，仅仅只是了解所教学科的概念观点，对马克思主义的学习、了解、

把握是表面的、浅显的。通过调查，我们可以看到 27.5%的思政课教师表示在教学活动中对马克思主义原著原文的教授程度表示符合（"习惯性教授"和"经常性教授"），但仍有 72.5%的思政课教师表示一般或不符合（"一般仅提及"和"很少教授"）；25.8%的思政课教师表示在教学过程中对马克思主义难点、热点问题的教授程度表示符合，但仍有 74.2%的思政课教师表示一般或不符合。可见，部分思政课教师马克思主义理论功底不扎实，未能做到对马克思主义的真学、真懂、真信和真用，思政课教师马克思主义理论功底不扎实就意味着其在教学过程中不能很好地运用正确的方法分析学生在学习中遇到的问题，不能真正使学生信服，从而影响思政课的教学效果。

表6-8　高校教师马克思主义理论功底情况

问卷题目	习惯性教授	经常性教授	一般教授	一般仅提及	很少教授
您在教学活动中对马克思主义原著原文的教授程度如何？	22	176	345	154	23
您在教学过程中对马克思主义难点、热点问题的教授程度如何？	15	171	258	249	27
综合得分	37	347	603	403	50

如表 6-8 所示，在问题维度上，仍采取将教授频次分为"习惯性教授""经常性教授""一般教授""一般仅提及""很少教授"等五个维度进行统计。为增强数据的直观性，将其所占比例在同一水平上转换为柱状图，如图 6-7 所示。

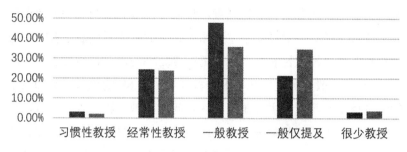

图 6-7　高校教师马克思主义理论功底所占比例情况

（二）部分思政课教师课堂教学感染力不足

调查结果显示，40.8%的思政课教师表示在教学过程中习惯性关注和经常性关注学生思想状况，59.2%较少关注和很少关注；21.8%的思政课教师表示在教学过程中习惯性使用和经常性使用有助于提高学生情怀的素材，而 78.2%表示较少使用和很少使用。

思政课教学是非常需要注重语言艺术、追求语言美感的教学。部分思政课教师在讲课过程过于注重知识性，惯于运用学术话语、学术概念，而忽略了教学的趣味性，缺乏深广情怀，缺少教学情感，不能将自己的真情实感自然地融入教学过程之中。在讲授过程中仅仅把教材上的内容机械地讲出来，只是把讲课看作任务，没有情感上的认同，没有与其他学科知识的相互融通，日常的教学过程就会易于形式化。在面对生活中出现的各种问题没有自己独特的见解，不善于运用生动的语言、鲜活的事例打动学生，对学生的思想特点关注程度也不够，这样使得学生对思政课兴趣不浓，使得学生不能够真真切切地感受现实生活的真、善、美对他们的指引，感到思政课教学是枯燥无味的，不能达到使学生自觉地不断调整自身价值和行为方式的目的，从而未能达到思政课本身的教学效果。

表 6-9　高校教师情怀素养情况

问卷题目	习惯性关注	经常性关注	一般	较少关注	很少关注
您在教学过程中对学生思想状况的关注程度如何？	41	253	260	127	39
问卷题目	习惯性使用	经常性使用	一般	较少使用	很少使用
您在教学过程中对有助于提升学生情怀素材的使用情况如何？	12	145	287	199	77
综合得分	53	398	547	326	116

如表 6-9 所示，根据对学生思想状况关注程度的不同，分为"习惯性关注""经常性关注""一般关注""较少关注""很少关注"等五个维度水平；在素材使用情况中，分为"习惯性使用""经常性使用""一般使用""较少使用""很少使用"等五个维度。为增强数据的直观性，将其所占比例在同一水平上转换为柱状图，如图 6-8 所示。

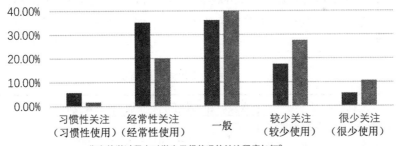

图 6-8　高校教师情怀素养所占比例情况

（三）部分思政课教师教学内容和方法陈旧

思政课教师"思维要新"体现在要不断更新新的教学内容和教学方法。一是更新教学内容，深化学生理论认知。教学内容的更新必须适应社会的发展，要将新的理论知识及时地融入教学中，做到融会贯通，切实地满足学生了解和学习的需求，从而使学生对理论知识的学习更加深刻。二是尝试新的教学方法，加强学生的参与体验。创新教学方法必须要结合学生自身特点，结合学生的实际情况，要创设多种多样的教学情境，不断探索教学新样态，给学生带来不同的体验。随着课改的不断深入，高校的课程也在不断进行调整，但内容的广度与深度却并没有减少。通过问卷调查结果（见表 6-10）可知，44.2%的思政课教师表示在教学过程中对教学内容、教案等更新的及时程度较高（"很及时"和"及时"），但是仍有 55.8%对其表示一般或不符合（"不太及时"和"不及时"）；有 28.3%的思政课教师表示经常使用鼓励学生上台讲课或者采取辩论、表演小情景剧等方式进行教学表示符合，但仍有 71.7%对其表示一般或不符合（"较少使用"和"很少使用"）。可见部分思政课教师的知识讲授没有结合当前热点和现实需要，不注重知识内容更新，知识结构老化，教学方法单一。高校的教学内容是重复的，容易使教师产生倦怠心理，然而学生却有着自己的特点，面对这样的情况部分思政课教师依旧守着教科书，只重视理论知识的传授，缺乏创新精神，教学方法单一，不能很好地运用先进的教学手段，不能很好地将教材体系转变为教学体系，不能适应学生成长、发展的客观需要，使思政课堂丧失活力，学生缺乏新鲜感，影响教学目标。

表 6-10　高校教师思维素养情况

问卷题目	很及时	及时	一般	不太及时	不及时
您在教学过程中对教学内容、教案等更新的及时程度	93	225	257	116	29
问卷题目	习惯性使用	经常性使用	一般	较少使用	很少使用
您经常使用鼓励学生上台讲课或者采取辩论、表演小情景剧等方式进行教学	14	190	253	178	85
综合得分	107	415	510	294	114

根据教学更新的程度，可分为"很及时""及时""一般""不太及时""不及时"等五个维度。根据多样教学方式的使用程度，可分为"习惯性使用""经常性使用""一般""较少使用""很少使用"五个维度。不同维度得分能够对部分高校教师教学内容和方法有所反映。为增强数据的直观性，将其所占比例在同一水平上转换为柱状图，如图 6-9 所示。

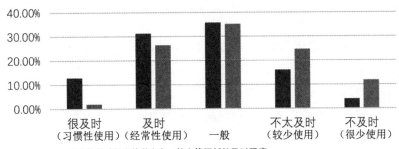

图 6-9　高校教师思维素养情况

通过分析以上三组数据和图表不难发现，只有一小部分的高校思政课教师存在马克思主义理论功底不扎实、课堂教学感染力不足、教学内容和方法陈旧的问题，需要有针对性地进行引导、纠正和巩固，为其自身素质的提升打下根基。

二、高校教师素质现状的原因分析

当前 S 省思政课教师的"六要"素质水平体现为部分思政课教师理论素养、情怀素养和思维素养值得进一步加强完善，其原因是多方面的，需要认真分析原因，采取措施，促进其素质的发展。根据主体的不同，可将原因归为社会层面的原因、高校层面的原因以及思政课教师个人层面的原因等三个层次。

（一）社会多元价值观的大环境对思政课教师素质产生一定影响

从样本的基本特征来看，教龄 5 年以下的有 117 人，5—10 年的有236人，10—15年的有243人。若是从专硕或硕士毕业后即进入高校从事思政教育工作算起，即大致以25岁计算入职年龄的话，各教龄所对应的年龄阶段如表6-11所示。

表6-11 样本年龄段分布情况

年龄段	30	30-35	35-40	15-20 年	20-25 年	25 年以上
频次	117	236	243	59	44	21

若是以40岁作为中青年教师的分界线，那40岁以下年龄段的思政课教师占到了总样本数的82.8%，也即所选思政课教师样本主要以青年教师为主。从所面临的社会变革来看，社会经济发展迅速，意识形态得到极大解放，各种思潮兴起。其中的实用主义思想逐渐占据上风，并在不同领域呈现出不同特点。社会环境的多元化在高校教学中的反映，则是包括思政课教师与学生在内的群体均需要对社会层面进行合理解读，需要建立多元思维模式，锻炼多元思维能力。

同时，思政课本身其实更加注重对思想领域的教育，更加侧重高校学生自我体悟与觉知。相对于社会上多元的以实用主义为主的思潮而言，侧重自我体悟与觉知的思政课建设既不能立刻解决当前所遇到的问题，也不能像"拜金主义"思潮一般给人带来切切实实的利益。进一步从年龄结构上来看，这部分人群对于高品质生活的需求日渐增长，而单纯且枯燥的思政教育相对于其他学科而言影响着其对高品质生活需求的满足。

（二）高校在加强思政课教师素质养成的作用上依旧有提升空间

教育部在关于加强思政课教师素质队伍方面出台了一系列的重要文件，其中提出了非常明确的要求和具体的措施。但是，一部分高校在落实政策细节上还存在着一些问题。大多数思政课教师对学校的管理比较满意，但部分思政课教师提出，学校的评价机制仍需提高。在职称晋升的实际执行过程中，相配套的评价机制仍需加强，这使得思政课教师在职称评选与晋级体系中依旧沿用传统的专业评选法，也即根据所发表论文数量与等级、教学成绩等作为评估标准，无论是"重结果轻过程"，还是"重科研轻教学"，都会影响思政课教师参与课程建设的内在动力。再比如评价目的定位不够准确，部分思政课教师就指出评价机制未能充分发挥其促进思政课教师发展的作用；评价内容的设置不够合理，学校对思政课教师进行评价时忽视对思政课教师的综合考评；评价形式单一，学校领导、思政课教师自身和学生都可以作为评价主体，发挥重要的作用，然而高校采用学生对思政课教师进行评价的较多，学校领导评价、思政课教师自评和互评的作用没有得到充分发挥，导致评价结果的客观性与准确性降低；缺乏对评价结果的有效利用，学校对思政课教师进行评价只是简单地为了奖惩与评估，并没有对评价结果进行充分利用，没有深刻分析评价结果反映出的问题，更没有以这些问题为参考数据，帮助思政课教师进一步完善自己。此外，虽然高校都有针对思政课教师的培训工作，为高校教师提供了社会实践机会，但是培训的力度和持续性还有待加强，学习实践还是稍显不足，需要为思政课教师素质的建设提供更多学习、实践和交流的机会。

（三）高校教师的教学科研工作与素质提升存在着一定的冲突

自身原因一般是分析问题必须要考虑的内容，要分析高校教师素质现状的影响因素，当然要先从自身着眼，而且自身因素是这一问题的主要因素，因为其自身的任何想法、技能和行为都无不影响着高校的素质状况。思政课教师在很多人眼里是值得令人羡慕的职业，他们觉得思政课教师的工作比较清闲，又相对稳定、待遇较高、时间相对自由。事实上，现在的思政课教师在工作和生活方面都面临着较大的压力，在工作上，思政课教师的工作具有复杂性和长期性等特点。当今网络的快速发展使得人们获取信息的途径和方式更加多样，理论更新和进步的速度也达到了前所未有的程度。习近平总书记指出："随着信息化的不断发展，知识获取方式和传授方式、教和学的关系都发生了革命性的变化。"①互联网快速发展的环境也给思政课教师带来了一定的影响。青年思政课教师是当前思政课教师队伍的重要组成部分，网络生活对于青年思政课教师来说是重要的，使他们可以从中获得知识和信息，交流思想和观点。但同时网络信息的多元化冲击了高校传统的模式，高校的主导性权威地位受到挑战。教学内容更新较快要求思政课教师及时补充新知识，如何才能更好地提升教学效果，这给思政课教师教学工作的开展带来了一定的压力。此外，随着高校的大量扩招，思政课教师教授的学生数量和课时数量相比其他教师较多，学校还将教学评价和科研成果作为教师评价的主要方面，思政课教师需要同时兼顾教学与科研。在生活中，很多思政课教师基本上都面对着"上有老，下有小"的状况，生活压力较大，面对教学任务往往心有余而力不足，缺少自我提升的时间，进而降低了对自我提升的要求。这使得高校教师所面临的问题更多、更复杂，加大了他们的压力，导致其思想及行为出现偏差。

综上所述，新时代高校教师素质建设出现问题兼有内外因素的影响，针对以上研究发现的现有原因，下文将提出有效的解决措施来提升高校教师"六个"方面的素质。

第三节　高校教师素质养成的对策

当前，我国需要强化思政课教师队伍建设。在整个高等教育的过程中，高校教师起着重要的作用。高校教师能否很好地履行自己的职责，决定了高校的教学效果。高校教师要履行好自己的职责，关键是要将自身的素质提升起来。高校和思政课教师自身可以通过多种途径、采用多种方法实现其素质的提升。

---

① 习近平. 在北京大学师生座谈会上的讲话[N]. 人民日报，2018-05-03（02）.

一、高校层面：为思政课教师素质养成创造条件

高校教师的素质提升是一个长期的、动态的过程，面临着多方面的挑战。高校作为高校教师展示自我和发展自我的平台，在高校教师素质培养的过程中，发挥着极为重要的作用，高校要为思政课教师的素质养成提供各个方面的支持，创设优良的外部环境，这样才能最大程度地发挥高校塑造对思政课教师素质培养的影响和效能。

（一）加强政策逐步落实为思政课教师素质养成提供环境

高校教师素质建设除了要发挥自身的主动性和自觉性之外，还需要借助一定的外在力量来推动其发展，需要通过必要的政策扶持与投入，加强政策落实，增强思政课教学工作的吸引力。党和国家在关于提升思政课教师素质队伍方面出台了一系列重要文件，提出了非常明确的要求和具体的措施。2020 年 1 月 16 日教育部公布的规定中指出加强思政课教师队伍建设，在师资建设上优先考虑，在资金投入上优先保障，在资源配置上优先满足。[①]高校要提高思政课教师的物质待遇，逐步增大对思政课教师队伍建设的经费投入，在岗位津贴、绩效考核、职称评定、项目申报、评先评优上加大投入，为其开展教学科研工作和外出培训提供资金保障，增强思政课教师的职业安全感和归属感，提高思政课教师教学科研工作的创新能力，进而促进高校教师素质的提升。高校要注重关心思政课教师的发展状况，加强对思政课教师思想政治状况的整体把握和动态分析，深入开展高校教师思想政治状况滚动调查，拓宽调研范围，丰富调研内容，针对青年思政课教师开展专项调研，把握思想特点及发展需求，重点掌握总体状况，同时，在思想政治、道德规范、生活和工作等方面也要给予思政课教师指导、关心和帮助，使思政课教师加强对职业的认同感。高校还要加强学科文化建设，为思政课教师开展教学工作和进行学术研究创造良

---

① 《新时代高等学校思想政治理论课教师队伍建设规定》载中华人民共和国教育部政府门户网：http://www.moe.gov.cn/srcsite/A02/s5911/moe_621/202002/t20200207_418877.html. 访问时间：2020 年 7 月 20 日。

好的学术氛围，并且大力引进思政课高层次人才，尤其是青年思政课教师，解决思政课教师数量不足的问题，缓解教学压力过大的问题，为思政教师队伍建设提供新的活力和思想观念。

（二）强化基层党组织的作用为思政课教师素质养成提供保障

高校大部分思政课教师都是中国共产党党员，要提升思政课教师的素质，尤其是思政课教师的政治素质，需要更加重视思政课教师所在的基层党组织，结合思政课教师的特殊职责和使命，通过加强基层党组织建设来进行管理，突出"学习型、理论型、示范型"的特点，依托和发挥党组织的重要作用。基层党组织领导要带头推动思政课建设，高度重视思政课教师工作的特殊性和重要作用，带头联系思政课教师，履行领导主体责任，把方向、严纪律、强责任，督促高校教师提升素质，提高思政课教师党员民主生活会的质量，通过经常开展批评与自我批评，及时指出思政课教师在素质方面存在的一些问题并促进其改正。总之，加强基层党组织的建设和管理是思政课教师素质提升的重要途径，需要高度重视。

（三）利用好网络为思政课教师素质养成提供平台

高校需要不断进行教学内容的调整和更新，对思政课教师掌握教学内容的要求也变得越来越严格。高校要加强培训的力度，采用多种多样的形式和方法，同时，培训工作的开展要结合具体的实际情况，建立持续性的培训制度，为思政课教师提供学习和交流的机会，通过网络对思政课教师进行培训可以有效解决思政课教师教学科研工作和提升素质存在的冲突，可以为思政课教师素质提升提供便利，减轻其自我学习和提升的压力，增多学习的时间，充分调动思政课教师的积极性、创造性，进而不断提高思政课教师的理论水平和科研水平。高校要利用好网络对思政课教师进行培训,举办思政课教师网络培训班，设计专题内容模块，邀请思政课教学专家名师参与到直播课程、专题讲座等多种方式中进行授课，开展线上培训活动，这是提升思政课教师素质养成的重要方式。思政课教师通过网络进行学习，可以学习专家关于理论知识和各种热点问题的深刻见解和看法，加强对知识的理解程度，正确认识国内、国外目前的发展现状，增强自信心。高校利用好网络是实现优质教育资源共享的有益尝试，通过网络实现对青年思政课教师的"传帮带"，完善集体备课、团队建设等，加强思政课教师的理论学习和相互交流学习。思政课教师的交流可以是其针对教学内容和技巧的探讨，也可以是围绕学生展开交流，促使思政课教师更好地了解学生，从不同层面了解学生的特点，以期做到因材施教，还可以帮助思政课教师丰富教学内容和提升教学技巧，促进思政课教师自身的教学反思，实现思政课教师"云充电"。

（四）通过社会实践激发思政课教师素质养成动力

高校具有实践性的特点，与现实生活紧密联系在一起。习近平总书记在湖南考察时指出要把课堂教学和实践教学有机结合起来，充分运用丰富的历史文化资源，紧密联系中国共产党和中国人民的奋斗历程。①红色资源是通过社会实践进行学习的生动的教材，充分发挥革命遗址遗存、纪念场馆等具有的重要的教育作用，使思政课教师能够从中更好地学习党的故事、革命的故事和很多英雄人物的故事。社会实践使得思政课教师能够借助社会实践平台进行社会调查，对社会现实情况进行充分的了解，掌握社会发展的第一手资料，将其与思政课教学相融合，激发其学习的自觉性。社会实践使中国共产党的百年征程以更多新颖的形式展现在思政课教师面前，理论变得生动，党史变得鲜活，拉近了思政课教师与历史的距离，使思政课教师能够在一次次鲜活的实践中，在真实的情境里开阔自身的视野，激发共鸣，使思政课教师能够更好地融通历史与现实，坚持理论联系实际，将两者很好地结合起来，增强对党史的理解。中国特色社会主义的伟大实践，提供了许多生动感人、说服力强的事例。一组组数据、一系列变化、一个个事例，体现着中国特色社会主义制度优越性。思政课教师能够在社会实践中通过这些事例体会到中国特色社会主义制度和国家治理体系集中力量办大事、办难事的显著优势，不断筑牢制度自信的思想

---

① 习近平在湖南考察时强调：在推动高质量发展上闯出新路子 谱写新时代中国特色社会主义湖南新篇章[N]. 人民日报，2020-09-19（01）.

根基；能够在讲好中国故事的过程中，提升家国情怀；在英雄人物和"时代楷模"的事迹中感受道德力量，把"小我"有机融入"大我"，提升自身的品德修养，担当起其历史使命和时代责任。

（五）完善评价机制加强对思政课教师素质养成的监督

高校完善思政课教师评价机制，可以帮助他们及时发现自身的不足，进而有针对性地提升自身素质，实现专业发展。一是要准确定位评价目的。对思政课教师进行评价不是一种管理、控制的手段，而是为了让思政课教师从评价中发现问题，进而发挥其促进自身发展的作用。二是设置合理的评价内容。高校对思政课教师进行评价，应从综合考评的角度出发，既要重视科研考评，也要重视教学考评。三是丰富评价形式。高校要充分发挥学校领导、高校教师和学生三个评价主体的作用，这样才会促使评价结果更加具有客观性与准确性。四是充分有效地利用评价得出的结果。评价结果不应该仅仅是为了进行奖惩和评估，要将分析结果作为参考依据，对其所反映出的问题进行深刻分析，并且充分有效地加以利用，促使思政课教师进一步完善自己。

科学的学情分析对于高校教师素质的提升有着重要的作用，制定明确详细的学情分析的基本准则可以指导学情分析行为。高校要将学情分析融入对思政课教师的评价之中，这样可以为思政课教师的教学提供真实有效的反馈，可以促使其及时进行反思和改进。高校应当规范学情分析实施过程中的评价准则，明晰学情分析的目的，详细制订每学期、每单元和每节课教学计划，确保获取途径的有效性，规范信息分析的过程，将每个教学环节的学情分析情况纳入考核范围，增加考核次数，避免主观论断、简单无序的学情分析，在教学研讨、教师集体备课中对学情分析的结果进行讨论与探究，将学情分析的结果作为重要参考，对思政课教师各方面的能力进行评价，实行科学的奖惩措施，保证高校教师能够更好地了解学生，从反馈中发现自身不足，加强自身各方面素质的提高。

二、自身层面：要将提高素质的愿望外化为实际行动

高校教师素质的提升，需要内外因共同发挥作用。不仅需要发挥外力方面的推动作用，更需要其自身主观能动性的发挥。外因是促进思政课教师发展的外部力量，外因的作用也是通过影响内因发挥的；而内因是思政课教师自身发展的核心要素。正确处理好内因和外因的关系，将内因所发挥的核心作用和外因所发挥的促进作用更好地结合起来，有助于更加高效地促进思政课教师素质的培养。因此，思政课教师个人要通过自身努力提高自身素质。

（一）提高理论水平，提高政治责任

习近平总书记强调的"政治要强"的要求是对思政课教师提出的首位要求，也是思政课教师的鲜亮本色。政治上的坚定来源于理论上的清醒，思政课的成效来自理论的说服力。[①]

思政课教师要不断提高系统地掌握马克思主义基本理论的本领，"要把读马克思主义经典、悟马克思主义原理当作一种生活习惯、当作一种精神追求"[②]。马克思主义经典作家撰写的理论著作能最直接地反映出马克思主义理论的基本思想、基本观点和其科学世界观和方法论。思政课教师可以通过多种方式学习马克思主义理论，但对经典著作的学习是最直接、最能理解到其中核心思想的方式。思政课教师要在学习研究的过程中不断深化对马克思主义的认识和理解，加强对马克思重大问题的研究和思考，在认真学习的基础上夯实理论基础，并积极将其运用于实践，将经典著作的学习与教学内容相结合，促进教材体系向教学体系的转变，在教学中科学地阐明马克思主义理论的科学性。高校教师还要深刻学习马克思主义的科学精神和治学态度，不断提高马克思主义理论的水平。高校教师政治素质提升的一个重要的前置条件就是要及时跟进学，不断拓展政治责任的高度、深度和广度。习近平总书记提出："要坚持全面系统学、及时跟进学、深入思考学、

---

① 王树荫. 高校思政课教师"政治要强"[J]. 中国高校社会科学，2019，（03）：11-15.

② 习近平. 在纪念马克思诞辰200周年大会上的讲话[N]. 人民日报，2018-05-05（01）.

联系实际学。"①及时跟进学，需要及时学习习近平总书记最新重要讲话精神，不断学习习近平新时代中国特色社会主义思想，这不仅要求思政课教师能够转述习近平总书记最新重要讲话的文字表述，更要求思政课教师要在学习习近平总书记最新重要讲话的原话、原著、原文上下功夫，能够将这一系列重要讲话学深悟透做实，能够挖掘这一系列重要讲话背后的实质和所蕴含的思维方式和方法，从而增强思政课教学的思实效性，使广大学生增强获得感。实践在不断地发展，习近平新时代中国特色社会主义思想也在不断丰富和充实，高校教师要及时学习，才能发挥模范带头的作用，以宣传教育党的创新理论为己任，使学生能够更好地学好、用好习近平新时代中国特色社会主义思想，从而能够发现更多的新问题、对新问题进行研究分析并解决新问题。及时跟进学，还要努力学习和把握科学的思维方法。此外，思政课教师经常关心时事政治同样能够提高其政治理论水平，坚定政治方向与政治立场。因此，思政课教师要积极地关心时事政治，坚持每天阅读《人民日报》《新华日报》《光明日报》等各类报纸，从而更好地了解我国的发展状况，不断提高自身政治责任。

（二）立足教书育人，提升人文情怀

思政课教师情怀要深，就是要在心里装着国家和民族，全心全意为社会发展贡献自己的力量，在生活实践的过程中不断地丰富自己，不局限于自我与小我的人，是最富有感染力、影响力的人，其言行富有感召力与穿透力。思政课教师必须拥有深厚的情怀，以情说理，用情育人。②

思政课教师要通过立德树人、教书育人承担自身的责任和使命。思政课教师要在立德树人、教书育人的过程中，在提升学生情怀素养的同时，提升自己的情怀。一是在备课、教学的过程中提升情怀素养。

---

① 中共中央宣传部，中央全面依法治国委员会办公室. 习近平法治思想学习纲要[M]. 北京：人民出版社，学习出版社，2021：8-9.

② 李学勇，林伯海. 论思想政治理论课教师的情怀素养[J]. 思想理论教育导刊，2019，（07）：38-41.

为了提升思政课教学的实效性，使理论更加通俗易懂，容易感染人，提升教学效果，思政课教师需要选取大量的相关材料以备在讲课过程中使用。在选取备课的相关教学材料时，要多注意选取那些对培养学生情怀素养有益的相关素材，并且将其运用到教学过程中去，同时能够在这个过程中提升思政课教师自身的情怀素养。二是在开展课内活动和课外实践的过程中提升情怀素养。为了提升师生的情怀素养，思政课教师需要在课堂中开展各种学生喜爱的活动，诸如辩论赛、演讲比赛、讲课比赛等，在开展这些活动的过程中，思政课教师要渗透爱国家、爱社会等情感，从而提升师生的情怀素养。三是在传统文化的熏陶中涵养深广情怀。中华优秀传统文化是博大精深的，具有非常深厚的历史文化底蕴。中华优秀文化中包含的爱国精神、仁义礼智信、孝悌忠信等有助于思政课教师增强文化修养，提高对中华文化的自信心，是其涵养深广情怀的不二法门。思政课教师要加强研读诸子百家的思想、学说和阅读传统文学作品。这些是前人优秀思想的结晶，思政课教师可以从中汲取智慧，提升自身的人生境界、思想境界和道德境界，丰富自身的情感体验，不断增强文学素养，涵养深广情怀。

（三）转变传统观念，实现思维创新

想要打造出新思维思政课，需要思政课教师先行。思政课要因时而进、因事而化、因势而新。思政课的教学随着时代的变化、社会环境的变化和学生的特点不断变化，具有时代性、实践性，切记不能一成不变。

高校教师要能够跟上时代步伐，做到思政课常讲常新，就必须实现思维创新，与时俱进。一是在主动转变传统观念基础上探索教学新模式。思政课教师不论在本身素质的提升上，还是在进行教学的过程中，都不能仅仅被动地接受外界"给予"的知识，要在学习和教学的过程中有意识地去思考，有意识地对问题进行分析，要主动地去"拿"。思政课进行教学的主渠道主要是课堂，学生在课堂教学的学习过程中获得第一体验。思政课教师要不断探索新的教学方式，要在学生兴趣的基础上挖掘更多具有新意的教学方式，通过创设不同的情境进行教学，用学生喜欢的方式进行教学。二是有意识地将新思想及时融入教学的全过程进而实现教学内容的更新。高校教学最重要的教学特点之一就是与时俱进，高校教师要进行理论创新，要不断完善知识结构，实现理论的"与时俱进"。三是通过掌握马克思主义方法论构建新思维。习近平总书记指出，思政课教师"思维要新，学会辩证唯物主义和历史唯物主义，创新课堂教学"[①]。思政课教师教学理念和教学内容的创新，培养自身的问题意识都必须掌握辩证唯物主义和历史唯物主义方法论，构建系统性、客观性和批判性的思维方式。

（四）加强学习实践，实现交流互鉴

习近平总书记强调："在信息时代做好老师，自己所知道的必须大大超过要教给学生的范围，不仅要有胜任教学的专业知识，还要有广博的通用知识和宽阔的胸怀视野。"[②]

思政课教师必须要在理论知识上有广阔的视野，不断加强自身知识积累，提高给学生传道授业、解惑答疑的能力。思政课教师要能够将中国特色和国际进行正确的比较，在此基础上加强学习互鉴。习近平总书记曾强调要教育学生"学会运用马克思主义立场观点方法观察世界、分析世界，真正搞懂面临的时代课题，深刻把握世界发展走向，认清中国和世界发展大势"。[③]思政课教师要培养国际视野，要树立中外文化比较观，要能够在与其他国家不同之中的比较中找到与我国的相同之处，找到积极的、有益的加以学习，要能够从其他国家的相同之中找到与我国的不同之处，通过不同文化以及教育模式、内容和原则的比较中寻找差异，进而完善我们自己已确立的正确的模式、内容、原则。思政课教师要积极关注全球治理形势和世界各国的发展和全球治理的形势，更好地掌握国际知识，提高获取国外知识的能力。思政课教师要努力培养讲好"中国故事"的能力，以更好地促进学生的发

---

① 张烁. 习近平主持召开学校思想政治理论课教师座谈会强调：用新时代中国特色社会主义思想铸魂育人　贯彻党的教育方针落实立德树人根本任务[N]. 人民日报，2019-03-19（01）.

② 习近平. 做党和人民满意的好老师：同北京师范大学师生代表座谈时的讲话[M]. 北京：人民出版社，2014：9.

③ 习近平. 在北京大学师生座谈会上的讲话[N]. 人民日报，2018-05-03（02）.

展。思政课教师还要以学习和交流为载体拓展横向视野。思政课教师要牢固掌握专业知识，充分了解课堂效果，要通过多阅读以增加知识积累，不仅要能够很好地掌握教材，更能在此基础上多阅读与思政课相关的非专业知识和素材，不断完善自身的知识结构，触类旁通，提高思政课教学的实效性。思政课教师还可以在课外之余多参与教学比赛，在比赛过程中观摩学习，向其他教师学习，通过比较提升自身的能力。

（五）学习先进典范，弥补自身不足

习近平总书记强调，教师"承载着传播知识、传播思想、传播真理，塑造灵魂、塑造生命、塑造新人的时代重任……每个教师都要珍惜这份光荣，爱惜这份职业，严格要求自己，不断完善自己"[1]。

首先，思政课教师要以学习先进典范规范自身言行。榜样的力量是无穷的，"全国优秀共产党员""全国最美教师"等先进典型具有典型性和示范性，从他们身上体现出来的价值观鲜活地展现在我们面前，他们身上散发的信仰的光芒照耀着我们。思政课教师要以这些先进典范为镜，将自己的言行与其对照，从中找到自身与他们的差距和不足并及时进行纠正与调整，时时刻刻地擦拭思想上的"尘埃"。思政课教师还要学习先进典范身上所体现出来的崇高精神，以此激励自己，自觉地"比、学、赶、帮、超"，向先进典范看齐，更好地担负起立德树人的时代使命。其次，思政课教师要经常对自我进行评价，发现自身不足进而规范自己的言行，要经常评价和反思教学行为和教学过程，通过反馈的教学结果改进教学中的不足之处，使教学实践更具合理性。此外，思政课教师还要对自己的一言一行进行反思，规范自身的言行，更要在无人监督时仍能够严格要求自己。最后，思政课教师要在养成良好的行为习惯的基础上严格要求自己，自律体现在教学活动和日常生活的方方面面，通过个体的行为表现出来。思政课教师要做到自律要严，一次、两次的实践是远远不够的，需要长此以往地坚持以形成

---

[1] 张烁. 习近平在全国教育大会上强调：坚持中国特色社会主义教育发展道路培养德智体美劳全面发展的社会主义建设者和接班人[N]. 人民日报，2018-09-11（01）.

良好的行为习惯。为此，思政课教师需要将践行规范贯彻到教育教学活动的过程中和日常生活实践中，将其化为自己的实际行动。然而实践并不是漫无目的的实践，需要思政课教师制订计划，有意地去完成每一个实践小目标，才能使自律成为一种稳定的行为习惯。思政课教师要时刻以党员和教师的标准严格要求自己，努力做到在思想上不放松，能够自觉抵制不良行为，并持之以恒下去，培养良好的自律习惯，使自律要严成为稳定的行为取向，从而潜移默化地影响、感化和引导学生。

（六）提高自觉意识，加强人格塑造

习近平总书记明确指出："人格要正，有人格，才有吸引力。亲其师，才能信其道。"①思政课教师要自觉提高人格素养，时刻注重为人师表，正己修德，以德施教。

人格素养是一个人精神修养的集中体现，是思政课教师职业素养生成的重要标识。②思政课教师的高尚人格是在不断接受教育和自我教育的过程中塑造的，这是思政课教师塑造道德人格的一个非常重要的途径，也是自觉主动提升素养的重要前提和基础，是任何教学手段都无法取代的。"高校教师师德的自觉提升，是指教师自我领悟到自己师德的状态需要通过修养不断向更高的水准持续攀登的活动及其达到的状态。"③思政课教师的自觉提升意识有利于了解自身状况，进而激发其主动性和积极性，不断强化其对自我的教育和塑造，进而提高人格素养。思政课教师要在加强自身职业认同感的过程中加强人格塑造，要认识到将自身职业责任和祖国前途、人民需要联系在一起，增强职业的幸福感、责任感，加强人格塑造。从一个人对待工作的态度可以看出其对待人生的态度，而一个人的人生态度决定着其一生的成就。

---

① 张烁. 习近平主持召开学校思想政治理论课教师座谈会强调：用新时代中国特色社会主义思想铸魂育人 贯彻党的教育方针落实立德树人根本任务[N]. 人民日报，2019-03-19（01）.

② 张国启. 新时代思想政治理论课教师"人格要正"的逻辑内涵及培育理路[J]. 思想理论教育，2019，（07）：88-93.

③ 刘卫平. 论高校思想政治理论课教师师德的自觉提升[J]. 思想政治教育研究，2016，32（04）：101-104.

思政课教师要有端正的态度，在教学工作的过程中秉持尽职尽责的观念，从内心深处把教育教学工作当作自己的事业，而不是一份职业、一个"饭碗"，不断推动思政课教学工作的开展，在爱岗敬业的过程中加强人格塑造。思政课教师直接面向学生群体，学生通过亲身体验的方式参与到教学活动中，参与到师生相处之中，学生自然成为对思政课教师人格素养最有发言权的人，学生对思政课教师道德修养的反馈意见是比较客观的、公正的，对思政课教师的人格塑造起到很好的促进作用，思政课教师要能够善于倾听学生对自己的评价。高校教师要给予学生更多的人文关怀，除日常管理外，高校教师要充分深入学生宿舍，并充分利用学习之余的时间，通过维护情感与充分交流拉近与学生的距离，切实关心学生的生活，了解学生的真实需求，解决学生实际问题，并且要营造能够促进学生表达意见的环境，要充分听取学生群体的意见和建议，强化学生的诉求输出，在帮助学生解决实际问题的过程中发现自己在哪些方面有所缺失，不断提升自身的人格修养。

高校教师肩负着宣讲马克思主义理论最新成果的重要使命，是推动习近平新时代中国特色社会主义思想进教材、进课堂、进学生头脑的主体力量，高校教师素质养成是巩固高校思想意识阵地的现实需要，是先进思想文化得以持续发展的重要保证。为了更好地适应新时代党和国家对思政课教师素质养成提出的"六要"要求，必须促进高校教师素质的提升。

新时代对高校教师提出的"六要"要求为思政课教师素质养成提供新的方向。由于调查问卷推进比较困难和调查问卷样本的缺失导致数据不够完整，研究过程的数据切合度有待提高。在随后的研究和写作中要针对存在的问题继续深化研究，并在高校教师素质建设方面继续深入探讨，对高校教师某一方面素质进行深入研究，以期能够为高校教师素质建设提出更有理论借鉴和实践力量的机制措施。

第七章　新时代高校教师道德责任建构的基本原则与实现机制

第一节　新时代高校教师道德责任建构的基本原则

新时代高校教师道德责任建构的基本原则，是指高校教师在提高道德责任意识的过程中正确处理各种关系的规则或标准，这也是提升其道德责任的基础。遵循基本原则，有利于增强高校教师道德责任建构的针对性和有效性。

一、灌输疏导原则

意识来源于社会实践。对大部分人来说，不被进行思想灌输很难自觉产生自身信仰或习得其他相关的理论知识。同样，高校教师的道德责任意识也不是自发形成的，而是通过将外部约束不断内化为自觉的意识活动而产生，这一过程大多出自教学和培训当，比如学习马克思主义理论和社会主义思想，形成与社会发展相适应的正确的世界观、人生观和价值观等。因此，增强高校教师的道德责任感必须坚持灌输疏导原则来对高校教师的思想进行灌输。灌输疏导的过程不是一味地讲抽象的真理，也不是空讲政治理论知识，而是结合社会实践，联系日常生活，在实践中检验和发展政治理论，并将其内化为自身素质，外化为基本言行，从而增强高校教师的道德责任意识。

随着经济全球化进程的加快和多元文化的发展，高校教师的责任意识也随之受到影响，在学习灌输新知识、新方法和新理论的过程中，容易产生消极情绪和抵触心理，价值方向和潜在问题有时也需及时调整和适时预警调控，否则不利于其自身对于理论知识的把握和巩固，也不利于其自身道德责任意识的加强。高校仅在自觉学习的基础上对教师进行培养和灌输政治理论知识还远远不够，而应该准确运用疏导原则，疏导原则是遵循社会发展的客观规律，在疏导过程中潜移默化地转化高校教师的思想观念，疏通难以理解的思想，引入正确的思想，同时内化为他们自己的思想。当高校教师的思想落后于时代发展或偏离主流价值观时，要及时发现问题，引导他们放弃错误的观念，树立正确的观念，接受其与时俱进的时代价值观。

二、多元互动原则

随着社会进程的不断加快，在新时代的背景下高校办学方式更加灵活多变，体制要求更加丰富和多样化，各个高校教育发展基础的差异导致高校之间发展呈现多样化和个性化的特点，高校都有各自擅长的学科领域和特色专业，高校教师也各自有独具特色的教学方式和研究方向，加之学生的性格特点和兴趣爱好也不尽相同，这就要求高校教师和高校在共同承担道德责任过程中，要结合校情和学情，采用多元化的互动手段，增加丰富多彩的教学内容，利用多媒体课件及网络资源等多元化的教学方式，实现学校、教师和学生等方面的良性互动。

高校教师应当利用课堂教学与学生增加互动交流，在探究合作式学习模式的指导下，促进学生与学生之间、学生与教师之间，乃至学生与社会实践之间等多元互动，引领学生在新时代不断适应社会的发展变化，符合社会对优秀人才的新要求，帮助大学生树立正确的世界观、人生观和价值观。在这一过程中，能让学生的思想价值体系不断得到完善，朝着自己的奋斗目标不断进步。与此同时，高校教师也在这一过程中得到了提高，并且有利于学生和学校对其教学成果的监督，促进高校教师教学能力的提高和道德责任意识的增强。

三、协调统一原则

协调统一原则指个人责任和道德责任是统一的。道德责任的履行者包括社会和个人，道德责任是社会和个人所负责任的统一，是个人应负责任和社会应负责任的统一。"在这里我们找到了双重责任：首先，我们坚持个人有责任，然后塑造他的集体，即他的家庭、社会阶层、国家甚至普通人类也有责任。"①因此，在承担道德责任时应当在平等对待责任主体的基础上，遵循权力与责任的比例对等，权力越大则责任越大；责任承担越多也应当被赋予越大权力。

每一责任主体都有自己需要承担的责任，任何人都不能脱离责任而存在，也不应该强迫任何人承担不该承担的责任。社会上的每个人都应该在平等的条件下去承担责任，任何人都不应置身于被社会和他人要求承担责任的视线之外，任何人都不应享受例外而不为社会和他人承担责任。平等的基本精神是人格平等，即"责任面前人人平等"，但并不是简单的责任平等，不像萨特所说的"世上没有外在的恶，每个人对恶的存在负有相同的责任"，它指的是责任与权力之间的一种对应关系。②平等对待的原则并不意味着每个人的责任都一模一样，而是作为责任主体的人格是完全平等的，具体责任要根据每个人社会角色与分工而有所不同，但必须坚持个人责任与道德责任协调统一的原则。

第二节　新时代高校教师道德责任建构的外在培育机制

本节根据前文所述习近平总书记新时代对高校教师提出的新要求以及当前高校教师道德责任的履行现状，并在遵循基本原则的基础上，提出新时代高校教师道德责任建构的导向、预警、激励、评估和调控等外在培育机制，从国家、社会等外部环境着手，阐述高校教师道德责任建构的有效机制。

---

① 包尔生. 伦理学体系[M]. 何怀宏，廖申白，译. 北京：中国社会科学出版社，1988：393-394.

② 郭金鸿. 道德责任论[M]. 北京：人民出版社，2008：393-394.

一、导向机制

在一定历史时期内，只存在一种符合社会发展规律的导向机制，符合社会特定时期社会发展规律的导向机制为正导向机制，在某种程度上偏离特定时期社会发展规律的导向机制为偏导向机制。历史证明，正导向机制的选择具有长久性和必然性，而偏导向机制的选择只具有暂时性和偶然性。我国建构了以马克思主义为指导，以实现共产主义为最终目标的导向机制，对个人的思想行为及整个社会的发展具有指引、约束和促进作用。

马克思主义作为一种思想体系，要成为人们的信仰和行为准则，还需要有"内化"的过程。高校教师的思想行为能否以及在多大程度上受其引导，不仅取决于外在约束力的大小，更取决于其自身的内化。这种内化过程是在个人的头脑中进行的，首先是共识，即个人与外在导向机制所蕴含的对某种事物或理论相一致的看法。共识是导向机制内化的基础，它直接决定这一内化过程最终能否实现。其次是信仰，是对某种主义或理论坚定不移的无条件尊重和信服，是导向机制内化的关键。高校教师在将其内化的过程中，经过反复思考和研究，一旦坚信这种理论的真实性和真理性并被其征服，对其产生的共识便升华为对这种主义或理论的信仰。最后是准则，它是信仰的外化和具体化。个人一旦确立某种信仰后，便会以这种信仰指导和规范自己的思想行为，并逐渐在头脑中形成一系列行为准则，也标志着整个内化过程的结束。因此，导向机制就作为一种外在约束机制内化为个人道德品质的一部分了。导向机制在高校教师和学生中的内化过程有助于达到信仰马克思主义、培养社会主义建设需要的人才的目标。除了系统地组织学习马克思主义的相关理论之外，还需要他们刻苦自学，通过自觉学习达到与马克思主义理论的共识，进而使马克思主义内化为他们的信仰和行为准则。

二、预警机制

预警机制是指依据对高校发展状况的判断，对责任体系运行的质量和后果进行评价、预测和报警。①以发展为导向的高校体制运行通常处于动态过程中，并不否定学校中各种问题与矛盾冲突的存在，而是通过解决它们来实现学校的稳定与发展。建立预警机制，能够对高校发展过程中出现的各种风险与问题及时监控，并根据监控结果采取相应的干预措施和行动。这是高校认识、预警与应对责任风险的基本前提。因此，预警机制是高校制度体系的重要组成部分，是实现高校稳定和教师发展的重要保障。

首先，建立完备的高校信息反馈网络。随着社会经济的发展变迁，多元化因素对高校发展和高校教师承担道德责任的影响越来越大。在社会发展新时期，高校乃至社会仍然会出现一些可控和不可控、可预测和难以预测事件的发生。所以，形成较健全的信息反馈网络对于提升高校各部门对信息的有效收集、正确分类、及时监控和适时发布的能力，以及准确评判和掌控高校发展全局具有重大意义，尤其在处理突发事件和应对复杂形势时更有举足轻重的作用。

其次，优化高校中的突发事件管理制度。要正确把握高等教育发展动向，建立和完善应对突发事件的管理机制体系，建立高效具体的复杂事件和特殊形势预警机制，运用短期和长期相结合的模式进行形势预测分析，并将结果及时反馈到相关部门。针对可能出现的突发事件和复杂局面，提前制定多样应急预案，在突发事件和潜在风险发生之前，迅速及时作出反应，应对要精准到位，保证迅速果断地把问题扼杀在摇篮当中。

最后，预防信息盲目传播，发挥正确的舆论导向作用。中国特色社会主义进入了新时代，高校教师的社会角色也日益多元化，多媒体和互联网的发展也带领我们进入了智能时代，因此传播信息变得更加

---

① 孙乐勇. 论社会预警机制与和谐社会的构建[J]. 胜利油田党校学报，2007，(03)：88-89.

便捷，传播途径也朝着多样化发展。在实施预警机制过程中，必须要对高校教师的信息管理能力和心理承受能力等因素予以考虑。舆论具有大众化、压力大、影响深的特点，通过创设积极的舆论环境，激发人们接受先进的思想道德规范和价值观的欲望。在智能化时代，应当加强与大众传媒的联系，网络数据相比人工更加快速便捷，要真正发挥媒介信息为大众服务的作用，并与有关部门相互配合，坚决杜绝信息的盲目传播和恶意传播。

三、激励机制

激励机制是指为促进学生的全面发展和高校教师队伍的优化提供精神动力和智力支持，进而加强对高校教师道德责任履行体系的规范化和制度化建设的一种制度模式。健全的激励机制可以满足教师的心理安全需要、避免其不满情绪的滋生及工作效率的低下，保证他们工作的积极性。

首先，坚持"以人为本"的激励原则。正如马克思主义人学理论中关于人的论述，要以正确的价值观念武装人的头脑，社会发展的动力和最终目标就是实现人的发展，只有实现人的生命价值、实现人的社会化，才能在实践中提高人的综合素质。因此要实行"以人为本"的激励机制，激发个体的内在活力，在满足个体需要的同时，促进个体需求和社会需要的有机统一，使高校教师在激励机制下自觉承担道德责任，并在履行道德责任中完善自我、发展自我。

其次，健全高校奖惩制度，确保激励机制发挥应有作用。奖惩制度是由高校主体部门依照相应的规章制度，对高校教师的教学科研等职业行为给予客观公正的奖励或惩罚。高校对有优秀教学成果或学术研究的教师给予奖励，使其产生积极向上的进取心态，促进其创新教育教学模式与学术研究成果；对极少数违反职业道德规范的教师予以处罚，使其产生愧疚的情感体验，从而反思自身行为，积极改变并付诸实践，从而将对高校教师的职业道德要求和社会价值约束上升为制度要求及行为规范。

最后，确立合理有效的高校教师职业道德评价标准。合理有效的职业道德评价标准充分体现了高校乃至社会对高尚职业道德价值的尊崇。标准的制定要符合主流，能让绝大多数人胜任和接受，否则评价标准就会失去效果。开展德育工作和评价高校教师的职业道德行为要有物质、精神以及学术等扶持资金的投入，通过物质补偿或精神满足来对其付出进行褒奖与表扬，使高校教师的行为动机与行为结果之间建立和保持一种相互对应的关系，从而让他们主动选择于己有益、于人有利、于社会有贡献的品质与德行。

四、评估机制

在《教育评价辞典》中，社会评估是"由具有一定权威的社会团体不受任何教育主管部门委托，独立地对教育活动进行的评估，是社会用人单位对学校培养学生适应社会需要程度进行的评估"[1]。建立有利于高校教育质量进一步发展的评估机制，对于促进社会评估、政府督导以及高校自我评估的结合具有重要作用，有利于构建完善的高校教育质量保障体系，提升高校教师对道德责任的承担，以及推动高校办学质量的提高。评估的根本目的是全面客观地了解高校的发展状况，诊断高校教师在教学科研中存在的问题，重点甄别阻碍教育质量提高的关键因素。高校通过持续开展质量改进工作来提高整体办学水平。高校评估不仅要对高校的办学质量进行评估，还要对教师的教学水平和科研能力予以评估，更重要的是关注高校眼前的进步和未来的发展，以及高校教师学术水平的提升，这样才能从制度和资源等方面保障高校体制的平稳运行和高校教师的不断进步。

评估机制要将高校内部评估与专家外部评估结合起来，在推动高校积极开展内部评估的基础上，专家也要从外部对高校所作的评估结果进行科学的分析，并提出解决对策和发展方案，加强专业人士和专业机构对高校发展评估的支持力度。同时，高校要提升高校教师对于

---

① 陶西平. 教育评价辞典[M]. 北京：北京师范大学出版社，1998：95.

学校发展和其自身发展相统一的道德责任意识，促进高校的持续发展和不断进步，并积极借鉴其他高校的评估方案和发展模式，带动高校乃至社会整体的发展。在评估过程中要明确促进高校发展的关键因素，并对各个因素展开探讨，将优势因素与时代相结合，创新教育发展模式；对仍需进一步关注与努力的因素重点改进，通过高校开展良好的内部自我评估和可靠的外界评估以及积极的后续服务，确保高等教育获得长足发展。

五、调控机制

调控机制既是责任功能的具体表现，也是其得以发挥的重要途径。它是将道德责任内化为个人品行的重要条件，对高校教师职业操守的进一步规范、道德素养的进一步提升以及个人价值的进一步实现等都有重要作用。道德责任原则和职业规范要深入高校教师的内心，转化为其内在责任意识，形成相应的自我调控。对高校教师个人来说，这是一个提高责任认知、锻炼个人意志、坚定理想信念、实践责任行为，并最终养成行为习惯的复杂过程。

第一，高校教师承担道德责任的调控机制主要包括正规化的教育培训和非正规化的责任教育。前者包括开设相关领域的专业课程、开展多种形式的专题活动，直接对高校教师进行集中培训，之后高校教师再把积累到的学习经验和行为规范等知识传授给他们的学生，为其指明行为方向和界线；后者强调通过各种活动情境，将责任教育渗透于高校教师的日常生活，达到对大学生个人品行的影响和示范作用。高校教师提升道德责任感的渠道是多方面、多层次的，要有效发挥对其个人责任道德的调控功能，就必须将各个渠道努力整合成一个整体，充分发挥各自的特殊功能，使它们形成相互补充的合力。

第二，道德责任规范的调控机制也离不开社会舆论的重要作用。社会舆论的强大力量表现在能够制约高校教师的教学科研等行为方式，以及在实践中"该做什么"和"不该做什么"，舆论调控在以人为本的原则下，以其高尚的品格和崇高的精神给高校教师进行自我约束提供了范本，根据高校教师的日常实际和习惯特点，挖掘其自身内在潜能和道德内涵，并在社会上对其高尚品质和崇高精神进行高度赞扬，让其产生职业满足感，享受社会地位的提升，通过大众传媒的强大力量和传播机制对高校教师产生强烈的感染力，让其因社会舆论而引发高度的责任感，并促使高校教师道德责任感的"他律性"向"自律性"转化，从而促进其增强道德责任意识、更好地承担道德责任。

第三节 新时代高校教师道德责任建构的内在生成机制

本节从高校教师个人主观角度出发，提出新时代高校教师道德责任建构的心理、比较、动力、能力和个人内部评价等五个层面的内在生成机制，使高校教师能够有积极的心态和工作态度有效承担道德责任。

一、心理机制

从心理机制出发，高校教师道德责任的提升是认识、情感、意志、行为和信念五大因素共同作用的结果。高校教师自我强化心理机制的最高境界是做到"慎独"，养成良好的行为习惯需要长期稳定地坚持，并在这一过程中进行各种自我暗示和强化心理的活动。譬如"三省吾身"、确立短期目标和长期目标以及坚定自身的理想信念等。

高校教师可以通过疏导自身情绪来调节心理感受、改变不良认知、建立健康平和的心理状态，将消极的心理提升为积极的心态。高校教师应该先从心理层面消除其因理想和现实间的差距而产生的认知上的偏差，调整其由此产生的对自己的负面评价，回归到理性认知，及时有效地解决工作中遇到的难题，建立有效的心理机制。情绪调节是个人管理自身情绪或改变他人情绪的过程。曾是美国斯坦福大学心理学系副教授的詹姆斯·格罗斯提出将情绪调节分为原因调节和反应调节。前者是对引起情绪的原因进行反思和调整。譬如在工作中不过于重视职称晋升、回避一些不必要的冲突以及正确看待与同事间的合作竞争等，避免产生抑郁、焦虑等不良情绪；而后者是指个体对己产生的情绪在主观感受和生理神态等方面进行调节。高校教师在情绪不佳时，可以多参加一些娱乐活动和体育运动，通过听音乐、散步或跑步锻炼以及找人倾诉等方式来消除紧张、缓解焦虑，从而增强对情绪的自我调控能力，促进身心健康。因此，提升高校教师的道德责任不仅是认知层面的问题，也是情感层面的问题，教师需要在长期的教育教学与科研实践的过程中不断深化自己对道德责任的认识，并逐渐形成一种自觉自愿承担道德责任的担当，从而转化为促进社会发展和国家繁荣而努力奋斗的持久力量。

二、比较机制

比较机制是指将自己的某些行为特征或行为结果与自己相近的人相比较，即社会化的心理机制。依据不同的比较对象，可以分为上位比较和下位比较，上位比较是同工作或生活中比自己表现积极或更加优秀的人进行比较；下位比较是和工作或生活中表现不如自己的人进行比较。

Buunk（布恩客）和 Ybema（伊贝马）认为，通过比较产生的效果积极还是消极，主要取决于比较主体与比较对象比较后产生的对比感受。在上位比较中，如果二者能够依据彼此间的相近性或相似性，从比较对象的角度重新审视自己，并思考可以为己所用的情形或特征，可以加强自身的积极情感，提升自我价值感与效能感。如果把比较对象看作竞争对手，则会产生消极情感，进行自我否定，暗示自己不如别人甚至低人一等，从而诱发嫉妒心或挫折感。在下位比较中，认为自己在本质上同不如自己的人是一样的，甚至认为他们的境况就是自己未来的写照，诱发更为消极的情感。[1]高校教师的工作环境就存在各种各样的比较：在授课能力方面，教师之间会有一定的差距；在科

---

① Buunk B P, Ybema J E. Social comparisons and occupational stress:The identification contrast model. In:Buank B, Gibbon X F. Health, coping and wel-l being: Perspectives from social comparison theory. Mahwah, NJ:Lawrence Erlbaum, 1997, P359-388.

研成果方面，面对比自己学术能力更强的同事，也会产生一定的压力；在职业满足与倦怠方面，产生职业倦怠的教师则可能有更消极的情感出现。因此，高校教师要学会积极认知，用健康、正确的比较方式认同自己，有针对性地调整自己的思想和行为，用合理的成就动机激励自己，保持积极向上的个人心态，通过学习或其他方式不断充实自己，以消除或减轻自己的焦虑、倦怠等负面情绪。

高校教师的专业发展也需要过程，美国学者卡茨将教师的发展分为求生存时期、巩固时期、更新时期和成熟时期四个阶段，高校教师应根据这一规律科学合理地规划自己的职业生涯，在职业发展的不同阶段正确看待自己的工作，从而避免自我效能感低落，形成恶性循环。此外，高校教师还应当坚持锻炼，多样化的运动模式能够满足不同教师群体的运动需求，使其练就更加强健的体魄，身体健康能够促进心理健康，还能使自己的生活更加充实。只有不断发展进步，不断开阔眼界，才能以更加积极向上的心态面对生活中的挫折。

三、动力机制

动力机制是基于对高校教师需要的满足，把教师的个人行为与追求的合法权益有机结合的机制，是教师和学校之间相互作用、相互制约的方式和发展规律的总和，其目的是调动高校教师的积极性，促进高校高质量发展。

高校教师的内部动力机制包括高校教师的专业理想、专业需求和专业自我建构。促进高校教师承担道德责任的动力机制对高校教师自身以及高校整体的发展进步都有重要意义。高校教师应当积极承担职业责任，加强职业操守，把为国家和社会培养创新型人才作为自己的神圣使命，将为人师表、爱岗敬业、立德树人等职业要求作为自己的职业目标，并在教学科研实践中坚定理想信念、提升道德情操。高校教师所学的知识技能、职业道德等理论终究要归于实践，只有理论联系实践，在实践中又创新理论，才能最终达到深化责任认知，强化道德责任信念的目的。

人的需要与认识有关，行为受思想支配，提高认识又离不开教育，因此必须强化思想教育工作，形成规范的责任考核体系，即通过设置目标、方法，制定具体的奖惩制度、政策等，促进对高校教师道德责任感的落实和工作实绩的考察审核。还应当尽可能多地采取一些奖惩措施，建立合理有效的激励制度来满足教师的需要。如为高校发展建设作出贡献的教师记功、评奖、晋升等，即"正激励"制度；对在高校发展建设中工作不力，甚至明知故犯出现道德等问题的教师，要根据具体情况批评、处分，对于触犯法律的行为要坚持依法惩办等，即"负激励"制度。对于高校教师而言，应当以"正激励"制度鼓励为主。对于那些不顾高校建设和学生发展根本利益以及不认真解决自身与学生或教师之间的利益矛盾而造成不良后果的行为，还必须建立完善的监督、检举制度。这就要求我们进一步加强民主与法律建设，加强法律宣传教育，提升高校教师的法律意识，营造人人自觉守法用法的社会氛围，这是逐步建立和完善构建促进高校教师道德责任履行的动力机制的重要保证。

四、能力机制

能力机制是指高校教师为了达到教学科研要求所具备的包括自身知识储备、教学水平和科研能力等方面的主观条件。社会发展进入新时代，教师的教学研究目标、教学内容和教学方式随之发生了相应的变化，因此，其教学能力体系也需要与时俱进，更好地为社会培养优秀人才。

首先，提升专业教学能力。高校教师应积极参加教学培训，加强能力的培养锻炼，提升专业教学能力和水平。坚持与时俱进，改变"满堂灌"的传统教学方式，创新教学方式和内容，启发学生的发散性思维；探究合作式交流方式，通过多媒体课件与课本板书的有效结合，呈现出更加鲜活的教学内容，提高课堂教学的吸引力。如此，不仅可以帮助学生加深对知识的掌握、加强专业技能，还能激发学生的学习兴趣，培养其创新精神和自主合作能力。高校教师要坚定贯彻落实国家的相关教育方针政策，适应新时代社会发展变化和现实需要，加强调研走访和亲身实践，引导学生对未来职业的发展做出规划，不断提升自身的实践技能，为走向社会打好基础。

其次，推进教学方式改革，适应新兴技术发展。随着社会发展进入新时代，人工智能、"互联网+"等新兴技术迅猛发展，处于大数据背景下的高校教师在实际教学中应将教学理论与实践、教学方式及内容进行有效结合，以此提升教学效果和学生的学习效率。因此，高校教师应主动学习、积极反思，扩大学术交流圈，主动与学科前沿接轨，及时弥补自身不足。高校教师要善于利用新兴技术，处理好新型教育模式与教学课堂之间的关系，及时更新教学内容、改进教学方式，充分利用互联网上丰富的信息资源和多样的教育平台，不断提高教学能力、科研能力和信息技术能力。积极学习先进，主动拥抱新技术、新趋势、新方法，将新兴技术融入人才培养、学术研究和服务社会的全过程，促进人才培养模式的创新。

最后，以学促研，以研促学，实现教学与科研能力的共赢。新时代的科教融合教育理念指出高校教师不仅是知识的传授者，更是知识的创造者，必须创新教学方法，用学科前沿研究成果和学科知识与学生互动交流。科研对教学的促进作用在于提高教师的学术水平和教学水平。除了对书本知识和对教材的理解程度以外，教师学术水平和教学水平的提高也离不开教师在科研实践的过程中获取的成果。因此，高校教师要具备"工匠精神"，既要将知识有效地传递给学生，又要思考如何将创新发展之后的知识体系融合到课堂之中传递给学生。通过不断学习、实践和反思实现自我提升与发展，提高自身专业发展质量，培养出新时代社会需要的优秀人才。

五、评价机制

评价机制是指高校教师的自我评价，是高校教师通过某种途径在认识、分析和评判自己的过程中获得自我提高的一种内在机制。在这种评价机制中，高校教师本身既是评价者，又是被评价者，既是评价主体，又是评价客体，客观上是一种主客体相统一的评价机制。

自我评价机制分为两种：一种是被评价者按照他人对自己评价的标准，在他人评价之前先进行的自我评价；另一种是被评价者按照相应的评价标准和评价目的，主动评价自己的教学过程或研究成果。在高校教师的自我评价实践中，应该更加提倡后者，因为它能调动高校教师的主观能动性和工作积极性。自我评价的主要目的是诊断和改进教学与研究工作，自我评价机制既有利于高校教师的自我反思，也有助于促进高校教师的专业发展和高校教育的高质量发展。

高校教师在自我评价过程中会自觉关注自己的教学进度与效果，以及自己的阶段性学术研究成果，根据获得的信息和结果及时进行反思和评判，并思考提高教学质量和改进研究方法的途径，从而促进自身专业发展。此外，以高校教师自身为评价主体，在此基础上结合专家评价、同行评价以及学生评价等方式，这样在一定程度上会使评价结果和最终成效更加科学，使高校教师更有安全感，并愿意积极参与自我评价，充分反映被评价对象的真正需求，从而更好地拓展其思维创新空间。因此，高校应结合校情定期开展高校教师的自我评价工作，从而发现他们在教学和科研工作中的不足，及时加以解决。

参考文献

1. 马克思，恩格斯. 马克思恩格斯全集（第 2 卷）[M]. 北京：人民出版社，1972.

2. 马克思，恩格斯. 马克思恩格斯全集（第 3 卷）[M]. 北京：人民出版社，1972.

3. 马克思，恩格斯. 马克思恩格斯文集（第 5 卷）[M]. 北京：人民出版社，2009.

4. 马克思，恩格斯. 马克思恩格斯选集（第 1 卷）[M]. 北京：人民出版社，2012.

5. 马克思，恩格斯. 马克思恩格斯选集（第三卷）[M]. 北京：人民出版社，1970.

6. 马克思，恩格斯. 马克思恩格斯选集（第 3 卷）[M]. 北京：人民出版社，1995.

7. 恩格斯. 家庭、私有制和国家的起源[M]. 北京：人民出版社，2018.

8. 中共中央马克思恩格斯列宁斯大林著作编译局. 马克思恩格斯全集（第一卷）[M]. 北京：人民出版社，1995.

9. 中共中央马克思恩格斯列宁斯大林著作编译局. 马克思恩格斯全集（第二卷）[M]. 北京：人民出版社，2005.

10. 中共中央马克思恩格斯列宁斯大林著作编译局. 马克思恩格斯全集（第十卷）[M]. 北京：人民出版社，1998.

11. 列宁全集（第 45 卷）[M]. 北京：人民出版社，2017.

12. 列宁选集（第四卷）[M]. 北京：人民出版社，1972.

13. 康德. 康德政治著作选[M]. 北京：中国政法大学出版社，2003.

14. 习近平. 干在实处走在前列：推进浙江新发展的思考与实践[M].北京：中共中央党校出版社，2006.

15. 习近平. 习近平总书记系列讲话精神学习读本[M]. 北京：中共中央党校出版社，2013.

16. 习近平. 做党和人民满意的好老师：同北京师范大学师生代表座谈时的讲话[M]. 北京：人民出版社，2014.

17. 习近平. 习近平谈治国理政（第二卷）[M]. 北京：外文出版社，2017.

18. 习近平. 习近平谈治国理政（第三卷）[M]. 北京：外文出版社，2017.

19. 习近平. 决胜全面建成小康社会夺取新时代中国特色社会主义伟大胜利——在中国共产党第十九次全国代表大会上的报告[M].北京：人民出版社，2017.

20. 中共中央宣传部. 习近平新时代中国特色社会主义思想三十讲[M]. 北京：学习出版社，2018.

21. 中央党校采访实录编辑室. 习近平在正定[M]. 北京：中共中央党校出版社，2019.

22. 本书编写组. 习近平与大学生朋友们[M]. 北京：中国青年出版社，2020.

23. 习近平. 思政课是落实立德树人根本任务的关键课程[M]. 北京：人民出版社，2020.

24. 习近平总书记教育重要论述讲义编写组. 习近平总书记教育重要论述讲义[M]. 北京：高等教育出版社，2020.

25. 习近平. 在"七一勋章"颁授仪式上的讲话[M]. 北京：人民出版社，2021.

26. 中共中央党史和文献研究院. 习近平关于注重家庭家教家风建设论述摘编[M]. 北京：人民出版社，2021.

27. 习近平. 高举中国特色社会主义伟大旗帜　为全面建设社会

主义现代化国家而团结奋斗——在中国共产党第二十次全国代表大会上的报告[M]. 北京：人民出版社，2022.

28. 毛泽东选集（第三卷）[M]. 北京：人民出版社，1991.

29. 邓小平. 邓小平文选（第二卷）[M]. 北京：人民出版社，1994.

30. 江泽民. 江泽民文选（第一至三卷）[M]. 北京：人民出版社，2006.

31. 胡锦涛. 胡锦涛文选（第三卷）[M]. 北京：人民出版社，2016.

32. 任苏民. 教育与人生——叶圣陶教育论著选读[M]. 上海：上海教育出版社，2004.

33. 雅斯贝尔斯. 什么是教育[M]. 邹进，译. 北京：生活·读书·新知三联书店，1991.

34. 陈万柏，张耀灿. 思想政治教育学原理（第三版）[M]. 北京：高等教育出版社，2015.

35. 陈永明. 日本教育中日教育比较与展望[M]. 北京：高等教育出版社，2003.

36. 潘静. 哈佛家训全集[M]. 北京：华夏出版社，2011.

37. 沈璿. 我国教师伦理规范的制度属性及其建构[M]. 北京：中国社会科学出版社，2015.

38. 王天一. 苏霍姆林斯基教育理论体系[M]. 北京：人民出版社，1992.

39. 陶西平. 教育评价辞典[M]. 北京：北京师范大学出版社，1998.

40. 陈永明. 日本教育中日教育比较与展望[M]. 北京：高等教育出版社，2003.

41. 王向华. 大学的道德责任[M]. 北京：北京师范大学出版集团，2017.

42. 郭金鸿. 道德责任论[M]. 北京：人民出版社，2008.

43. 檀传宝. 教师伦理学专题：教育伦理范畴研究[M]. 北京：北京师范大学出版社，2003.

44. 叶澜. 教师角色与教师发展新探[M]. 北京：教育科学出版社，2001.

45. 夏征农，辞海[Z]. 上海：上海辞书出版社，1999.

46. 中华人民共和国教师法[Z]. 北京：法律出版社，2003.

47. 习近平在湖南考察时强调：在推动高质量发展上闯出新路子　谱写新时代中国特色社会主义湖南新篇章[N]. 人民日报，2020-09-19（01）.

48. 习近平向全国广大教师致慰问信[N]. 中国青年报，2013-09-10（01）.

49. 习近平. 在中国科学院第十七次院士大会、中国工程院第十二次院士大会上的讲话[N]. 人民日报，2014-06-10（02）.

50. 张烁. 习近平在全国教育大会上强调：坚持中国特色社会主义教育发展道路　培养德智体美劳全面发展的社会主义建设者和接班人[N]. 人民日报，2018-09-11（01）.

51. 习近平. 在北京大学师生座谈会上的讲话[N]. 人民日报，2018-05-03（02）.

52. 习近平. 在纪念马克思诞辰 200 周年大会上的讲话[N]. 人民日报，2018-05-05（01）.

53. 张烁. 习近平主持召开学校思想政治理论课教师座谈会强调：用新时代中国特色社会主义思想铸魂育人　贯彻党的教育方针落实立德树人根本任务[N]. 人民日报，2019-03-19（01）.

54. 晏红. 新时代教师应具备家庭教育指导力[N]. 中国教育报，2021-06-06（04）.

55. 程宝怀. 刘晓翠，吴志辉. 习近平同志在正定[N]. 河北日报，2014-1-2（01）.

56. 中共中央决定调整浙江大学党委书记[N]. 浙江日报，2004-07-20（01）.

57. 省举行庆祝教师节暨表彰优秀教师大会[N]. 浙江日报，2004-

09-09（01）.

58. 何发甦. 才者,德之资也;德者,才之帅也[N]. 光明日报,2018-5-28（02）.

59. 匡小明. 教师必须履行人格示范的道德责任[J]. 甘肃广播电视大学学报，2001，（02）.

60. 新华社. 习近平在全国高校思想政治工作会议上强调：把思想政治工作贯穿教育教学全过程　开创我国高等教育事业发展新局面[J]. 教育文化论坛，2016，8（06）.

61. 习近平. 干在实处走在前列：推进浙江新发展的思考与实践[J]. 理论与当代，2013，（11）.

62. 习近平. 坚持党的领导传承红色基因扎根中国大地走出一条建设中国特色世界一流大学新路[J]. 中国老区建设，2022，（06）.

63. 李颖，陈郝杰. 党的全国代表大会与马克思主义中国化[J]. 中共党史研究，2018，（06）.

64. 鲁洁. 关系中的人：当代道德教育的一种人学探寻[J]. 教育研究，2002，（01）.

65. 何秋敏. 高校教师的道德责任[J]. 求实，2004，（S4）.

66. 曹凤月. 解读"道德责任"[J]. 道德与文明，2007，（02）.

67. 黎琼锋. 价值引领：教师的道德责任[J]. 教育科学研究,2007,（12）.

68. 郑树文. 试论高校教师的道德责任及师德体系[J]. 黑龙江高教研究，2009，（06）.

69. 赵丽萍. 论多元文化时代教师的道德责任[J]. 教育探索，2009，（08）.

70. 杨翠娥. 生命道德：教师专业伦理的重要维度[J]. 教育学术月刊，2011，（01）.

71. 胡淼.21 世纪法国中小学教师专业能力标准探析[J]. 比较教育研究，2011，33（08）.

72. 杨阳. 试析教师的社会责任[J]. 徐州师范大学学报（教育科学版），2012，3（01）.

73. 王辉. 中小学教师在教育教学中的道德责任与法律义务[J]. 教学与管理，2016，（06）.

74. 杨岭，杨佳婷. 论新自由主义背景下高校教师的社会责任与担当[J]. 当代教育科学，2017，（08）.

75. 赵虹元. 论教师道德责任的有限性及其尺度[J]. 当代教育科学，2018，（04）.

76. 李颖，陈郝杰. 党的全国代表大会与马克思主义中国化[J]. 中共党史研究，2018，（06）.

77. 刘雪璟. 论思想政治理论课教师的政治素养[J]. 思想理论教育导刊，2019，（11）.

78. 孙洪凯，王延培，孙钰华. 无过即合格？——论教师政治素养标准的合理建构[J]. 当代教育科学，2019，（02）.

79. 孙立军，刘爱军. "六个要"与思想政治理论课教师素养提升[J]. 思想理论教育导刊，2019，（07）.

80. 于霞，于倩. 政治强：高校思想政治理论课青年教师必备的第一素养[J]. 思想理论教育导刊，2020，（01）.

81. 赵聪，赵彦宏. 新时代高校教师社会责任问题探究[J]. 黑龙江高教研究，2021，39（02）.

82. 张江英. 党建引领教师政治责任提升[J]. 思想政治课教学，2021，（10）.

83. 杨廷强. 新时代思政课教师的核心素养及其提升策略[J]. 教育理论与实践，2022，42（27）.

84. 王淑荣，董翠翠. "课程思政"中专业课教师政治素养的四重维度[J]. 河南师范大学学报（哲学社会科学版），2022，49.

85. 熊晓琳，孙希芳. 高校思政课教师的核心素养及提升路径[J]. 思想理论教育导刊，2022，（07）.

86. 杨虹. 思政课教师综合素养提升探索[J]. 中学政治教学参考, 2023,（03）.

87. 张琳. 高校教师的学术自由与社会责任[J]. 许昌学院学报, 2006,（04）.

88. 赵相斌. 试论高校思政课教师的问题意识[J]. 新课程研究（职业教育）, 2007,（06）.

89. 姚文峰. 教师社会责任的伦理审思[J]. 教育导刊, 2008（03）.

90. 吴强, 汪先明, 吴昊. 高校思政课教师职业道德现状分析[J]. 宜春学院学报, 2009, 31（05）.

91. 吴海文. 现代家庭责任伦理探析[J]. 中外企业家, 2010,（12）.

92. 杨阳. 试析教师的社会责任[J]. 徐州师范大学学报（教育科学版）, 2012, 3（01）.

93. 曾爱平. 多途径开展青少年家庭道德责任教育[J]. 当代教育科学, 2012,（16）.

94. 刘叶云, 刘芳. 我国普通高校教师社会责任内涵研究[J]. 前沿杂志社, 2012,（20）.

95. 杨太竹. 中等职业学校教师责任意识现状与强化对策的研究——以天津市立达中等职业学校为例[D]. 天津: 天津师范大学, 2012.

96. 朱松节. 新时期高校思想政治理论课教师的社会责任浅析[J]. 思想理论教育导刊, 2013,（10）.

97. 杨岭, 杨佳婷. 论新自由主义背景下高校教师的社会责任与担当[J]. 当代教育科学, 2017,（08）.

98. 丁延庆, 李卓. 大学教师的社会责任[J]. 当代教育与文化, 2020, 12（05）.

99. 赵聪, 赵彦宏. 新时代高校教师社会责任问题探究[J]. 黑龙江高教研究, 2021, 39（02）.

100. 徐盛栋, 郑俊朋, 戴怡萍, 等. 大学生家庭责任意识培育策略[J]. 宁波经济（三江论坛），2021，（09）.

101. 王萌，侯金芹，刘建国，等. 教师工作家庭冲突对其子女抑郁的影响：有调节的中介模型[J]. 中国临床心理学杂志，2021，29（04）.

102. 孙琦. 教师的社会责任：使命与负荷[J]. 教育科学论坛，2023，（19）.

103. 冯桂林. 浅析个人的家庭责任及其行为失当[J]. 江汉论坛，1998，（06）.

104. 魏泽文，王文婷. 习近平关于家庭建设重要论述的哲学意蕴[J]. 天中学刊，2024，39（03）.

105. 李毅弘，戴歆馨. 习近平新时代"好家风"论述：内涵、价值与建构[J]. 思想理论教育导刊，2019，（06）.

106. 江敏丹. 论教师家庭伦理道德[J]. 五邑大学学报（社会科学版），2002，（02）.

107. 周岩. 大学生责任意识现状调查[J]. 教育与职业，2011，（10）.

108. 关颖. 新闻报道中父母对孩子家庭责任的扭曲[J]. 新闻记者，2014，（06）.

109. 刘慧琴，陈姣姣，赵敏. 教师家庭教育指导能力及其培育[J]. 中国教育学刊，2024，（06）.

110. 张振. 传统家训文化视野下高校社会主义核心价值观培育探究[J]. 就业与保障，2020，（20）.

111. 李佩然，葛娟. 教师优良家风融入高校校园文化建设的实现路径[J]. 沧州师范学院学报，2021，37（04）.

112. 姚志敏，李珊. 家风、教风视域内高校青年教师职业发展与婚恋家庭"双促"模式探索[J]. 青年与社会，2019（05）.

113. 孙毓蔓，乔木. 以家风建设推进高校党风廉政建设的路径探索[J]. 西南石油大学学报，2017，19（04）.

114. 马水锋. 新时代如何加强高校青年教师家风建设[J]. 中国成人教育，2018，（05）.

115. 赵保全，罗承选. 大学精神浸润下的高校教师家风培育研究[J]. 思想教育研究，2017，（02）.

116. 张琳，陈延斌. 当前我国家风家教现状的实证调查与思考[J]. 中州学刊，2016，（08）.

117. 陈永胜. 当前家风家教培育的新挑战及其应对[J]. 南阳理工学院学报，2019，11（01）.

118. 蒋春霞. 廉洁家风融入高校思想政治理论课的路径思考[J]. 黑龙江教育（理论与实践），2022，（11）.

119. 康凤云. 习近平家风观的形成：时代背景、理论基础和实践条件[J]. 江汉论坛，2021，（01）.

120. 应宗颖. 习近平家庭建设思想核心理念及其时代价值初探[J]. 湖湘论坛，2017，30（03）.

121. 顾保国. 论习近平新时代家风建设重要论述的理论逻辑与实践价值[J]. 马克思主义研究，2020，（02）.

122. 陈延斌. 中国传统家训研究的学术史梳理与评析[J]. 孔子研究，2017，（05）.

123. 王笑莲. 高校教师工作家庭冲突状况研究[J]. 山西高等学校社会科学学报，2022，34（07）.

124. 林静雅，胡亚天. 边界理论视角下地方高校青年教师发展探究[J]. 扬州大学学报（高教研究版），2021，25（03）.

125. 陈春平. 高校青年教师工作家庭互动与生活满意度的关系研究——核心自我评价的调节作用[J]，中国农业教育，2021，25（05）.

126. 李佳娟. 新时代家风构建研究[D]. 江苏：苏州大学，2020.

127. 盛来运，方晓丹，冯怡琳，等. 家庭人口结构变动对居民消费的影响研究——基于微观家庭面板数据的分析[J]. 统计研究，2021，38（11）.

128. 毕孝珍，颜健. 中国传统家训与新时代领导干部良好家风的构建[J]. 沂蒙干部学院学报，2022，（03）.

129. 刘丁鑫. 论高校教师师德养成的外在机制[J]. 江苏高教，2022，（11）.

130. 朱一丹. 传统家训文化视野下高校社会主义核心价值观培育探析[J]. 学校党建与思想教育，2018，（11）.

131. 游旭群，靳玉乐，李森，等. 新时代教师教育高质量发展大有作为[J]. 高校教育管理，2022，16（05）.

132. 严文蕃. 核心素养：中美比较和跨学科研究的视角[J]. 中国德育，2017，（07）.

133. 姚彤. 国外及中国港台地区教师职业道德规范的共性及启示[J]. 天津市教科院学报，2009，（03）.

134. 刘建军，梁祯婕：论思想政治理论课教学的问题意识[J]. 马克思主义理论学科研究，2021，7（01）.

135. 王树荫. 高校思政课教师"政治要强"[J]. 中国高校社会科学，2019，（03）.

136. 李学勇，林伯海：论思想政治理论课教师的情怀素养[J]. 思想理论教育导刊，2019，（07）.

137. 张国启. 新时代思想政治理论课教师"人格要正"的逻辑内涵及培育理路[J]. 思想理论教育，2019，（07）.

138. 刘卫平. 论高校思想政治理论课教师师德的自觉提升[J]. 思想政治教育研究，2016，32（04）.

139. 孙乐勇. 论社会预警机制与和谐社会的构建[J]. 胜利油田党校学报，2007，（03）.

140. 王景英. 略谈对教育的社会评价的理解[J]. 现代中小学教育，1996，（05）.

141. 姚菁菁，张澍军. 论立德树人之"德"的内在规定与外在张力[J]. 思想教育研究，2021，（05）.

142. 杨林香. 习近平关于师德重要论述的三重意蕴[J]. 福建师范大学学报（哲学社会科学版），2020，（06）.

143. 朱之文. 深入学习习近平总书记关于教育的重要论述, 助力新时代基础教育高质量发展[J]. 中国教育学刊, 2020, (09).

144. 王继红, 匡淑平. 新时代高校师德师风建设的现实挑战与优化策略[J]. 思想理论教育, 2020, (05).

145. 李俊. 家训文化视域下高校社会主义核心价值观涵育路径探析[J]. 长春师范大学学报 (人文社会科学版), 2018, (07).

146. 陈振波. 中华优秀传统文化视野下当代家规家训建设的思考[J]. 广西社会主义学院学报, 2018, 29 (05).

147. 邸燕茹. 新时代高校师德建设研究[J]. 思想理论教育导刊, 2018, (04).

148. 杨跃. 论教师的责任伦理[J]. 当代教育论坛, 2006, (17).

149. 王文静, 曾榕清. 中国式现代化背景下师德师风建设的关键路径[J]. 教育理论与实践, 2024, 44 (07).

150. 柏路, 包崇庆. 习近平关于师德师风重要论述的生成逻辑, 内容结构及理论品格[J]. 思想教育研究, 2021, (09).

151. 陈思蒙, 段鑫星. 论习近平关于师德师风重要论述的生成逻辑[J]. 社会科学辑刊, 2023, (01).

152. 康秀云, 郗厚军. 国外高校师德建设的实践特质, 内在逻辑及经验借鉴[J]. 东北师大学报 (哲学社会科学版), 2016, (06).

153. 熊亚平. 师德师风方面存在的问题与对策[J]. 湖南师范大学社会科学学报, 2001, (S1).

154. 袁进霞. 高校师德师风存在的问题及对策[J]. 学校党建与思想教育, 2017, (04).

155. 秦书生, 李毅. 习近平高校立德树人思想的逻辑阐释[J]. 现代教育管理, 2018, (08).

156. 别荣海. 修身立德传道树人[J]. 红旗文稿, 2021, (08).

157. 韩泽春, 王秋生. 社会主义核心价值体系视域下的高校师德师风建设[J]. 新疆师范大学学报 (哲学社会科学版), 2013, 34 (03).

158. 吴颖芳. 高等师范院校师德师风建设的实践路径[J]. 宁夏大学学报（人文社会科学版），2021，43（06）.

159. 张维静，张春雷. 新时代高校师德师风建设：内涵特征·现实困境·实践路径[J]. 中学政治教学参考，2022，（08）.

160. 郑晓东，肖军霞. 新形势下高校师德师风建设的时代价值与实践路径[J]. 思想理论教育导刊，2019，（08）.

161. 戚如强. 习近平师德观述论[J]. 社会主义研究，2018，（03）.

162. 杨胜才. 习近平关于好老师重要论述的主要内涵，价值意蕴及践行路向[J]. 学校党建与思想教育，2020，（13）.

163. 马丽萍. 以"三个牢固树立"为旗帜建设精良教师队伍[J]. 广西教育，2015，（11）.

164. 张伯伦，黄博琛. "三个牢固树立"引领下的教师队伍建设探索[J]. 产业与科技论坛，2020，19（16）.

165. 张芝芳，刘向前. 以"四有"好老师标准引领高职院校师德师风建设——以北京政法职业学院为例[J]. 北京政法职业学院学报，2019，（04）.

166. 李树培，叶嘉妮. 师范生眼中的"四有"好老师特质分析——基于学徒观察视角的质性研究[J]. 全球教育展望，2022，51（12）.

167. 李会先. 坚持"四个相统一"要求扎实推进高校师德建设[J]. 北京教育（高教），2017，（09）.

168. 彬彬，孔凡哲. 立德树人视域下教师"四个引路人"的实践路径探析[J]. 教育导刊，2020，（05）：5-11.

169. 宋海龙，叶竞远，常馨予. 守初心，练基功，共成长——高中教师如何当好"四个引路人"[J]. 河北教育（德育版），2022，60（12）.

170. 钟丹丹，黄家周. 新时代高校思政课教师核心素养及其生成逻辑[J]. 中学政治教学参考，2021，（28）.

171. 吴又存. "六要"：新时代思政课教师的素养要求[J]. 思想政治课教学，2022，（07）.

172. 刘敏，张新科. 教育家精神的时代内涵，价值意蕴及弘扬路径[J]. 南京社会科学，2023，（10）.

173. 卢黎歌，周辉. 马克思主义道德观及其当代价值[J]. 理论学刊，2013，（05）.

174. 本刊编辑部. 用新时代中国特色社会主义思想铸魂育人贯彻党的教育方针落实立德树人根本任务[J]. 天津教育，2019，（14）.

175. 朱忆天，李莉. 习近平立德树人重要论述的生成逻辑，核心意蕴与践行路径[J]. 河南师范大学学报（哲学社会科学版），2022，49（03）.

176. 王新清. 从"好老师"到"大先生"：高校师德师风建设的基本路径[J]. 中国高教研究，2021，（09）.

177. 韩宪洲. 以课程思政推进师德师风建设的内在逻辑与现实路径[J]. 思想理论教育导刊，2021，（07）.

178. 杨兆山，李松楠. 中国式教育现代化何以可能[J]. 社会科学战线，2023，（07）.

179. 肖帆. 新时期高校教师角色定位与素质发展[J]. 教育与职业，2009，（08）.

180. 赵冬鸣，李瑾. 高校教师应具备的基本素质及职业道德[J]. 学校党建与思想教育，2009，（23）.

181. 曹国杰. 论新时期高校教师素质及其培养[J]. 教育与职业，2010，（32）.

182. 任芳. 关于高校教师素质培养问题的思考[J]. 中国报业，2011，（08）.

183. 张献彩. 当代高校教师应具备的素质[J]. 教育与职业，2012，（17）.

184. 吴霞. 当代大学教师基本素质构成及提升路径探析[J]. 中国成人教育，2015，（20）.

185. 王春花，孟杨. 高校思政课教师综合素质提升的必要性和路径研究[J]. 贵州师范大学学报（社会科学版），2011，（03）.

186. 李恒川. 论文化多元化条件下高校思政课教师的素质培养[J]. 江苏高教，2012，（06）.

187. 雷江梅. 新时期高校思政课教师应具备的素质[J]. 学校党建与思想教育，2016，（06）.

188. 吴俊. 新时代高校思想政治理论课教师素质考察[J]. 思想理论教育导刊，2018，（07）.

189. 刘建军，梁祯婕. 论思想政治理论课教学的问题意识[J]. 马克思主义理论学科研究，2021，（01）.

190. 李学勇，林伯海. 论思想政治理论课教师的情怀素养[J]. 思想理论教育导刊，2019，（07）.

191. 赵文静. 试论责任与责任教育[D]. 山东：山东师范大学，2001.

192. 许曼琳. 高中思想政治课教学中家庭责任感培养研究[D]. 福建：福建师范大学，2023.

193. 何芸. QZ 学院女教师工作-家庭冲突管理研究[D]. 江西：南昌大学，2018.

194. 杨雪娜. 全过程育人视角下大学生责任担当教育研究[D]. 陕西：西安理工大学，2023.

195. 惠子馨. 马克思恩格斯家庭教育观及其当代启示[D]. 山东：山东师范大学，2022.

196. 王玉玲. 中小学教师专业伦理缺失与重建研究[D]. 上海：华东师范大学，2007：20.

197. 李清雁. 教师是谁[D]. 重庆：西南大学，2009：31.

198. 尹慧. 从奉献主义到生命本位：论我国中小学教师职业道德价值取向的转换[D]. 湖北：湖北大学，2012.

199. 王磊. 论教师的道德责任[D]. 上海：上海师范大学，2015.

200. 叶子凡. 新时代高中思政课教师素养提升研究[D]. 江苏：南

京师范大学，2020.

　　201. 李童. 新时代高校思想政治理论课教师素养研究[D]. 甘肃：兰州交通大学，2021.

　　202. 任艺. 新时代高校思想政治理论课教师素养研究[D]. 河南：郑州大学，2021.

　　203. 陈珍. 高校女教师"工作—家庭"冲突的影响因素及其公共政策干预研究[D]. 福建：福建师范大学，2021.

　　204. 刘馨泽. 家庭结构变迁下新时代家风建设研究[D]. 广西：桂林电子科技大学，2022.

　　205. 唐大凤. 现代家庭责任的道德问题研究[D]. 四川：四川师范大学，2022.

　　206. 王潇. 论大学生家庭责任意识的培养[D]. 山东：山东师范大学，2014.

　　207. 亚里士多德. 政治学[M]. 北京：商务印书馆，2009.

　　208. 佐藤学. 课程与教师[M]. 钟启泉，译. 北京：教育科学出版社，2003.

　　209. 伊丽莎白·坎普贝尔. 伦理型教师[M]. 王凯，译. 上海：华东师范大学出版社，2011.

　　210. 阿伦·奥恩斯坦，莱文·丹尼尔. 教育基础[M]. 杨树兵，等译. 南京：江苏教育出版社，2003.

　　211. 唐纳德·克里克山克，德博拉·贝纳·詹金斯，金·梅特卡夫. 教师指南[M]. 南京：江苏教育出版社，2007.

　　212. 田野郁夫. 高等教育的日本模式[M]. 北京：教育科学出版社2006.

　　213. 林格伦. 课堂教育心理学[M]. 章志光，张世富，肖毓秀，等译. 昆明：云南人民出版社，1983.

　　214. 包尔生. 伦理学体系[M]. 何怀宏，廖申白，译. 北京：中国社会科学出版社，1988.

215. L. W. 安德森. 教师教育[M]. 重庆：西南师范大学出版社，2011.

216. 罗尔斯. 政治自由主义[M]. 万俊人，译. 南京：译林出版社，2011.

217. 加布里埃尔·A. 阿尔蒙德，小 G·宾厄姆·鲍威尔. 比较政治学：体系、过程和政策[M]. 曹沛霖，郑世平，公婷，等译. 上海：上海译文出版社，1987.

218. 迈克尔·W. 阿普尔. 意识形态与课程[M]. 黄忠敬，译. 上海：华东师范大学出版社，2001.

219. 杰拉尔德·古特尔. 哲学与意识形态视野中的教育[M]. 陈晓瑞，译，北京：北京师范大学出版社，2008.

220. P. 布尔迪厄. 国家精英——名牌大学与群体精神[M]. 杨亚平，译，北京：商务印书馆，2004.

221. 卡尔·曼海姆. 意识形态与乌托邦[M]. 黎鸣，李书崇，译. 北京：商务印书馆，2000.

222. 美国全国教育协会. 教育专业伦理守则[R]. NEA Handbook, 1977~1978, Washington, DC; National Education Association, 1975.

223. Australian Institute for Teaching and School Leadership. National Professional Standards for Teachers. Canberra: MCEETYA, 2011.3.

224. Educator Competencies for Personalized. Learner-centred Teaching [EB/OL], 2016-04-12.

225. Gay, G. R., S. Choi (Korea). Confucian Legacy, Global Future[A]. William K. C. et al (ed). Values Education for Dynamic Societies: Individual is more Collectivism[C]. Hong Kong: Comparative Education Research Centre, 2001.

226. Haydon, G. Aimsin Citizenship Education: Responsibility, Identity, Inclusion[J]. Ashgate, 2003(2).

227. Winter. D. G. J. W. Atkinson, D. C. Mc Clelland, J. Veroff, Eds.

Motivation and personality: Handbook of Thematic Content Analysis[C]. New York: Cambridge University Press, 1992: 32.

228. Papastylianou, A. Kaila, M. Role Ambiguity and Conflict[J]. Social Psychology of Education, 2009(3): 295-314.

229. Suzanne R Smith. Exploring Family Theories: Oxford University Press, 2009, P47-54.

230. Özaslan Gökhan, ÖzaslanAslı. The Influence of Women Teachers Familia Responsibilities on their Self-Actualization[J]. Educational Administration: Theory and Practice, 2016, 21(4).

231. Feldman MA, Towns F, Betel Jetal. Parent education projected. Increasing stimulating interactions of developmentally handicapped mothers[J]. J Appl Behav Anal, 2013, 19(1): 23-37.

232. LikE, ErRK. Evaluating Parent Participation in Individualized Education Programs by Opinions of Parents and Teachers[J]. Journal of Education and Training Studies, 2019, 7(2): 76.

233. IiiW, BakerJA. Preferences for parent education programs among low socioeconomic status, culturally diverse parents[J]. Psychologyinthe Schools, 1999, 36(3): 239-247.

234. Derbolav, J. Grundrisseiner Gesamtpädagogik. Frankfurt/M.: Verlag Diesterweg. 1987

235. Schalock, H. D. Student Progress in Learning: Teacher Responsibility, Accountability, and Reality[J]. Journal of Personnel Evaluation in Education, 1998, 04.

236. Maxwell B, Schwimer M, Seeking the elusive ethical base of teacher professionalism in Canadian codes of ethics, Teaching and Teacher Education, 2016, p. 468-480.

237. Hall, K. M., Draper, R. J. , Smith, L. K., RobertV. More Thana Placeto Teach: Exploring the Perceptions of the Roles and Responsibilities

of Mentor Teachers[J]. Mentoring&Tutoring: Partnership in Learning, 2008, 03.

238. Spranger, E. Erziehungsethik. In Sp ranger, E. Geistder Erziehung. Herausgegebenvo Bäuer, G., Flitner, and A. Heidelberg: Quelle&MeyerVerlag. 1969, 406-419

239. Papastylian ou, A., Kaila, M., Polychronopoulos, M. Teacher's Burnout, Be pression, Role Ambiguity and Conflict[J]. Social Psychology of Education, 2009, 03.

240. Diamond, J. B., Randolph, A., Spillane, J. P. Teachers' Expectations and Sense of Responsibility for Student Learning: The Implications of School Race, Class, and Organizational Habit us[J]. An thropology and Education Quarterly, 2004, 01.

241. Buunk BP, Ybema JE. Social comparisons and occupational stress: The identification contrast model. In: Buank B, Gibbon XF. Health, coping and well being: Perspectives from social comparison theory. Mahwah, NJ: Lawrence Erlbaum, 1997, P359—388.

242. Thomas Lickona. The teacher's role in character education. The journal of education, 1997.

243. Lawrence Kohlberg: Moral Education for a Society in Moral Transition, Educational Leadership, 1975.

244. Bruce Mac far lane, Teaching with integrity: The Ethics of Higher Education Practice, London: Rout ledge, 2004, pp. 151-170.

245. Maxwell, Schwimmer, "Seeking the elusive base of teacher professionalism in Canadian codes of ethics, Teaching and Teacher Education in Vol. 59, (October2016)pp. 468-480.

246. Yue Liang, Peng Luo, Wen jun Huang. Practice education of "Professional, Ideological and Innovative" of morality and style of teachers in higher vocational colleges[J]. Curriculum and Teaching Methodology,

2021, 4(5).

247. 教育部关于印发《高等学校思想政治理论课建设标准》的通知，载中华人民共和国教育部政府门户网：http://www.moe.gov.cn/srcsite/A13/moe_772/201509/t20150923_210168.html。访问时间：2020年5月5日。

248.《新时代高等学校思想政治理论课教师队伍建设规定》，载中华人民共和国教育部政府门户网：http://www.moe.gov.cn/srcsite/A02/s5911/moe_621/202002/t20200207_418877.html。访问时间：2020年5月24日。

249. 高慧斌：《担当好人民教师的时代重任》，载中华人民共和国教育部政府门户网：http://www.moe.gov.cn/jyb_xwfb/xw_zt/moe_357/jyzt_2018n/2018_zt19/zt1819_gd/zjpl/201810/t20181022_352394.html。访问时间：2020年6月15日。

250. 中共中央、国务院印发《关于加强和改进新形势下高校思想政治工作的意见》，载中华人民共和国教育部政府门户网：http://www.gov.cn/xinwen/2017-02/27/content_5182502.htm。访问时间：2020年7月28日。

251. 冯玉军：《提升教师教书育人能力素质 培养高素质专业化教师队伍》，载人民网：http://edu.people.com.cn/n1/2020/1126/c1053-31945032.html。访问时间：2020年7月12日。

252.《习近平总书记关于师德师风的重要论述摘编》，载中华人民共和国教育部政府门户网：http://www.moe.gov.cn/jyb_xwfb/moe_2082/2021/2021_zl37/2021shideshifenglunsu/202105/t20210511_530825.html。访问时间：2021年8月14日。

253. 习近平：《在北京大学师生座谈会上的讲话》，载中华人民共和国教育部政府门户网：http://www.moe.gov.cn/jyb_xwfb/moe_176/201805/t20180503_334882.html。访问时间：2021年8月5日。

254. 王立培：《用习近平新时代中国特色社会主义思想铸魂育人立德树人——学习贯彻习近平总书记在学校思政课教师座谈会上的重要讲话文》，载求是网：http://www.qstheory.cn/llqikan/2019-06/22/c_1124654502.htm.访问时间：2021年7月19日。

255. 中共中央、国务院印发《深化新时代教育评价改革总体方案》：https://www.gov.cn/gongbao/content/2020/content_5554488.htm。

256. 把思想政治工作贯穿教育教学全过程开创我国高等教育事业发展新局面.载中华人民共和国教育部政府门户网站：http://www.moe.gov.cn/jyb_xwfb/s6052/moe_838/201612/t20161208_291306.html.访问时间：2022年3月14日。

257. 办好思想政治理论课关键在教师.载中华人民共和国教育部政府门户网站：http://www.moe.gov.cn/jyb_xwfb/s5148/201903/t20190326_375290.html.访问时间：2022年4月14日。

258. 教育部等六部门关于加强新时代高校教师队伍建设改革的指导意见.载中华人民共和国教育部政府门户网：http://www.moe.gov.cn/srcsite/A10/s7151/202101/t20210108_509152.html.访问时间：2022年4月22日。

259. 教师法（修订草案）公开征求意见.载中华人民共和国教育部政府门户网站 http://www.moe.gov.cn/jyb_xwfb/s5147/202111/t20211130_583360.html.访问时间：2022年3月10日。

260. 教育部关于印发《普通高等学校思想政治理论课教师队伍培养规划（2019—2023年）》的通知. 载中华人民共和国教育部政府门户网：http://www.moe.gov.cn/srcsite/A13/moe_772/201904/t20190428_379873.html.访问时间：2020年5月15日。

261. 中共中央办公厅、国务院办公厅印发《关于深化新时代学校思想政治理论课改革创新的若干意见》.载中华人民共和国教育部政府门户网：http://www.moe.gov.cn/jyb_xxgk/moe_1777/moe_1778/201908/

t20190815_394663.html.访问时间：2020 年 2 月 14 日。

　　262.《教育部等八部门关于加快构建高校思想政治工作体系的意见》.载中华人民共和国教育部政府门户网：http://www.moe.gov.cn/srcsite/A12/moe_1407/s253/202005/t20200511_452697.html.访问时间：2020 年 5 月 6 日。

附　录

新时代高校教师道德责任建构研究调查问卷

【教师卷】

尊敬的老师：

您好！为了了解您对新时代高校教师道德责任建构的意见和建议，我们设计了本套问卷，请您支持并协助我们的调查，本问卷采取无记名的方式进行，请您放心如实填写。同时，我们对您在百忙之中拨冗填写本问卷表示衷心的感谢！

太原科技大学人文社科学院

【基本信息】

1.　您的性别：（　　）

A. 男　B. 女

2. 您的年龄：（　　）

A. 30 岁及以下　B. 31—40 岁　C. 41—50 岁　D. 51—60 岁

3. 您的工龄：（　　）

A. 1—10 年　B. 11—20 年　C. 21—30 年　D. 30 年以上

4. 您的职称：（　　）

A. 初级　B. 中级　C. 副高级　D. 正高级　E. 无

5. 您所在的学科大类是：（　　）

A. 哲学　B. 经济类　C. 法学类　D. 教育类　E. 文学　F. 历史学
G. 理学　H. 工学　I. 农学　J. 医学　K. 管理学　L. 艺术学

【问卷部分 A——单项选择】

1. 您认为学生的社会责任感的形成与高校教师的教育培养有内在关系吗？（　　）

A. 有很大关系　B. 有一些关系　C. 关系不密切　D. 没有关系

2. 您在教学过程中，是否有意引导学生形成正确的人生态度和价值观念？（　　）

A. 经常有意识引导　B. 偶尔引导　C. 没有引导　D. 没有意识

3. 在您的教学过程中，有学生与您交流过他的思想动态吗？（　　）

A. 经常　B. 偶尔　C. 很少　D. 没有

4. 您认为高校教师是否应该承担社会责任？（　　）

A. 必须承担　B. 选择性承担　C. 自愿承担　D. 不承担

5. 您认为您的行为会对学生的人生观、世界观和价值观的形成产生的影响力是（　　）

A. 影响很大　B. 影响一般　C. 影响较小　D. 没有影响

6. 高校教师与其他社会人群比较，其社会责任应该（　　）

A. 相同　B. 不相同，前者更大　C. 不相同，后者更大　D. 都不应承担

7. 您认为高校教师承担社会责任的动机源于（　　）

A. 职业道德　B. 教育法规　C. 绩效评价　D. 岗位制度

8. 如果学校开展新时代高校教师道德责任先进标兵评选，您会关注吗？（　　）

A. 一定会关注　　　　　　B. 若有熟悉老师，会关注

C. 若有空，会关注一下　　D. 不关心

【问卷部分 B——多项选择及开放题】

1. 您选择高校教师职业的原因是（　　）

A. 教师职业神圣　B. 热爱教育事业　C. 喜欢科学研究

D. 热爱产学服务　E. 校园环境单纯　F. 工作相对稳定

G. 时间相对自由　H. 社会地位较高　I. 福利收入有保障

2. 您认为高校对教师考核最主要应考虑（　　）

A. 广大学生的意见　B. 教师的学历学识　　C. 教师的教学成绩

D. 教师的科研能力　E. 教师的社会影响力　F. 教师个人品德

3. 您认为新时代高校教师应该承担的道德责任主要有哪些？
（　　）

　　A. 教书育人　B. 言传身教　C. 科研学术　D. 关心社会 E. 爱国爱民

4. 您觉得新时代高校教师应该承担的责任人的角色有哪些？
（　　）

　　A. 学校人　B. 家庭人　C. 社会人　D. 国家人

5. 您认为新时代高校教师在社会中应该承担怎样的道德责任？
（　　）

　　A. 社会良知的代言人　B. 社会道义的承担者

　　C. 社会思想的风向标　D. 社会发展的探索者

6. 您认为新时代高校教师在家庭中应该承担怎样的道德责任
（　　）

　　A. 以身作则、言传身教　　　　B. 积极向上、弘扬美德

　　C. 互帮互助、关爱家人　　　　D. 勤俭节约、传承家风

7. 请根据您的感受，对高校教师以下情况作出打分（该题最高分为8分）：

　　A. 热爱教育（　）　B. 教书育人（　）　　C. 热爱学生（　）

　　D. 严谨治学（　）　E. 团结合作（　）　　F. 为人师表（　）

　　G. 廉洁从教（　）　H. 关心社会（　）

8. 您认为新时代高校教师道德责任建构中存在的主要问题是
（　　）

　　A. 社会责任意识淡薄　　　B. 爱岗敬业精神不强

　　C. 自身表率作用欠缺　　　D. 合作精神、创新精神不强

　　E. 轻教学、重科研　　　　F. 缺乏师德修养

9. 您认为新时代高校教师师德师风管理方面存在的主要问题是
（　　）

　　A. 管理制度不健全　　　　B. 组织领导不到位

　　C. 校园文化氛围不好　　　D. 师德师风无硬性考核

E. 师德师风的奖惩不完善   F. 其他

10. 您认为新时代影响高校教师道德责任建构的外部环境存在的主要问题是（   ）

A. 社会道德的影响   B. 市场经济的影响

C. 教师社会地位偏低   D. 功利化风气的影响   E. 其他

11. 您认为应采取哪些措施加强高校教师道德责任建构？（   ）

A. 加强教师思想理论学习

B. 完善道德责任的考核体系

C. 加强高校教师队伍的建设和管理

D. 树立宣传表彰师德典型

E. 学校领导重视师德师风建设

F. 抓好高校教学科研环境建设

G. 加强师德师风制度建设

H. 加强教师师德师风奖惩力度

I. 其他

12. 您对加强新时代高校教师道德责任建构有何对策和建议。

（我们的调查到此结束了，再次感谢您的配合，祝您身体健康，

工作顺利！）

新时代高校教师道德责任建构研究调查问卷

【学生卷】

亲爱的同学：

您好！为了了解您对新时代高校教师应该怎样承担道德责任的意见和建议，更好地提高新时代高校教师对社会的影响力和责任感，我们设计了本套问卷，请您支持并协助我们的调查，本问卷采取无记名的方式进行，请您放心如实填写。同时，我们对您在百忙之中拨冗填写本问卷表示衷心地感谢！（说明：打分制按该题选项数量来进行打分，您可以按照其重要性打出重复的分数。例：如果该题一共有 15 个选项，则最高分为 15 分，最低分为 1 分。）

太原科技大学人文社科学院

【基本信息】

1. 您的性别：（　　）

A. 男　　　B. 女

2. 您的年级：（　　）

A. 大一　　B. 大二　　C. 大三　　D. 大四

3. 您所在的学科大类是：（　　）

A. 哲学　B. 经济类　C. 法类　D. 教育类　E. 文学　F. 历史学　G. 理学　H. 工学　I. 农学　J. 医学　K. 管理学　L. 艺术学
，

【问卷部分】

1. 作为一名大学生，你认为高校教师除了教书育人外，是否应该承担社会责任（　　）

A. 应该承担　　　　　　　B. 应该承担一部分

C. 可以承担也可以不承担　D. 不应该承担

2. 你认为老师在教学过程中的行为会对你人生观、价值观和道德标准的形成产生影响吗（　　）

A. 很大影响　B. 会有一定影响　C. 影响不大　D. 不影响

3. 你平时注意或有意无意模仿老师的言行举止？（　）

A. 很注意，会效仿　　B. 很注意，有时效仿

C. 注意但不效仿　　　D. 不注意

4. 在你的学习过程中，教师是否有有意培养你们良好的道德品行，引导你们承担社会责任（　）

A. 是的，经常引导　B. 偶尔有引导　C. 只提倡过　D. 从未

5. 当你在生活学习中面临挫折与压力时，会找老师交谈吗（　）

A. 经常　B. 偶尔　C. 想找，但不好意思　D. 没有想过

6. 你认为高校教师道德责任的承担对社会经济发展和精神文明的进步的作用（　）

A. 重大　B. 一般　C. 没有影响　D. 负面

7. 你认为高校教师承担社会责任的动机源于（　）

B. 遵守教育法规　C. 绩效评价体系　D. 岗位制度

8. 你觉得中国传统教育思想，如诲人不倦、有教无类等（　）

A. 很伟大，应该传承有借鉴意义

B. 很伟大，但过时了都是糟粕，要摒弃

9. 你认为当前高校教学风气和学术氛围（　）

A. 积极浓厚　B. 良好　一般　C. 不好　一般　D. 都很糟糕

10. 你认为新时代高校教师应承担哪些道德责任（　）（可多选）

A. 解决学生思想　问题，培养学生良好的品性

B. 帮助学生了解认识社会，培养学生社会适应能力

C. 培养学生思考问题的能力和动手实践能力

D. 为政府献计献策

E. 参与社会公益活动

F. 钻研学术理论和科学研发，造福社会

G. 传承文化

H. 倡导社会精神文明

I. 其他

11. 你认为高校教师哪些方面对你的影响大（　　）（可多选）

A. 道德品质　B. 知识和技能　　C. 世界观

D. 价值观　　　E. 行为习惯　　　F. 其他

12. 你认为高校教师承担社会责任的方式体现在（　　）（可多选）

A. 为政府献计献策　　　B. 培养学生的社会责任感

C. 参与社会公益活动　　D. 在自己的学术领域作出一定成就

E. 其他

13. 请您给以下"作为一名新时代的高校教师应该承担的道德责任"的重要程度进行打分（该题最高为15分）

A. 关爱学生（　）　　B. 关心公益（　）　　C. 关爱家人（　）

D. 关心社会（　）　　E. 教书育人（　）　　F. 爱岗敬业（　）

G. 知识渊博（　）　　H. 言传身教（　）　　I. 学术规范（　）

J. 品德高尚（　）　　K. 公正诚信（　）　　L. 廉洁自律（　）

M. 言行雅正（　）　　N. 爱国守法（　）　　O. 理想崇高（　）

（我们的调查到此结束了，再次感谢您的配合，祝您身体健康，

学业顺利！）